Gilda Flaccavento • Nunzio Romano

b

Galileo

Materiali di scienze

Per il **terzo anno**
della **scuola**
secondaria
di **primo grado**

FABBRI
EDITORI

Coordinamento editoriale: Giancarlo Quadri
Coordinamento redazionale: Maria Angiola Patriarca
Redazione: Kaleidostudio con Lalla Riccardi
Progetto grafico: Studio Mizar, Bergamo
Elaborazione digitale testo e immagini, impaginazione e ricerca iconografica: Kaleidostudio, Milano
Disegni: Awobrez, Daniela Blandino
Iconografia: Archivio RCS, Contrasto, ICP, Marka, Grazia Neri, Olycom, Panda Photo, Laura Ronchi, Zefa
Copertina: Studio Mizar, Bergamo

L'Editore ringrazia Daniele Lorefice (Fotosub), Marco Gargiulo (Mondo Marino), Paolo Vassalli (Dendrobates Italia), Ivan Sgualdini per le foto fornite; ringrazia inoltre il Dr. Mauro Nanni (Gea2000 Progetto Salute) per aver fornito le immagini delle campagne stampa contro il fumo.

ISBN 978 88 451 0622 4

www.fabbriscuola.it

Prima edizione: luglio 2004

Ristampe
2007 2008 4 5 6 7 8

Stampato presso Centro Poligrafico Milano S.p.A., Casarile (MI)

Indice

Schede di educazione alla convivenza civile

Educazione alla salute

Educazione alimentare

Educazione all'affettività

Educazione ambientale

Schede di scienze e tecnologia

Approfondimenti

Notizie e curiosità scientifiche

Operatività

I grandi della scienza

Schede di laboratorio

Osservazioni

Esperimenti

Schede di educazione alla convivenza civile

- **Educazione alla salute**
  “Impareremo a salvaguardare la nostra salute”
- **Educazione alimentare**
  “Una sana alimentazione è fondamentale per la salute”
- **Educazione all’affettività**
  “Stiamo crescendo, impariamo a farlo nel migliore dei modi”
- **Educazione ambientale**
  “Dobbiamo far tutti qualcosa per salvare il nostro pianeta”

Educazione alla **salute**

- I rischi della corrente elettrica
- Attenzione ai rumori
- Sicuri sulla strada
- Pericolo radiazioni
- In caso di terremoto
- La bioclimatologia
- Stress da fuso orario
- Prevenzione delle malattie genetiche
- Cervello in piena efficienza
- Farmaci, salute e pericolo
- Droga, un attentato alla vita
- Doping, ALT
- Alcol, una minaccia alla salute

I rischi della corrente elettrica

Siamo talmente abituati a usare quotidianamente elettrodomestici, (ferro da stiro, tostapane, frullatore, radio, asciugacapelli, computer, frigorifero...), che difficilmente riflettiamo sui pericoli che tale uso comporta.
Eppure il pericolo è grave, basta una distrazione o un'imprudenza per rimanere folgorati; tante persone perdono la vita nelle proprie abitazioni a causa dell'elettricità.

Il corpo umano è un conduttore di elettricità e quindi questa può attraversare l'organismo danneggiandolo seriamente. La gravità del danno dipende dal voltaggio e dalla resistenza della pelle alla corrente elettrica.
La pelle asciutta oppone una resistenza elevata, mentre la pelle umida consente un notevole passaggio di corrente: l'acqua è infatti un buon conduttore di elettricità. Il voltaggio della corrente che arriva nelle nostre case è abbastanza elevato da risultare mortale, soprattutto se il soggetto colpito, avendo mani o piedi umidi, disperde a terra la carica elettrica.

La corrente elettrica può provocare:
- ustioni, a causa del calore che si sviluppa, sia esterne sia interne;
- arresto del battito cardiaco;
- paralisi dei centri nervosi e quindi blocco della respirazione, con morte per soffocamento.

Per evitare questi rischi teniamo presente alcune precise norme di sicurezza.

Fare installare nell'impianto elettrico di casa il **collegamento a terra**, in tal modo gli elettrodomestici scaricano al suolo eventuali scosse elettriche (devono avere la spina a tre fili).

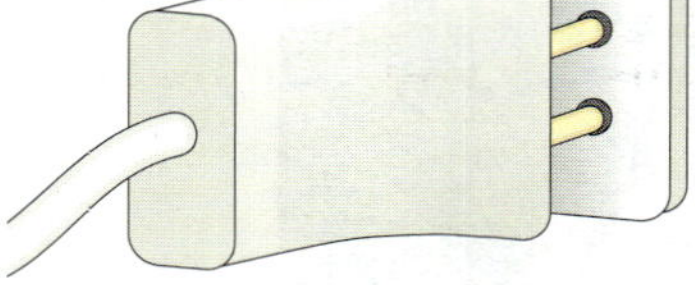

Mettere i copripresa su tutte le prese di corrente, specialmente se ci sono bambini in casa.

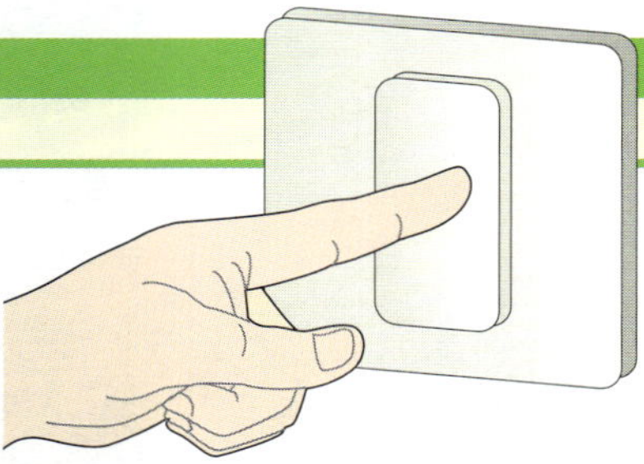

Non usare mai elettrodomestici (asciugacapelli, radio, registratori ecc.) **vicino all'acqua**, per esempio sul bordo della vasca mentre si fa il bagno, o con le mani bagnate o a piedi nudi sul pavimento bagnato.

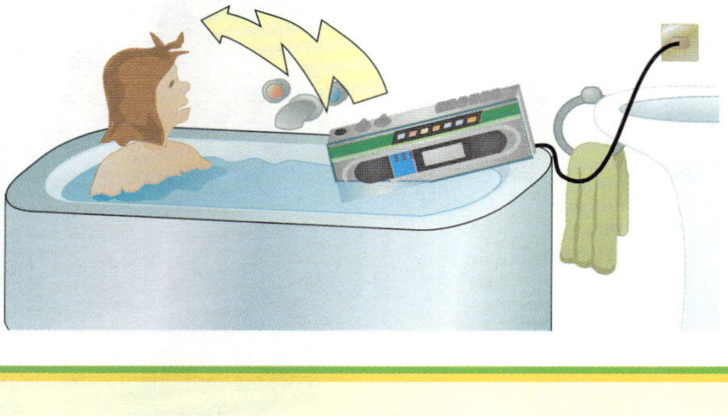

Una forte scarica elettrica può provocare la perdita di coscienza, con arresto del battito cardiaco e della respirazione. La vittima di una scossa elettrica di una certa entità deve essere quindi portata al più presto da un medico o al pronto soccorso, al fine di escludere la presenza di lesioni interne, che non sempre sono immediatamente evidenti.
Nel soccorrere la vittima di una folgorazione occorre allontanare il corpo dell'infortunato dal conduttore di elettricità, ma prima occorre innanzi tutto disattivare l'impianto elettrico.
Se ciò non è possibile, dopo essersi ben isolati da terra (calzando zoccoli o poggiando i piedi su un materiale isolante, come la plastica o la gomma), si deve allontanare dal conduttore di elettricità il corpo dell'infortunato servendosi di un bastone di legno asciutto.
Non usare mai oggetti umidi o di metallo e non toccare la vittima fino a quando non è stata allontanata dal conduttore di elettricità.

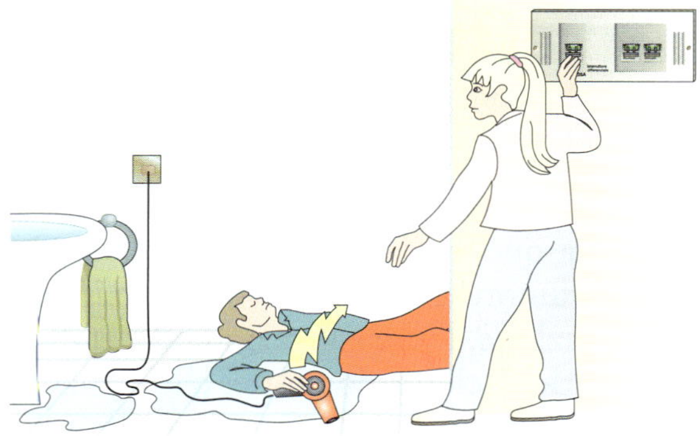

Installare un interruttore salvavita che blocca automaticamente il passaggio di corrente al verificarsi di una scossa elettrica.

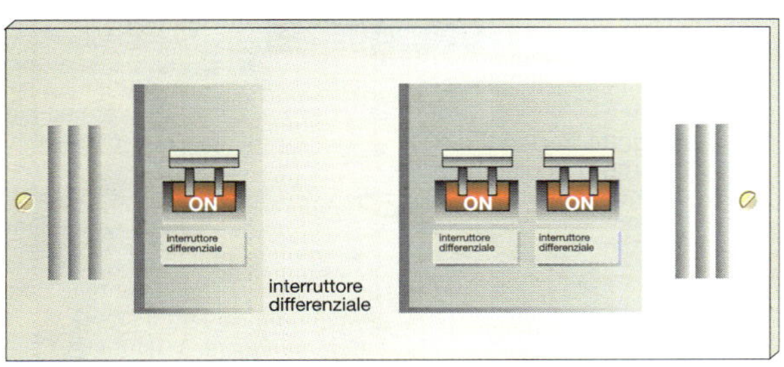

Non togliere una spina tirando il filo, ma estrarla prendendola con le mani.

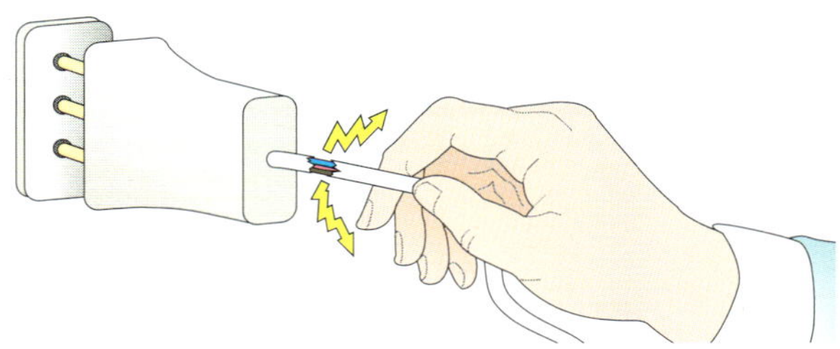

Limitare l'uso di spine multiple.

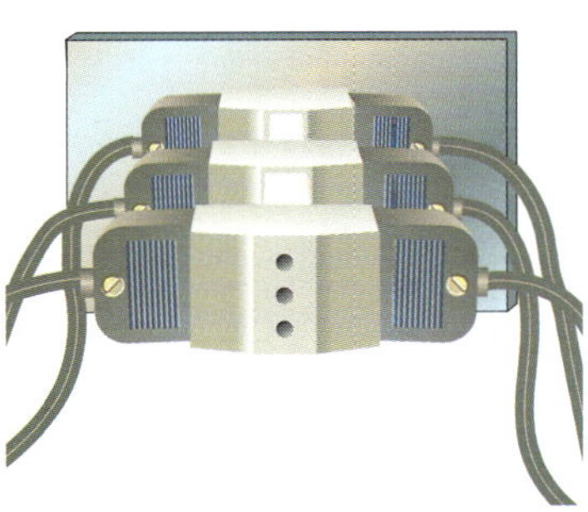

Per riparazioni elettriche, anche solo per cambiare una lampadina, **staccare sempre la corrente**.

Attenzione ai rumori

Il rumore è ormai diventato una sgradevole componente quotidiana della nostra esistenza. Pensa al rumore assordante di un aereo che decolla o a quello di un martello pneumatico, ma anche semplicemente al rumore delle automobili a un incrocio!
L'industrializzazione, l'intensificazione del traffico aereo e automobilistico, l'uso degli elettrodomestici che ormai riempiono le nostre case, l'ascolto di musica a tutto volume sono le principali cause che, in questi ultimi decenni, hanno reso sempre più rumoroso l'ambiente in cui viviamo.
Tutto ciò, purtroppo, è un fattore dannoso per la nostra salute; si parla infatti di **inquinamento acustico** per sottolineare come anche il rumore sia da considerarsi pericoloso per tutti noi.

Negli ultimi cinquanta anni il rumore è aumentato di intensità di un decibel all'anno, e per i due terzi della giornata noi sopportiamo livelli di rumore pericolosi.
Nelle strade, per esempio, l'intensità del rumore raggiunge i 100 dB e, a volte, li supera! E, come sai, ai 120 dB si raggiunge la **soglia del dolore**.
A risentirne non è solo la nostra capacità uditiva, ma tutto l'organismo nella sua totalità.
Un suono o rumore troppo intenso (superiore a 100 dB), anche se si protrae per breve tempo, può provocare sordità temporanea, nausea, capogiri ed emicrania.

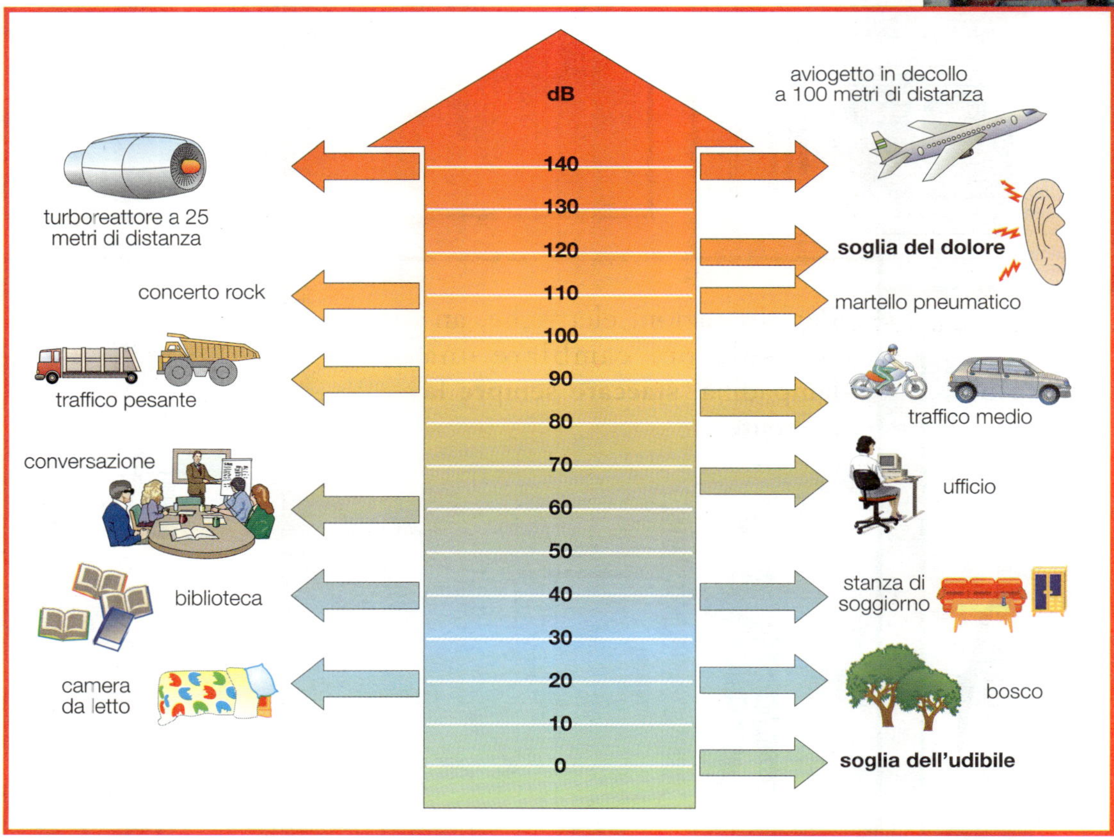

Un suono ancora più intenso (superiore a 120 dB) causa dolore all'orecchio e può provocare sordità.
Suoni meno intensi (tra i 60 e i 90 dB), ma percepiti per tempi abbastanza lunghi, possono portare a una ipoacusia, che è la diminuzione della capacità di sentire i suoni e causare disturbi nervosi (insonnia, irritabilità, diminuzione della capacità di concentrazione), cardiaci (alterazioni delle pulsazioni), respiratori (aumento della frequenza del respiro), gastrici e intestinali (aumento della secrezione di acidi, con conseguente incremento della probabilità di sviluppare ulcere gastriche e duodenali) ecc.

Se pensi che un autocarro produce in media un rumore pari a 90 dB, una perforatrice un rumore di circa 110 dB e un aereo in decollo un rumore di 140 dB, e che questi rumori sono compagni abituali della nostra esistenza, capirai quanto grave sia il problema dell'inquinamento acustico ai nostri giorni.

È fondamentale proteggerci dal rumore limitando le fonti dei rumori stessi (riduzione del traffico urbano, imposizione di limiti di rumorosità nei locali aperti al pubblico e durante le pubbliche manifestazioni ecc.) per riportare la rumorosità di fondo degli ambienti entro i limiti indicati dall'Organizzazione Mondiale della Sanità.

Limiti di rumorosità consigliati (in dB)			
Zone	**Diurno**	**Intermedio**	**Notturno**
Ospedali, scuole, luoghi di cura e di riposo	50	45	40
Residenze urbane	55	50	45
Aree urbane con attività commerciali e uffici	60	55	50
Aree urbane con traffico intenso, attività artigianali e piccole industrie	65	60	55
Aree prevalentemente industriali	70	70	60

I danni causati da un eccessivo rumore possono essere prevenuti con adeguati comportamenti individuali quali:
– evitare i luoghi troppo rumorosi;
– tenere basso il volume di televisori, radio e stereo;
– usare le apposite cuffie paraorecchie se si lavora in ambienti rumorosi.

Ma anche tu puoi contribuire a non peggiorare la situazione: una moto può essere ugualmente bella anche se non è assordante e una musica può essere piacevole anche se non fa tremare i vetri delle finestre.
Evita quindi di assordare i tuoi vicini con l'eccessivo volume della televisione, dello stereo o della tua motocicletta!

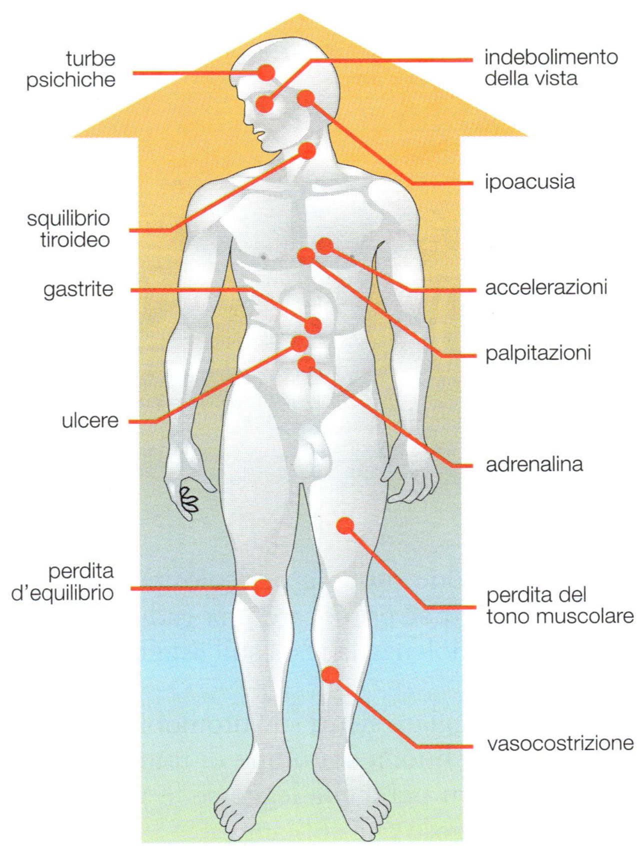

Sicuri sulla strada

1986: viene varata la legge che rende obbligatorio l'uso del casco fino a 18 anni per i motorini e a qualsiasi età per le moto superiori ai 50 cm^3.
1989: è obbligatorio l'uso delle cinture di sicurezza.
2000: l'uso del casco diventa obbligatorio per tutti sia sulle moto sia sui motorini.

Eppure a tanti anni da queste date, ancora molti non rispettano questi obblighi. Come mai tanta resistenza all'uso di due strumenti così utili per la nostra stessa vita?
Molto probabilmente perché pochi conoscono i rischi di un incidente stradale, anche di un semplice tamponamento.

Basta una brusca frenata perché, come sai, per il principio di inerzia, i nostri corpi vengano sbalzati in avanti con urti spesso violenti contro il volante o il parabrezza.
Ciò in caso di ridotta velocità può causare comunque fratture e ferite, in caso di velocità elevata lesioni e traumi anche gravi.

Ad appena 40 km/h di velocità ecco cosa succede a una macchina in un banale tamponamento.

Sui veicoli a due ruote la pericolosità è ancora più elevata; basta un minimo urto o una sbandata per provocare una caduta con il rischio che conducente e passeggero battano con violenza la testa sull'asfalto o contro un altro veicolo.

Vogliamo viaggiare sicuri su automobili e moto?
Prendiamo la buona abitudine di usare le cinture di sicurezza in macchina e il casco in moto, e non perché la legge ce lo impone, ma per tutelare la nostra stessa vita, il bene più prezioso che abbiamo.

Pericolo radiazioni

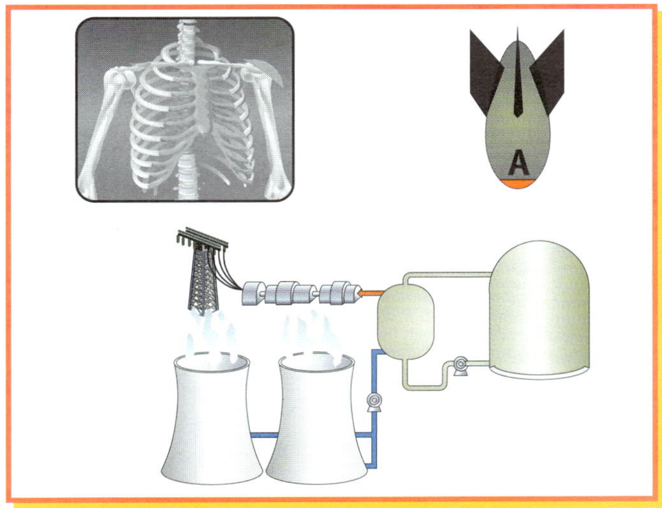

In modo più o meno intenso siamo tutti esposti alle radiazioni naturali e artificiali presenti nell'ambiente in cui viviamo. In particolar modo negli ultimi decenni in quanto, alla **radioattività naturale** della Terra, dovuta ai materiali radioattivi presenti nelle rocce e a quella dell'atmosfera, proveniente dallo spazio cosmico, l'uomo ha aggiunto la **radioattività artificiale** derivante da esplosioni nucleari, fughe radioattive, scorie radioattive e apparecchiature mediche e industriali.

Tutto ciò ha determinato un tale aumento della radioattività che essa ha raggiunto ormai livelli pericolosi per l'ambiente e per gli esseri viventi.

Gli effetti delle radiazioni sull'uomo dipendono dal tipo di radiazioni, dalla loro intensità e dalla durata dell'esposizione.
Le **radiazioni** α e β sono poco penetranti e quando colpiscono i tessuti superficiali di una persona provocano ulcere e ustioni. Molto più pericolose sono le **radiazioni** γ che, essendo più penetranti, possono danneggiare la struttura molecolare interna.
L'unità di misura delle radiazioni è il **rem** e, come puoi leggere nella tabella a fianco, anche poche centinaia di rem possono essere mortali per l'uomo.

Dose in rem	Effetti
0-29	non osservabili
30-100	variazione della composizione del sangue
101-200	nausea, alterazioni del sangue, in alcuni casi la morte
201-600	nausea, vomito, perdita di capelli, morte al 50%
601-1000	vomito, diarrea, febbre, morte nella maggior parte dei casi
1001-5000	gravi danni all'individuo, morte
oltre 5000	danni al sistema nervoso, morte

Di particolare gravità è il fatto che le radiazioni modificano il patrimonio genetico delle cellule, provocando tumori; inoltre, se vengono colpite le cellule riproduttive si possono avere malformazioni più o meno gravi nei nascituri.
Le radiazioni emesse dalle apparecchiature mediche, quali quelle utilizzate per eseguire radiografie, schermografie e radiotomografie, sono utili nella diagnosi di molte malattie; il loro impiego richiede però molta cautela ed è raccomandabile ricorrere a questi esami solo in caso di effettiva necessità, evitando di ripeterli a intervalli di tempo ravvicinati.

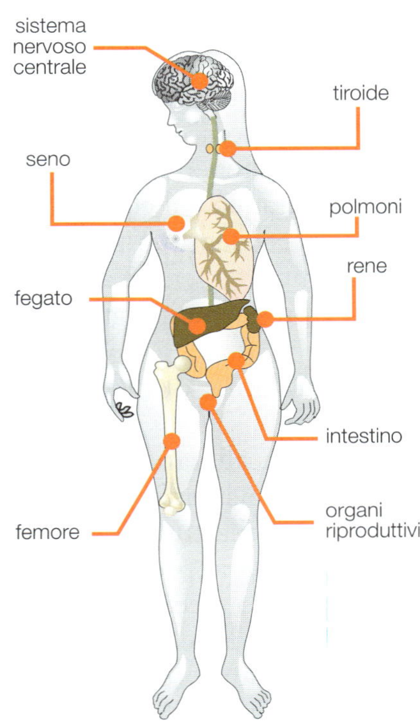

Il simbolo internazionale della radioattività viene posto nei luoghi in cui è presente del materiale radioattivo; esso sta a indicare che sono necessarie particolari precauzioni.

Le persone che per lavoro o altri motivi sono esposte alle radiazioni devono adottare adeguate precauzioni per proteggersi dai loro effetti; è necessario controllare il tempo di esposizione (il minimo possibile), la distanza dalla sorgente delle radiazioni (la massima possibile) e indossare scudi protettivi.

In caso di terremoto

In tutto il mondo si calcola che avvengono circa 2500 terremoti ogni giorno; l'Italia stessa trema circa 400 volte all'anno!

Pericolosità sismica

Il nostro Paese è, nel suo complesso, a elevato rischio sismico. Negli ultimi mille anni si sono verificati più di 30 000 terremoti, di cui 200 disastrosi.

In Giappone, il terremoto del 17 gennaio 1995 (magnitudo 7,3 scala Richter) ha interessato un'area di 30 000 km² intorno a Kobe ed è stato di un'intensità tale da deformare le rotaie. A causa del sisma hanno perso la vita più di 6 400 persone.

Nonostante studi e ricerche avanzate, la previsione dei terremoti è ancora difficile e incerta, ma si continua a studiare nella speranza di riuscire a prevedere in tempo il verificarsi di un terremoto.
Talvolta, immediatamente prima di un sisma, si osservano alcuni fenomeni, che vengono chiamati **segni premonitori**, quali mutamenti di livello del terreno, microoscillazioni, variazioni della temperatura di acque sorgive o di grotte. Questi fenomeni possono far ritenere prossimo il verificarsi di un sisma, ma spesso non sono attendibili, come non lo è il comportamento anomalo di alcuni animali nei minuti immediatamente precedenti un terremoto o anche alcune ore o giorni prima. Il significato di questi comportamenti è ancora in fase di studio per accertare che non si tratti solo di nostre impressioni; in ogni caso restano segnali inaffidabili.

La miglior forma di difesa nei confronti dei terremoti è l'**edilizia antisismica**.
Essa mira a realizzare costruzioni dotate di una struttura capace di resistere alle massime scosse prevedibili in una data zona e si occupa, inoltre, della tutela delle infrastrutture (vie di comunicazione, vie telefoniche, approvvigionamenti energetici), in modo da rendere possibile l'immediato soccorso alle popolazioni vittime di un terremoto, evitandone l'isolamento.
Leggiamo alcune regole utili per assumere un comportamento adatto sia durante sia immediatamente dopo un terremoto.

Stazione di monitoraggio

Durante il terremoto

– Manteniamo innanzitutto la calma, evitando di urlare, correre e buttarci alla cieca in una direzione qualsiasi, rischiando di essere travolti da altra gente che fugge.
– Usciamo all'esterno solo se ci troviamo vicino a una porta che immette in un ampio spazio aperto.
– Se la porta è lontana, ripariamoci sotto grandi tavoli o letti, lontani da tutto ciò che, cadendo, potrebbe ferirci.
– Se il locale dove siamo si riempie di polvere, ripariamo la bocca con un fazzoletto o un lembo di tessuto e teniamo chiusi gli occhi per ripararli dalla polvere.

– Se ci troviamo all'esterno in uno spazio aperto lontano da edifici, rimaniamo fermi e attendiamone la fine. Se invece ci troviamo in una strada di città, soprattutto se stretta, ripariamoci sotto gli architravi dei portoni.
– Se siamo in automobile, è meglio fermarci e rimanere seduti all'interno del veicolo, a meno che ci si trovi vicino a edifici alti, a ponti o a cavalcavia; in questo caso è meglio allontanarsi.
– Sempre all'aperto, allontaniamoci da spiagge o coste, perché dopo un terremoto si possono formare onde marine di notevole altezza, che si riversano su spiagge e coste.

Dopo il terremoto

– Se ci troviamo in luoghi chiusi, usciamo con calma all'aperto, dopo aver chiuso però gli interruttori di luce e gas per evitare incendi. Usiamo le scale e non l'ascensore.
– Se non siamo feriti e se possibile, prestiamo soccorso a chi ne ha bisogno. Ricordiamoci però di non muovere i feriti gravi, ma teniamoli al caldo con coperte, rincuoriamoli e calmiamoli.
– Se è necessario segnalare la nostra presenza, anziché gridare – che spesso risulta inutile – è meglio battere sulle tubature dell'acqua o del gas con un oggetto possibilmente metallico. Questi segnali si trasmettono a notevoli distanze e sono percepiti meglio dalle squadre di soccorso.
– Accendiamo la radio solo per ascoltare eventuali istruzioni di emergenza e usiamo il telefono solo per comunicazioni urgenti.

Esercitazione antisismica in una scuola

La bioclimatologia

Hai mai sentito parlare di **bioclimatologia**?
È una scienza, nata recentemente, che affianca la medicina studiando le relazioni fra il nostro organismo e il clima. È stato osservato, infatti, che molte persone sono ipersensibili alle variazioni del clima. Sappiamo tutti come una giornata di sole rallegri, la pioggia impigrisca e rattristi, il vento "dia i nervi" e una nevicata intensa rilassi.

Il tempo meteorologico, insomma, condiziona il nostro umore, "colora" di rosa o di nero le nostre giornate. Ma l'influenza del clima va oltre; alcuni studi e l'esperienza di molte persone ci dicono che gli sbalzi di temperatura, di pressione, di umidità, oltre che sullo stato d'animo, influiscono anche sul corpo e possono provocare vari disturbi.
Molti lo considerano un disturbo immaginario, eppure soffrire per l'arrivo di un temporale o per un inaspettato caldo pre-estivo è una vera malattia che gli esperti chiamano **meteoropatia** e i suoi sintomi vanno da forte nervosismo, a inappetenza, a vertigini ecc.

La meteoropatia è una malattia diffusa, riguarda almeno il 10% della popolazione, ma tante altre persone, pur non essendo veri meteoropatici, sono sicuramente sensibili alle variazioni atmosferiche. Molti individui, insomma, soffrono per l'ondata di caldo dopo una fresca primavera, per un temporale dopo due mesi di clima secco e così via. A condizionare la salute del meteoropatico è proprio il cambiamento improvviso del clima al quale il suo organismo non è capace di adeguarsi in tempi altrettanto brevi.

Il temporale, per esempio, è uno dei fenomeni più incriminati. La forte carica di elettricità che lo precede provoca eccitabilità, nervosismo e malesseri di vario tipo, quali forti mal di testa.
Anche il vento, per alcune persone, è un elemento sopportato con grande difficoltà. Il vento freddo del Nord o i soffi dello scirocco provenienti dai deserti del Nord Africa hanno spesso conseguenze sul sistema nervoso e su quello respiratorio.
La meteoropatia colpisce indifferentemente uomini e donne, ma è avvertita con maggior frequenza dai bambini e dagli anziani.
Sono meteoropatici, in un certo senso, anche gli animali, in genere più irrequieti qualche ora prima del temporale o più nervosi se tira vento all'improvviso.

Stress da fuso orario

Spossatezza, irritabilità, confusione e insonnia sono i più comuni sintomi che, dopo un viaggio aereo su lunga distanza, colpiscono molti passeggeri, soprattutto se tale viaggio è avvenuto in direzione est o ovest e ha comportato l'attraversamento di almeno quattro fusi orari. Si chiama **jet-lag**, un vero e proprio stress la cui causa è proprio l'attraversamento dei fusi orari che provoca una reazione del fisico al brusco cambiamento di durata del dì e della notte.
Viaggiando verso ovest infatti si allunga il dì, mentre viaggiando verso est esso si accorcia, ma in entrambi i casi, comunque, gli orari sono completamente sfasati rispetto al luogo da cui si è partiti. Così una volta arrivati a destinazione non si deve regolare solo l'orologio da polso, ma anche l'orologio biologico che controlla il programma giornaliero del nostro organismo.

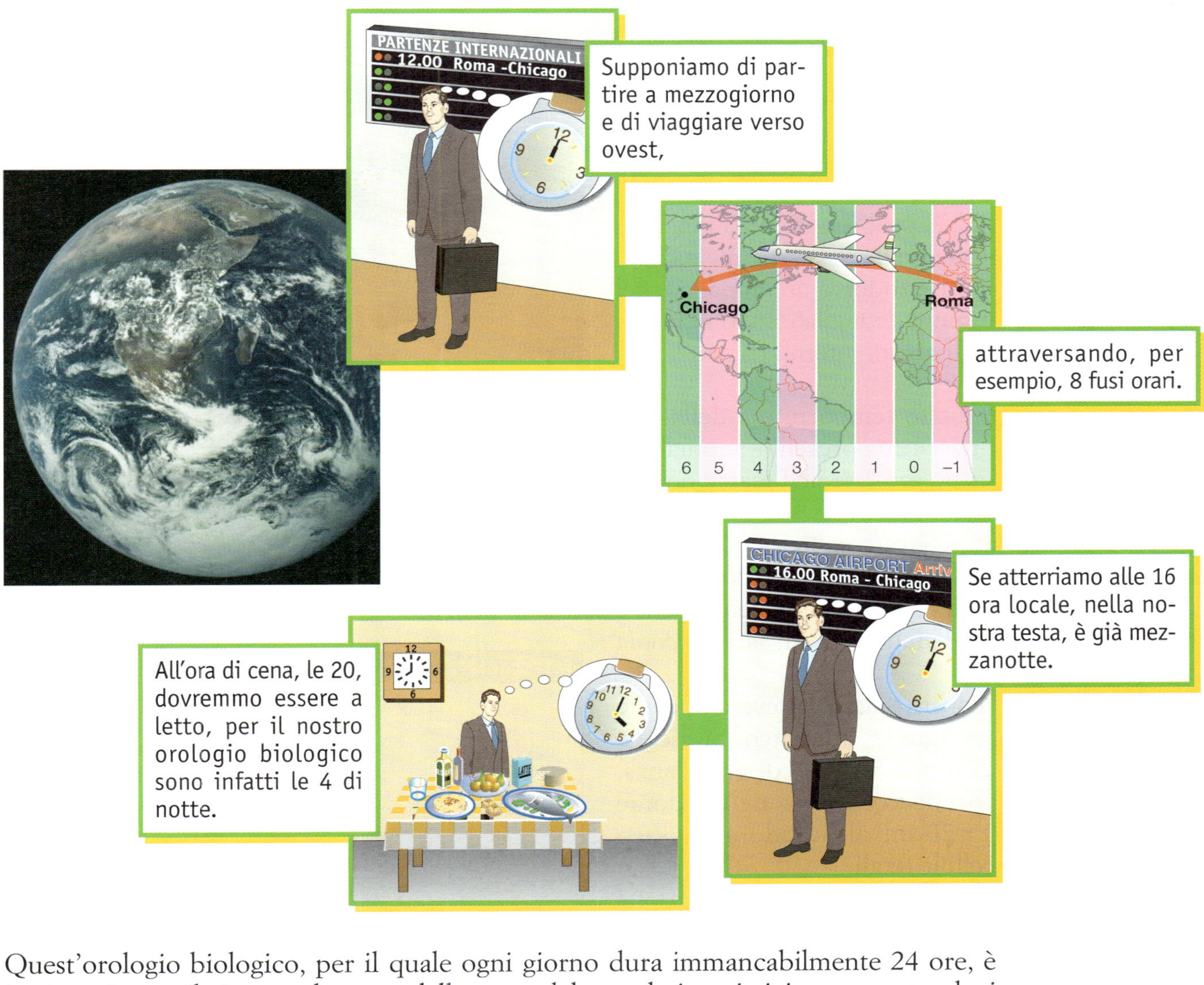

Quest'orologio biologico, per il quale ogni giorno dura immancabilmente 24 ore, è in sintonia con il giorno e la notte della parte del mondo in cui viviamo; spostandoci velocemente attorno al mondo e attraversando parecchi fusi orari, sfasiamo questo orologio e, di conseguenza, anche i ritmi biologici del corpo (come il bisogno di mangiare, di dormire ecc.) saranno sfasati rispetto al mondo che ci circonda.
Proveremo una sensazione di malessere finché non riusciremo a portare il nostro organismo a un ritmo che sia in sintonia con gli orari del luogo in cui ci troviamo.

Prevenzione delle malattie genetiche

I figli, come sai, ereditano dai genitori le caratteristiche fisiche, ma anche alcune malattie, dette **malattie genetiche**, quali il daltonismo, l'emofilia, la sindrome di Down, l'anemia mediterranea, e altre.
È molto importante quindi la **prevenzione di queste malattie** che inizia con la scoperta dei **fattori rischio** che una coppia ha di dare alla luce un figlio malato. Sono fattori rischio:
- l'età della madre superiore a 35 anni, infatti con l'età aumenta la possibilità di anomalie cromosomiche della cellula uovo;
- anomalie genetiche in parenti prossimi della coppia o in altri figli.

Per accertare questi fattori di rischio esistono i **consultori familiari** dove si possono fare tutti gli esami e gli accertamenti necessari. Le coppie a rischio vengono informate della situazione e preparate ad affrontare consapevolmente un'eventuale gravidanza.

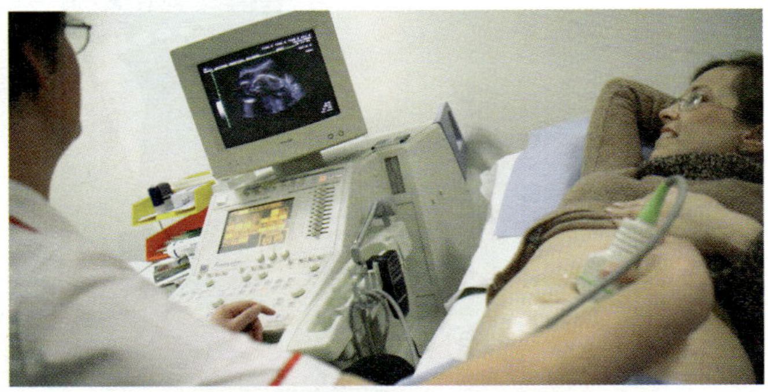

Ormai infatti la moderna scienza prenatale ci permette di "correggere" in molti casi queste anomalie genetiche purché sia tempestivo il loro riscontro.

Una prima indagine per scoprire eventuali malformazioni del feto è l'**ecografia**. Essa sfrutta la capacità degli ultrasuoni di produrre un'immagine del feto, dando informazioni dettagliate sullo sviluppo dello scheletro e degli organi interni.

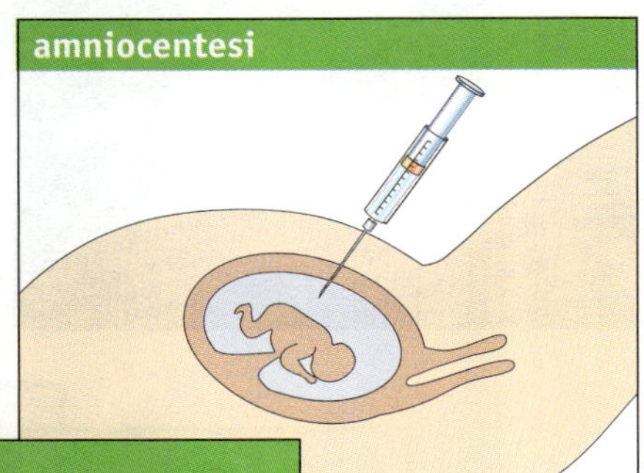

Per accertare poi, molto tempo prima della nascita, se il corredo cromosomico del nascituro presenta anomalie è fondamentale la **diagnosi prenatale** che consiste nell'esame dei cromosomi delle cellule fetali.
Le cellule vengono prelevate dal feto, quindi trattate con particolari coloranti e fotografate, ottenendo così la **mappa cromosomica** del nascituro. Il prelievo delle cellule fetali viene effettuato mediante diverse modalità: l'amniocentesi, la fetoscopia e la villocentesi.

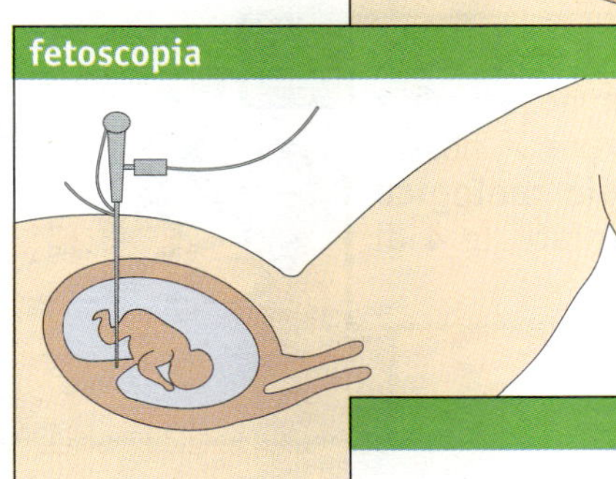

- L'**amniocentesi** consiste nel prelievo di cellule fetali disperse nel liquido amniotico. Si esegue prelevando, tra il 2° e il 3° mese di gravidanza, con un ago da prelievo inserito nell'addome materno circa 15-20 ml di liquido amniotico che contiene le cellule fetali.
- La **fetoscopia** consiste nel prelievo dal cordone ombelicale di sangue fetale per diagnosticare malattie a esso legate, come l'anemia mediterranea. Si esegue, sempre attraverso l'addome della madre, tra il 4° e il 5° mese di gravidanza.
- La **villocentesi** è il metodo più moderno di indagine e consiste nel prelievo dei villi coriali. Può essere eseguita ancora prima dell'amniocentesi, tra il 2° e il 3° mese di gravidanza, e permette di scoprire alterazioni quali la sindrome di Down.

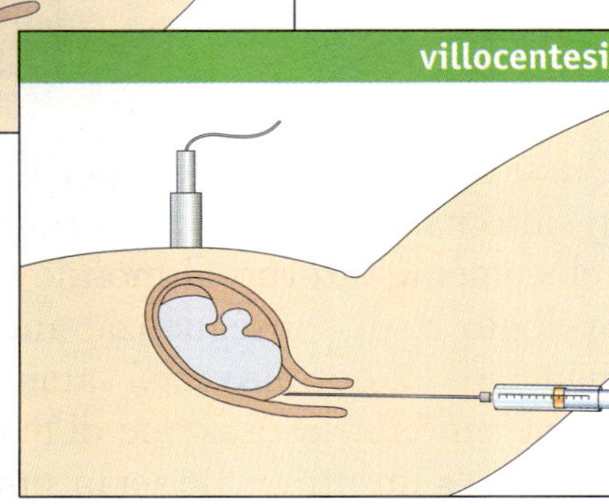

Cervello in piena efficienza

Il cervello riceve, analizza, elabora e memorizza gli stimoli esterni e li trasforma nelle nostre azioni o nei nostri pensieri controllando, come sai, ogni nostro movimento, sensazione e comportamento.
Sappiamo come mantenerlo efficiente evitando ciò che può danneggiarlo o causarne il lento decadimento?
Leggiamo alcune semplici norme comportamentali da mettere in atto per la nostra salute mentale.

Il buonumore

Il **buonumore** è la prima condizione per un buon funzionamento del cervello. Il desiderio di intraprendere nuove attività e la sensazione di appagamento anche affettivo caratterizzano le persone sane e attive. La depressione e l'apatia determinano invece mancanza di iniziativa, tolgono il piacere di leggere e di ricordare, portando a una lenta diminuzione della memoria e della concentrazione.

Il sonno

Nel bambino il sonno è fondamentale per la maturazione del cervello, per questo motivo il bambino dorme in media 12 ore al giorno. Anche nell'adulto **dormire è molto importante**, permette infatti di "ricaricare le batterie" del cervello.

La memoria

La **memoria va tenuta in costante allenamento** con la lettura, imparando cose nuove, giocando e anche utilizzando il computer, che stimola le attività del cervello quali la memoria visiva e l'apprendimento.

L'alimentazione

È importante **seguire una corretta alimentazione** che assicuri un apporto regolare di tutte le vitamine, soprattutto di quelle del gruppo B, molto benefiche per il sistema nervoso.

L'attività fisica

L'organismo ha sempre bisogno, a qualunque età, di una **sana e regolare attività fisica** per mettere in azione e mantenere in esercizio tutti i muscoli, migliorando così la circolazione sanguigna e l'ossigenazione del corpo, quindi anche del cervello.

Farmaci, salute e pericolo

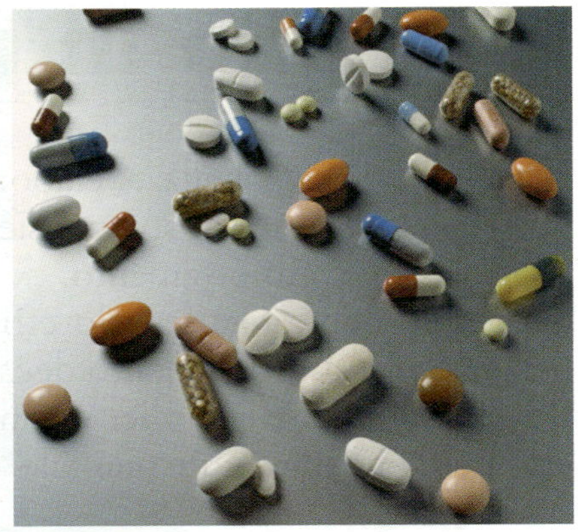

Un ruolo di enorme importanza per la nostra salute è quello dei **farmaci**, indubbiamente una delle principali conquiste della scienza moderna. L'uomo si è sempre impegnato nella ricerca di "sostanze" in grado di curare le malattie e alleviare i malesseri.
Fino agli inizi del secolo scorso queste sostanze erano naturali, estratti cioè da determinate piante. In seguito si è cominciato a fabbricare in laboratorio sostanze medicinali e, con l'avvento dell'industria chimica, si è arrivati alla produzione di svariate specie di medicine che hanno migliorato la salute e sconfitto malattie un tempo mortali.
La farmacologia oggi ci mette a disposizione un numero enorme di farmaci che sono entrati in modo massiccio nella nostra vita offrendoci indubbi vantaggi, ma creando però tanti problemi spesso legati a un loro non corretto uso o, addirittura, a un abuso.
È importante ricordare infatti che i farmaci sono sostanze molto delicate e pericolose e che bisogna proteggerci dal pericolo di un loro uso sbagliato sapendo che tanti malesseri possono essere eliminati semplicemente con un cambiamento di abitudini alimentari o di vita.

Per salvaguardare la nostra salute dalle conseguenze di abusi e comportamenti errati, ricordiamoci innanzitutto di:

non prendere farmaci suggeriti da amici e parenti

andare sempre dal medico per la loro prescrizione

seguire le indicazioni per la loro assunzione

non tenere in casa troppi farmaci e conservarli sempre in cassetti o armadietti chiusi a chiave. Lasciarli alla portata dei bambini potrebbe avere gravi conseguenze.

È importante inoltre:
– evitare l'uso di farmaci durante la gravidanza;
– prenderli solo quando è strettamente necessario;
– non prenderne mai in quantità maggiore o minore di quella prescritta dal medico;
– non abusare di analgesici perché potrebbero causare disturbi o mascherare delle malattie;
– informare sempre il medico di eventuali disturbi causati da un farmaco;
– buttare i farmaci usati, scaduti o non necessari solo negli appositi raccoglitori presenti nelle farmacie.

Un'importante precauzione, prima di assumere un farmaco, è quella di leggere sempre il foglietto illustrativo che per legge accompagna qualsiasi farmaco.
Conosci il significato dei termini che compaiono in questi foglietti illustrativi?
Leggi questa breve spiegazione sul loro significato.

Composizione
Indica tutti i componenti e anche l'azione e gli effetti che provoca il farmaco sull'organo a cui è diretto.
Indicazioni
Precisa le malattie per le quali è consigliato.
Posologia
Indica la quantità da assumere, le modalità (prima, dopo o lontano dai pasti) e la via di assunzione (orale, intramuscolare, esterna).
Controindicazioni
Precisa i casi in cui è meglio non assumere quel farmaco (allergie, gravidanza, altre malattie in atto).
Effetti collaterali
Indica i problemi legati alla sua assunzione.
Avvertenze e precauzioni
Dà consigli utili sull'uso in associazione ad altri farmaci, sulla conservazione, confezione e il possibile prolungarsi della cura con tale farmaco.
Scadenza
Indica la data dopo la quale ne è sconsigliato l'uso. Se non compare sul foglietto, la scadenza è sicuramente indicata sulla confezione esterna.

Che cosa tenere nella valigetta del pronto soccorso?

In ogni casa, in un luogo facilmente accessibile e noto ai componenti della famiglia, ma non alla portata di bambini, va tenuto l'occorrente per intervenire in caso di piccoli incidenti.
Va cioè organizzato l'armadietto o la valigia del pronto soccorso.
Qual è la dotazione indispensabile?
Osserva il disegno e ricorda di avere anche a portata di mano e in evidenza tutti i numeri per la richiesta di intervento: pronto soccorso, medico di famiglia, centro antiveleni e pubblica assistenza.

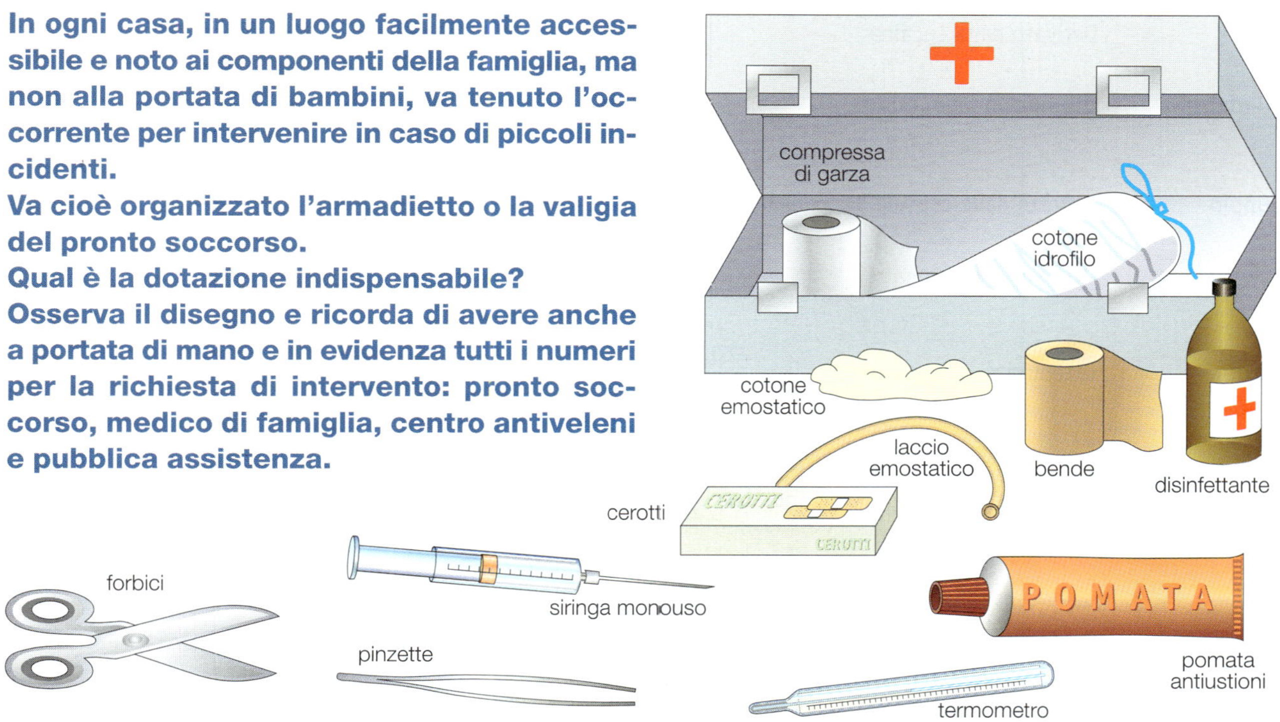

Droga, un attentato alla vita

Il più pericoloso nemico della nostra salute è sicuramente la **droga**, il cui crescente uso, soprattutto fra i giovani, rappresenta il più drammatico attentato alla vita, per la sua **azione distruttiva del sistema nervoso**.
La droga infatti altera la trasmissione degli impulsi nervosi interferendo direttamente con i neurotrasmettitori con tragiche conseguenze: perdita della capacità di reagire agli stimoli, incapacità di valutare e controllare le proprie azioni, sdoppiamento della personalità, alterazioni mentali, distorta percezione dello spazio e del tempo e alterazione di tutte le funzioni fondamentali.

Affrontiamo questo delicato problema innanzitutto con una corretta informazione.
Con il termine "**droga**" o "**stupefacente**" si intendono tutte quelle sostanze, naturali e artificiali, in grado di modificare il funzionamento del sistema nervoso, alterando le sensazioni, l'equilibrio e la personalità di un individuo e arrecando danni irreversibili all'organismo.

In base al loro principale effetto, le droghe si possono suddividere in **stimolanti**, **depressive** e **allucinogene**.

	Droghe	Origine	Effetti
Stimolanti	Anfetamine	Ottenute in laboratorio come derivati dell'efedrina	Irrequietezza, insonnia, eccitazione in generale, ulcera gastrica e inappetenza
	Cocaina	Estratta dalle foglie di una pianta tropicale: la coca	Euforia, irrequietezza, insonnia, ansia, disturbi mentali, attacchi cardiaci e morte
	Crack	Derivato dalla cocaina	Confusione mentale, disturbi psicologici, attacchi cardiaci e morte
Depressive	Barbiturici	Ottenuti in laboratorio	Confusione, rallentamento dei riflessi, scarsa lucidità, sonnolenza, morte in caso di dosi elevate
	Oppio	Estratto dalle capsule del papavero	Rallentamento dei riflessi, disturbi mentali, decadimento fisico
	Morfina	Ottenuta dall'oppio	Rilassamento, dimagrimento, decadimento fisico-psichico generale, incapacità lavorativa
	Eroina	Ottenuta dalla morfina	Angoscia, alterazioni nervose e cardiache, forte dipendenza e assuefazione, stati di coma, morte
Allucinogene	Marijuana	Ottenuta dalle foglie o dalle infiorescenze della canapa indiana	Riduzione della memoria e della lucidità mentale, apatia, ansia e paura, insonnia e inappetenza
	Hashish	Ottenuto dalla resina della canapa indiana	Euforia e distorsioni percettive
	LSD	Ottenuto da un fungo che attacca le graminacee	Disturbi mentali, ansia e paura, allucinazioni pericolose, distorsione della percezione dello spazio e del tempo

Si parla della droga come di un **viaggio senza ritorno**; infatti non è per nulla esagerato dire che il recupero di un tossicodipendente è difficile, a volte impossibile. Questo perché, all'assunzione della droga, sono correlati due gravi fenomeni: la dipendenza e l'assuefazione.

La **dipendenza** è ciò che causa l'irresistibile bisogno di continuare a fare uso di droga; l'organismo dipende psicologicamente e anche fisicamente dalla droga, non riesce più a farne a meno; molto spesso la mancanza di droga causa **crisi di astinenza**, ovvero disturbi quali dolori in tutto il corpo, nausea, vomito, collasso, angoscia e confusione mentale.

L'**assuefazione** è ciò che determina, in una persona che fa uso di droga, la necessità di assumerne dosi sempre maggiori, perché a lungo andare la stessa dose non è più sufficiente per ottenere gli stessi effetti. Questo comporta le terribili conseguenze che un uso sempre più massiccio di droga provoca al fisico: il totale annientamento, fino alla morte per **overdose**.

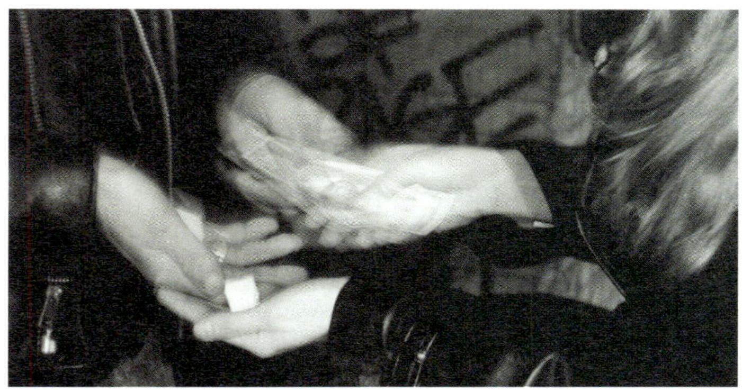

Perché tante persone si lasciano trascinare in un vortice da cui è difficilissimo uscire?
Le cause sono molteplici e complesse: la solitudine, la difficoltà e i tanti disagi che nella vita spesso si presentano all'interno della famiglia e della società, ma anche la tendenza alla trasgressione in risposta alla perdita di valori quali la famiglia, l'onestà, l'amicizia, l'amore, il rispetto degli altri…, o l'imitazione dei falsi modelli proposti da questa società.
Ma evadere dalla realtà, che non si vuole o non si riesce ad accettare, con l'uso della droga significa entrare in una trappola mortale che porta al lento decadimento psicofisico della persona fino alla sua totale distruzione.

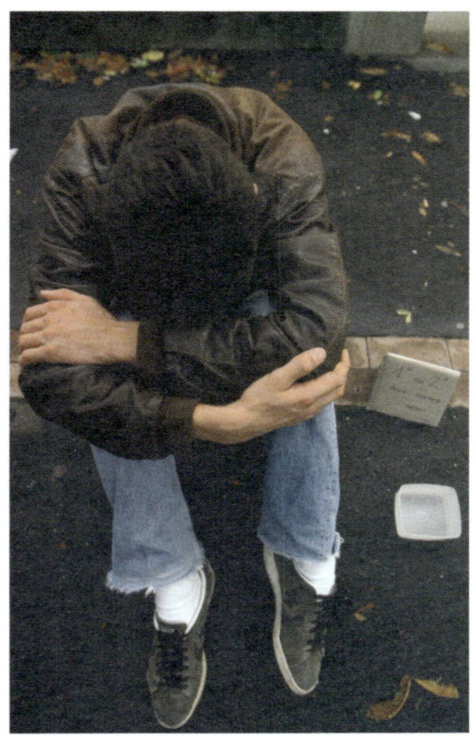

Ricordando il grave errore commesso da certi giovani, che hanno cominciato a drogarsi solo per "provare", con l'illusione di poter smettere quando vogliono, sappi che molti di loro adesso stanno lottando disperatamente e, a volte, ormai inutilmente nel disperato tentativo di abbandonare la droga, dopo aver rovinato la loro vita trascinati nell'orribile spirale della tossicodipendenza.

Ricordati pertanto che per risolvere il "problema droga" in modo definitivo non c'è che un modo: **non cominciare**, **non imitare gli amici che si drogano**, **non pensare così di apparire "emancipato"**.

In questo modo si finisce solo per rovinare la propria esistenza!

Doping, ALT

Il termine **doping** (dall'inglese *to dope* che significa drogare) è diventato da qualche tempo tristemente famoso. Ne abbiamo sicuramente sentito parlare alla TV e ne leggiamo spesso sui giornali, ma sappiamo esattamente che cosa è?

Il doping consiste nell'assunzione di sostanze, generalmente farmaci oppure ormoni, da parte di atleti o di giovani che praticano sport a livello agonistico per migliorare le prestazioni fisiche.

Perché se ne parla, come certamente sai, al negativo?
Il doping, oltre a **ledere lo spirito sportivo**, coinvolgendo l'insieme dei **valori etici e morali dello sport**, **danneggia la salute o addirittura mette in pericolo la vita** perché tutte le sostanze usate hanno gravi effetti collaterali.

Le Federazioni Sportive, per combattere l'uso di queste sostanze, dal 1967, effettuano sistematici controlli antidoping, analizzando a campione l'urina degli atleti; è infatti in essa che possono essere rintracciate molte delle sostanze dopanti assunte.
I molteplici casi che si sono verificati negli ultimi anni testimoniano il ricorso frequente a questo genere di pratica. E il doping, purtroppo, non riguarda più solo i professionisti dello sport, ma anche i dilettanti rendendo ancora più grave questo problema.
Molti frequentano palestre e centri sportivi dove, a volte, si viene illecitamente spinti all'uso di certe sostanze, accettando di assumerle senza essere pienamente coscienti dei loro effetti negativi.
La facilità con la quale si ricorre a queste sostanze rende più superficiali i consumatori che non si pongono nemmeno il problema di informarsi sulla complessità degli effetti.

Ricorda che doping = droga; non ti avvicinare a queste sostanze, ma riscopri il vero valore dello sport, soprattutto di quello agonistico.
Esso **deve premiare** con la vittoria, ma anche con la semplice partecipazione, **il sacrificio di un atleta, gli innumerevoli sforzi, i duri e faticosi allenamenti ed essere sempre e solo "pulito"**.

Alcol, una minaccia alla salute

Vino e birra, le bevande alcoliche più conosciute e usate, pare abbiano effetti benefici sul nostro organismo: facilitano la digestione, allentano la tensione nervosa e dilatano le arterie favorendo la circolazione. Purtroppo queste stesse sostanze, se il loro consumo diventa eccessivo, rappresentano una seria minaccia per la nostra salute.

L'alcol etilico, contenuto in queste usuali bevande alcoliche, può provocare infatti seri danni se ingerito in quantità eccessiva e con una certa frequenza.
Ma qual è la dose giornaliera che può essere assunta senza danni per l'organismo?
Per un adulto è di circa 45 g al giorno, che corrisponde a circa mezzo litro di alcol con una concentrazione alcolica non superiore al 12%.
Aumentando la concentrazione alcolica quindi questa dose diminuisce, come puoi vedere nello schema a fianco.

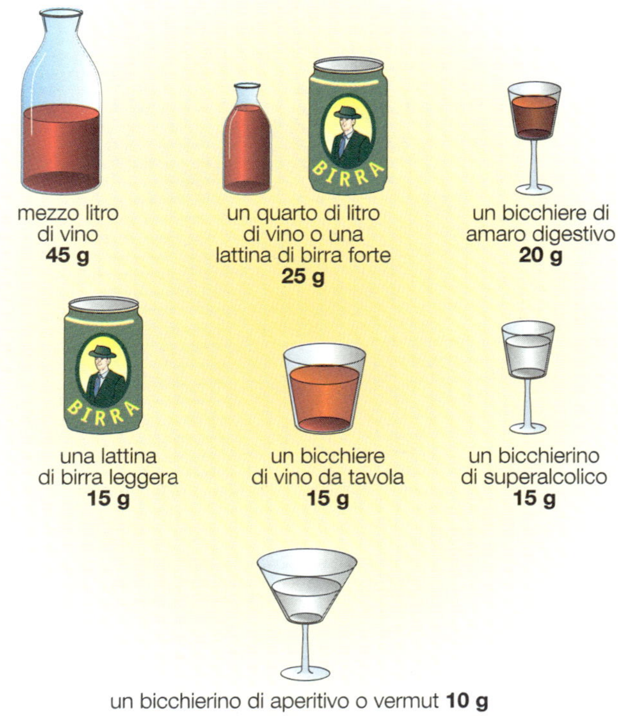

Bere un'eccessiva quantità di alcol causa inizialmente **euforia** e poi, se la dose diventa particolarmente elevata, **ubriachezza** vera e propria.
A questo punto la situazione è già pericolosa, in quanto la persona ubriaca non è più in grado di coordinare i propri movimenti e le proprie reazioni e risulta solo capace di creare situazioni rischiose per sé e per gli altri.
Se l'uso eccessivo di alcol si protrae nel tempo, si passa dallo stato di ubriachezza allo stato di **alcolismo**.

L'alcolismo, l'abuso prolungato e massiccio di alcol, provoca all'organismo danni gravi e irreversibili: **cirrosi epatica**, **ulcere gastriche**, **disfunzioni renali**, **rischi di tumore**, **danni al sistema nervoso** e, inoltre, può causare **disturbi fisici e mentali nei figli** delle persone alcolizzate.

Nel nostro Paese la situazione è preoccupante: l'Italia è infatti al terzo posto tra i Paesi che consumano più alcol e ogni anno l'alcolismo provoca circa 20 000 morti.
L'alcolismo ha assunto i caratteri di **grave malattia sociale** e la sua prevenzione deve avere un ruolo di primaria importanza, al pari della prevenzione di altre due piaghe della nostra società, il fumo e la droga, in quanto ugualmente pericoloso.
Tale prevenzione deve essere rivolta soprattutto a eliminare le cause che spesso portano una persona a questa estrema condizione: carenze affettive, delusioni nel lavoro e in famiglia, stress, ansia, angosce, frustrazioni e solitudine.

Educazione **alimentare**

Come ci si alimentava un tempo?

L'uomo, come sai, è onnivoro, cioè si nutre di qualsiasi cibo, vegetale e animale, e nel corso della sua storia ha mangiato tutto ciò che trovava commestibile.

I nostri antenati vivevano esclusivamente di ciò che riuscivano a raccogliere nell'ambiente: foglie, frutta, radici, bacche e semi.
Quando impararono a cacciare e a scavare nel suolo, aggiunsero alla loro alimentazione la carne e gli amidi ricavati dai tuberi.
Più avanti impararono a usare il fuoco e incominciarono a cuocere gli alimenti rendendoli più gradevoli al gusto e migliorandone la digestione e il valore nutritivo.

Per centinaia di migliaia di anni andarono alla ricerca del cibo là dove si trovava, anche lontano, seguendo le migrazioni degli animali.
Solo in tempi relativamente recenti (10 000 anni fa) l'uomo ha imparato a coltivare i cereali e ad allevare gli animali, portando così il cibo vicino a casa. Tutto ciò gli ha permesso anche di abbandonare la vita nomade che era costretto a condurre.

Nel corso del tempo si svilupparono anche tecniche di conservazione degli alimenti come essiccare la frutta, salare e affumicare la carne, trattare il latte per ricavarne formaggi…, riuscendo così a predisporre scorte di cibo per i periodi di scarsità.

In luoghi e tempi diversi, i vari gruppi di popolazioni si adattarono a regimi diversi.
Per le popolazioni che abitavano vicino alle coste o sulle rive dei fiumi l'alimentazione divenne ricca di pesce, quella delle popolazioni che vivevano nelle foreste equatoriali diventò ricca di frutta e verdura, quella dei pastori delle steppe si basò invece sulla carne e sul latte, yogurt e formaggio.

Gran parte delle popolazioni, quando imparò a coltivarli, si alimentò anche di cereali, diversi secondo il luogo: in Europa il frumento, in Cina e in India il riso, in America il mais ecc.

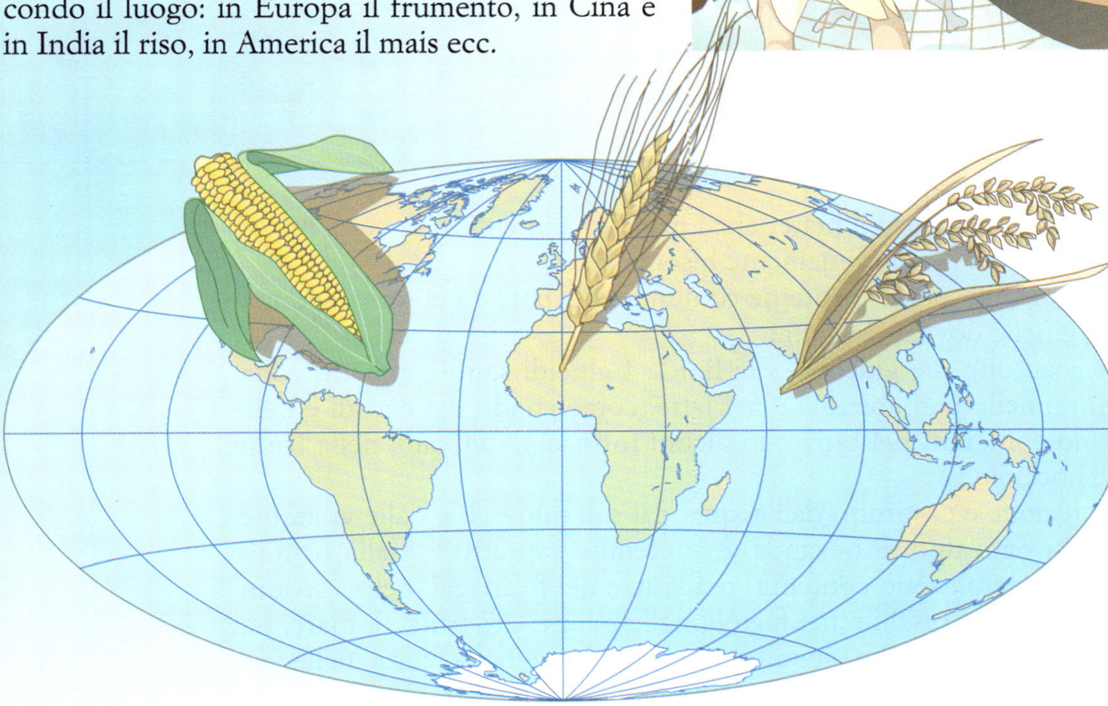

La nostra alimentazione

Se paragoniamo il nostro corpo a una casa da tenere in buone condizioni, di che cosa potrebbe aver bisogno? Una casa ha sicuramente bisogno di elementi di costruzione per eventuali ristrutturazioni e/o ampliamenti, di combustibile per tenerla riscaldata e di materiale di protezione come isolanti termici e acustici, intonaci e pitture ecc.

Anche il nostro organismo ha bisogno di tutto ciò e, come sai, ricava gli elementi necessari dai cibi di cui è composta la nostra alimentazione, ovvero da tutti gli alimenti di cui ci nutriamo.

La nostra alimentazione è varia, complessivamente possiamo dire che è composta da quattro gruppi principali di alimenti:

latte e latticini

carni, pesci e uova

frutta e verdura

pane e cereali

In questi alimenti è contenuto tutto il materiale, i **principi alimentari**, di cui il nostro organismo è formato e di cui ha continuamente bisogno.

- Il materiale da costruzione sono le **proteine** contenute nel latte e nei formaggi, nella carne, nel pesce e nelle uova, nei legumi.
- Il combustibile è costituito dai **glucidi** e dai **lipidi**. I glucidi sono contenuti come zuccheri nella frutta, nella barbabietola e nel latte, come amido nei cereali e nelle patate. I lipidi sono contenuti nel burro, in alcuni formaggi, nell'olio, nella frutta secca quali noci e nocciole.
- Il materiale di protezione è costituito dall'**acqua**, dai **sali minerali** e dalle **vitamine**. L'acqua, oltre che in ogni tipo di bevanda, è contenuta soprattutto nella frutta e nella verdura. I sali minerali sono contenuti nel latte e nei formaggi, nella verdura, nelle farine, nelle carni, nei piselli e nei fagioli, nelle patate, nei frutti di mare, nei legumi, nei cereali e nella frutta. Le vitamine sono contenute nella frutta, nella verdura, nel fegato, nelle uova, nelle carni, nel pesce, negli oli e nei cereali.

Gli additivi alimentari

Sai che cosa sono gli **additivi alimentari**? Sono sostanze naturali o chimiche che vengono aggiunte agli alimenti per conservarne nel tempo le caratteristiche, per evitarne l'alterazione o per dare loro particolari caratteristiche di aspetto, colore, consistenza e sapore.
Il loro uso è da sempre molto discusso in quanto la sperimentazione per garantirne la non tossicità, fatta su cavie, ha dei limiti. La UE ha varato delle precise disposizioni a riguardo. Ricorda che:
- esiste, a garanzia dei consumatori, un elenco di tutti gli additivi ammessi che viene costantemente aggiornato;
- gli additivi sono contrassegnati da un numero e in quelli considerati "innocui" tale numero è preceduto dalla lettera E;
- la presenza degli additivi deve essere sempre dichiarata sull'etichetta informativa degli ingredienti contenuti che accompagna qualsiasi alimento;
- sull'etichetta spesso compare la generica dicitura "aromi naturali" che comprende varie sostanze non identificabili, fra le quali ce ne potrebbero essere alcune più o meno tossiche;
- fra gli additivi usati, ce ne sono alcuni (glutammato, salicilati e acido benzoico) i cui effetti sull'uomo sono ancora poco chiari;
- tutti gli additivi, in dosi elevate, possono esseri nocivi per la nostra salute.

In base all'uso che se ne fa, i principali additivi (vedi tabella) vengono classificati in vari tipi, fra cui ricordiamo:
- gli **antiossidanti**, usati per evitare l'ossidazione degli alimenti;
- gli **antisettici**, usati per evitare la fermentazione;
- gli **aromatizzanti**, usati per dare sapori e odori particolari;
- i **coloranti**, usati per dare maggiore intensità di colore (la maggior parte sono vietati);
- gli **edulcoranti**, usati per addolcire al posto dello zucchero.

codice UE	denominazione chimica	cibi in cui si trovano	utilità in campo alimentare
E230	difenile	arance, succhi di frutta e spremute	impedisce in particolare la crescita di funghi sugli agrumi
E300	acido L-ascorbico (vitamina C)	carne in scatola o preconfezionata, bibite, dolciumi	evita l'imbrunimento dei cibi
E320	butilidrossianisolo (BHA)	gelati conservati, farine, margarine	stabilizzante
E330	acido citrico	frutta sciroppata, marmellate	antiossidante e aromatico
E406	agar-agar	chewing-gum, canditi, budini, creme	addensante e gelificante
E407	carragenine	chewing-gum, canditi, budini, creme, formaggi freschi	addensante e gelificante
E420	glicerina	confetti, chewing-gum, cioccolato, liquori, dolciumi in genere	solvente ed edulcorante
E450	polifosfati	formaggi fusi, insaccati cotti, latte, farina di patate	stabilizzante
E466	carbossimetilcellulosa	salse, budini	stabilizzante, addensante, aumenta il volume dei cibi
E102	tartrazina	bibite, sciroppi di frutta, formaggi, caviale	colorante giallo
E110	giallo arancio		
E124	rosso cocciniglia		colorante rosso
E151	nero brillante		colorante nero

Ipernutrizione e obesità

Un'alimentazione squilibrata causa gravi danni sia quando si eccede nel cibo sia quando esso è insufficiente.

Nei Paesi industrializzati la popolazione è più soggetta a malattie per eccesso di cibo, le cosiddette **malattie del benessere** o da **ipernutrizione**.

Un'alimentazione troppo abbondante e prolungata nel tempo porta al **sovrappeso** e successivamente all'**obesità**. Chi è obeso è più facilmente soggetto a problemi a carico dell'apparato scheletrico, come scoliosi, piede piatto ecc., e può andare incontro a malattie cardiache, diabete, artrosi e alcuni tipi di tumore. Particolarmente preoccupante è l'aumento dei casi di obesità infantile dovuta a ipernutrizione e a scarse attività motorie. L'80% dei bambini obesi, inoltre, diventa un adulto obeso.
L'obesità va combattuta fin da giovani con:

appropriate diete ipocaloriche

mangiare di meno ma in modo equilibrato con il giusto apporto dei vari principi alimentari

la correzione di abitudini alimentari errate

mangiare fuori pasto, eccedere nei condimenti, escludere alcuni alimenti, alimentazione veloce e monotona ecc.

una sana attività motoria

riprendiamo alcune buone abitudini quali camminare o andare in bici

E noi siamo nei limiti normali di peso, sottopeso, sovrappeso o obesi? Possiamo valutarlo considerando il nostro **indice di massa corporea (IMC)** attraverso lo schema seguente.

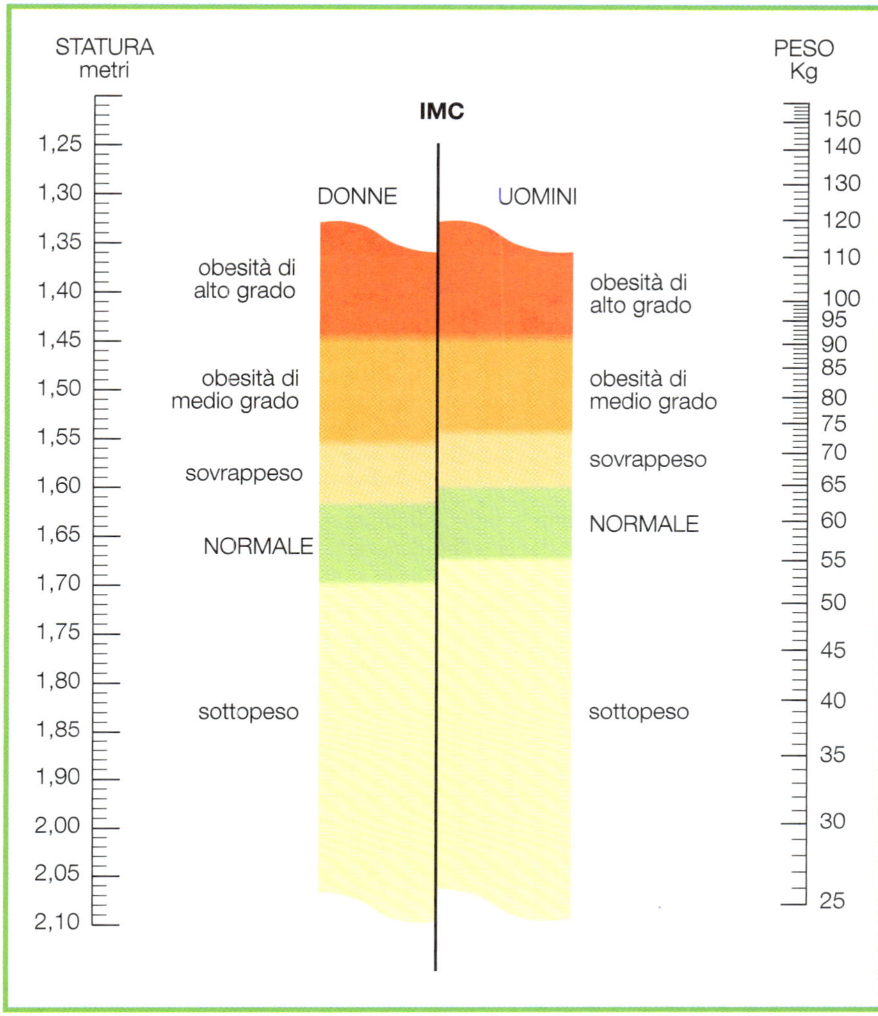

Uniamo con una retta i metri corrispondenti alla nostra altezza con i chilogrammi relativi al nostro peso, il punto di incontro di questa retta con la riga rossa dell'IMC indicherà la fascia nella quale si colloca il nostro peso.

Perché i cibi salati fanno venire sete?

Lo stimolo della sete è dato dal cervello quando nell'organismo la quantità di fluidi si abbassa sotto una certa soglia. In questo caso viene prodotta, infatti, una proteina che induce nel cervello il senso della sete.
I cibi salati stimolano la sete perché, ingerendo sale, si altera l'equilibrio interno dei fluidi e l'organismo, per ripristinare la concentrazione di sale, richiede acqua con la stessa modalità di quando avverte che la quantità di fluidi si è abbassata sotto una certa soglia.
Ciò induce il cervello a reagire nello stesso modo: emettere lo stimolo di sete che ci porta a bere.

Malattie da malnutrizione

Un'alimentazione che risulta squilibrata per la mancanza di uno o più principi nutritivi viene definita **malnutrizione**.
Particolarmente pericolose possono essere le malattie da malnutrizione per mancanza di vitamine o sali minerali.
I **sali minerali**, infatti, sono indispensabili per lo sviluppo e il buon funzionamento dell'organismo; al nostro corpo ne occorrono in minima quantità, ma la loro carenza provoca gravi disturbi.

Minerale	Alimenti	Funzione	Disturbi da carenza
Calcio (Ca)	Latte, formaggio, ortaggi a foglia verde, mandorle 	Formazione di ossa e denti, coagulazione del sangue, regola il ritmo cardiaco e il metabolismo minerale	Arresto della crescita, rachitismo, osteoporosi, convulsioni, tetania dei muscoli
Fosforo (P)	Latte, pollame, pesce, carne, formaggio, noci, mandorle, nocciole, cereali, legumi 	Formazione di ossa e denti, costituente cellulare; interviene nel metabolismo dei componenti organici degli alimenti	Debolezza, demineralizzazione delle ossa
Ferro (Fe)	Fegato, carne, legumi, cereali integrali, ortaggi a foglia verde, frutta secca 	Costituente dell'emoglobina, e delle cellule, indispensabile per la sua funzione di trasportatore di ossigeno	Anemia da carenza di ferro (debolezza, minore resistenza alle infezioni)
Iodio (I)	Pesci marini, molluschi e crostacei, acqua e sale iodati 	Indispensabile per il normale funzionamento della tiroide	Gozzo (ingrossamento della tiroide), cretinismo (se la carenza si verifica nella prima infanzia)
Sodio (Na)	Sale da cucina, pesci marini, prodotti animali in genere 	Regola il bilancio idrico dell'organismo e il ritmo cardiaco	Crampi muscolari, apatia mentale, riduzione dell'appetito
Potassio (K)	Cereali, ortaggi e frutta, legumi, carni 	Costituente di tutte le cellule; regolatore della pressione osmotica all'interno delle cellule	Debolezza muscolare, paralisi
Fluoro (F)	Acqua, tè, caffè, riso e frutti di mare 	Protezione dei denti dalla carie	Calcificazione delle ossa, carie dentaria

Per quanto riguarda le **vitamine**, il nostro organismo ha bisogno in particolar modo delle vitamine A, B_1, B_2, B_6, B_{12}, C, D, E, K e PP.
La maggior parte di esse deve essere assunta con gli alimenti; solo poche, precisamente la B_{12}, la D e la K, sono prodotte dal nostro organismo con l'esposizione al sole o dalla flora intestinale.

Minerale	Alimenti	Funzione	Disturbi da carenza
A (Retinolo)	Fegato, reni, verdure verdi e gialle, frutta gialla, uova, burro 	Protegge mucose ed epiteli in genere; interviene nei processi della visione e della crescita	Ritardo nella crescita, diminuita resistenza alle infezioni, cecità notturna
B_1 (Tiamina)	Carni, legumi, cereali integrali, soia, pesce 	Interviene nelle reazioni di ossidazione all'interno della cellula e protegge il sistema nervoso; regola la crescita	Beri-beri
B_2 (Riboflavina)	Lievito, fegato, carni rosse, legumi, cereali integrali, arachidi 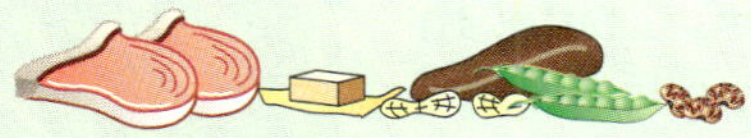	Interviene nelle reazioni di ossidazione all'interno della cellula e regola la crescita; protegge le mucose	Danni agli epiteli degli occhi e alle mucose
B_6 (Piridossina)	Carni, frattaglie, legumi, cereali, patate, banane 	Interviene nel metabolismo dei grassi e degli amminoacidi	Non sono stati accertati
B_{12} (Cianocobalamina)	Carni, pesce, uova, formaggi 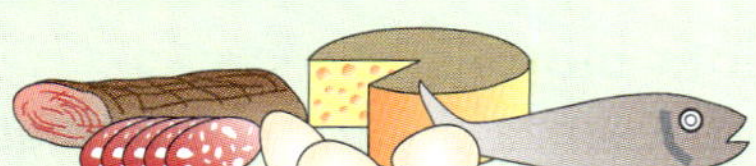	Interviene nella produzione dei globuli rossi e nella funzione nervosa	Anemia perniciosa
C (Acido ascorbico)	Frutta, soprattutto agrumi, fragole e kiwi 	Interviene nella formazione e nella protezione dei tessuti connettivi	Scorbuto
D (Calciferolo)	Fegato, alcuni pesci, latte, uova 	Regola l'assorbimento del calcio e del fosforo nelle ossa	Rachitismo
E (Tocoferolo)	Uova, oli vegetali, verdure 	Interviene nel funzionamento dei muscoli e degli organi riproduttori	Non sono stati accertati
K (Fillochinone)	Oli vegetali, verdure verdi, pomodori 	Interviene nella coagulazione del sangue	Emorragie
PP (Nicotinammide)	Fegato, carni, pesce, latte, uova, arachidi, legumi 	Interviene nell'assorbimento di amminoacidi e glucidi e nelle reazioni di ossidazione	Pellagra

Pericoli di origine alimentare

Un'alimentazione non corretta può portare a svariate malattie, disfunzioni e disturbi più o meno gravi. Tante malattie, **ulcera**, **gastrite** e **cirrosi epatica**, per esempio, sono provocate essenzialmente da disordini alimentari.

Altre malattie possono derivare da un'alimentazione eccessiva. Pasti abbondanti, che non sono un'eccezione ma un'abitudine, sovraccaricano di lavoro l'apparato digerente ma anche altri organi, quale il cuore, che subiscono di conseguenza un deterioramento più rapido causando **ipertensione**, **infarti** e **trombosi**.

Esistono altri pericoli di origine alimentare dovute a cause, spesso, non dipendenti dalla nostra volontà. Parliamo di intolleranze alimentari, di intossicazioni alimentari e dell'encefalopatia spongiforme bovina.

Conoscerle può evitarci di compromettere la nostra salute.

Il riso e il mais sono cereali adatti anche per la dieta delle persone affette da celiachia.

- Le **intolleranze alimentari**, da molti considerate conseguenza della più recente evoluzione dell'uomo, consistono nella **non digeribilità di alcuni comuni alimenti**.
  - L'**intolleranza al lattosio** consiste nell'incapacità di digerire il lattosio (lo zucchero del latte) in età adulta. Fino ai 4 anni circa la specie umana si nutre di latte e il lattosio viene digerito perché l'organismo produce un particolare enzima, la lattasi. Dopo, iniziando l'alimentazione completa, l'organismo perde la capacità di produrre la lattasi e non digerisce più il latte. In Europa il 30% circa della popolazione presenta intolleranza al lattosio e non può consumare più latte.
  - L'**intolleranza al glutine** (la proteina contenuta nella maggior parte dei cereali) determina una malattia vera e propria, la **celiachia**. Gli ammalati di celiachia devono sostituire i cereali con il riso e il mais, che sono privi di glutine, o con alimenti deglutinati ormai in commercio.
- Le **intossicazioni alimentari**, pericolosissime e talora mortali, sono dovute all'uso di alimenti andati a male o con presenza di fattori inquinanti (minerali pericolosi quali piombo e mercurio, pesticidi ed erbicidi). È importante **consumare sempre alimenti quanto più freschi possibile**, in particolare carne, pesci e crostacei, e **accertarsi** sempre **della loro provenienza e preparazione**.
- La **encefalopatia spongiforme bovina**, nota come la "**malattia della mucca pazza**", è dovuta a un **prione**, una proteina che si trova sulla superficie delle cellule, che può degenerare, riprodursi in modo anomalo e accumularsi nell'organismo interferendo con il sistema nervoso. Provoca di conseguenza mancanza di coordinazione nei movimenti, perdita delle facoltà intellettive e infine morte. La trasmissione della malattia dagli animali all'uomo è dovuta al consumo di carni provenienti da bovini alimentati con "farine animali" ottenute tritando cervello, ossa e scarti di animali. La presenza dei prioni in queste farine ha fatto insorgere la malattia in mucche, pecore e capre che sono animali vegetariani e che sono stati alimentati in questo modo irresponsabile con scarti di animali. I prioni si trovano in abbondanza nel cervello, nel fegato e nel midollo spinale. Solo se il divieto di impiegare queste farine animali verrà rispettato, in futuro la "malattia della mucca pazza" potrà essere unicamente un brutto ricordo.

Educazione all'**affettività**

- Dalla nascita all'adolescenza
- L'adolescenza
- Sviluppo embrionale e fetale
- I primi momenti di vita
- Adolescenti e famiglia
- La vecchiaia

Dalla nascita... all'adolescenza

Con il parto un nuovo essere viene alla luce e il taglio del cordone ombelicale segna l'inizio della sua vita autonoma.
Come tutti i cuccioli dei mammiferi, il piccolo dell'uomo, per tutta la sua prima parte di vita, sarà amorevolmente assistito dai genitori.

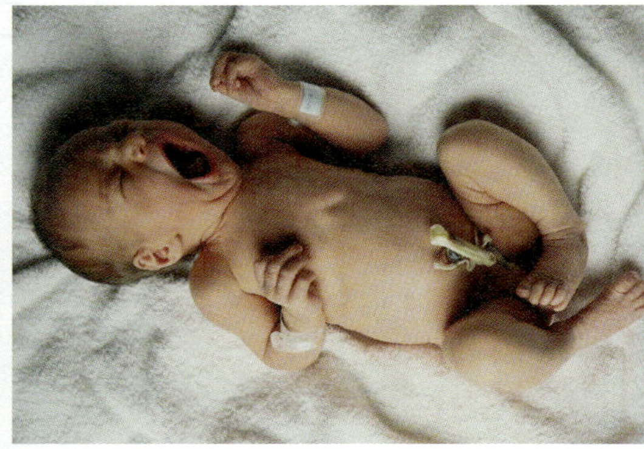

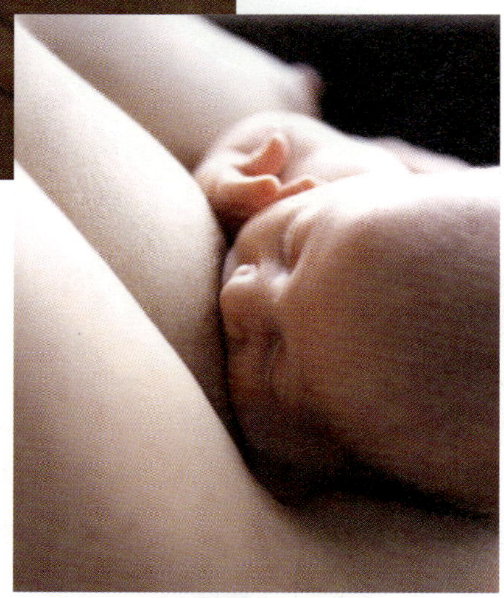

La prima forma di assistenza è l'allattamento al seno. Il latte materno è l'alimento ideale per il neonato, esso contiene tutte le sostanze nutritive necessarie al bambino e fornisce preziosi anticorpi che lo proteggono dalle infezioni.

Coadiuvati dalle istituzioni sanitarie, i genitori penseranno anche a proteggerlo dalle malattie mediante le vaccinazioni.

Calendario delle vaccinazioni

3-5-11 mesi	**3 anni**	**5-6 anni**	**6-7 anni**	**10 anni**	**14-15 anni**
I, II e III dose di antipoliomielitica antitetanica antidifterica antiepatite B *antipertossica *antiemofilo di tipo B **15-18 mesi** *antimorbillo *antiparotite *antirosolia	IV e ultima dose di antipoliomielitica	IV dose di antitetanica antidifterica *antipertossica	*antitubercolare (se il test antitubercolinico è negativo)	*antirosolia (per le bambine)	richiamo antidifterica antitetanica (quest'ultima da ripetere entro i successivi 10 anni)

*Vaccinazioni consigliate ma non obbligatorie

Durante il primo anno di vita il bambino cresce più rapidamente che in qualsiasi altro periodo della sua vita e, superata la fase neonatale, fino agli 11 anni circa attraversa la fase dell'**infanzia** procedendo più lentamente nella sua crescita.

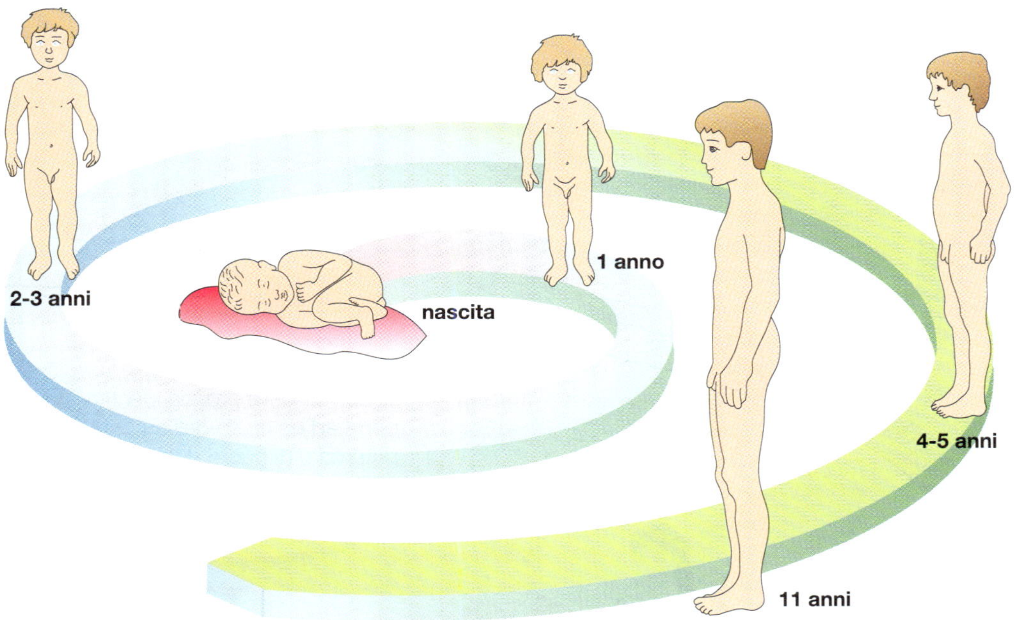

Ai 12-13 anni, l'organismo è interessato da un insieme di modificazioni che precedono il raggiungimento della maturità sessuale.
Inizia infatti la produzione di ormoni che innescano lo sviluppo e la maturazione sessuale, il ragazzo entra nella fase della **pubertà**, caratterizzata da profonde trasformazioni sia sul piano fisico sia su quello psicologico.

Il ragazzo e la ragazza diventano **adolescenti** (16 anni per le femmine, 18 per i maschi) e si preparano a varcare la soglia della loro maturità fisica, sessuale e psicologica.

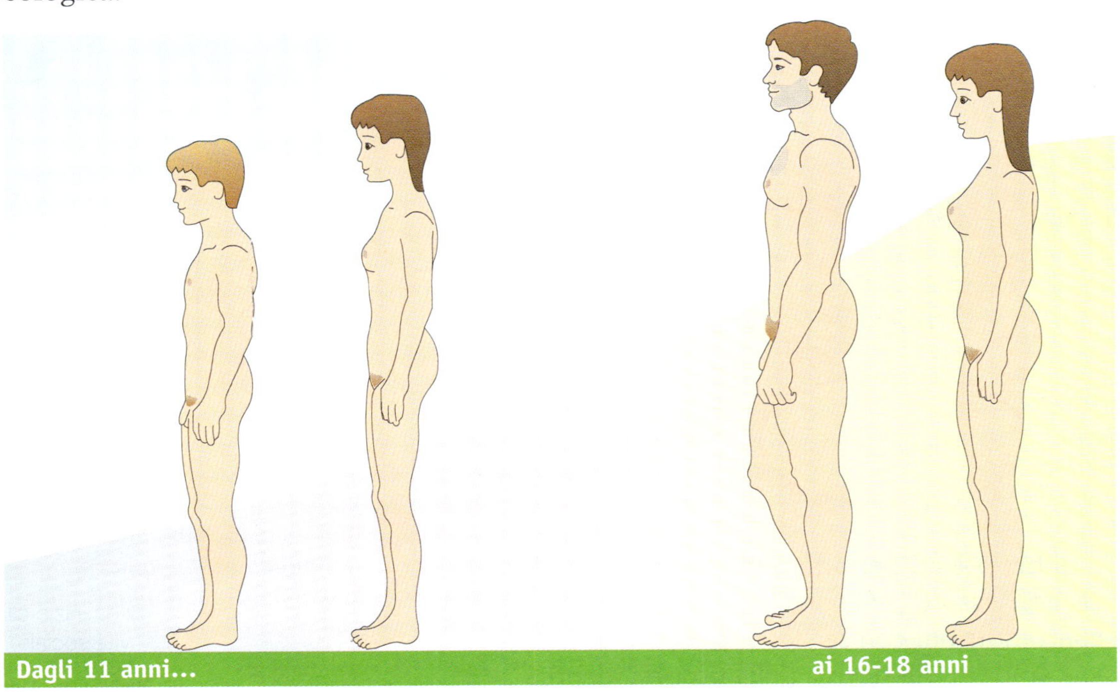

L'adolescenza

In questa fase, una serie di cambiamenti fisici portano il ragazzo e la ragazza ad assumere tutti i caratteri sessuali secondari che li contraddistinguono.

Psicologicamente la pubertà è un periodo difficile, caratterizzato proprio dal fatto di non essere più bambini, ma neppure già adulti; ciò porta a contraddizioni con se stessi, a eccessiva emotività e a instabilità nel carattere alla ricerca della propria identità.

Si instaura un forte cameratismo con i coetanei dello stesso sesso.
Ci si affida alle regole del gruppo.
Si raggiunge la propria identità e maturità, si accettano responsabilità e impegni, si diventa grandi e si rientra nel mondo... degli adulti.

Sviluppo embrionale e fetale

Un lungo passo, circa 18 anni, ci ha portato dalla nascita all'adolescenza. Ma dal momento del concepimento alla nascita, che cosa è avvenuto?

Con la **fecondazione** si è originato lo **zigote** che dà inizio al processo di formazione di un nuovo essere. Per **mitosi**, nell'arco di pochi giorni, lo ritroviamo prima morula e poi blastocisti già annidato nell'utero.

Ha inizio la **gravidanza** che porterà in 9 mesi circa, prima alla formazione dell'embrione, **sviluppo embrionale**, e successivamente del feto, **sviluppo fetale**, e quindi alla formazione completa di un nuovo essere. Seguiamo le principali fasi dello sviluppo embrionale e fetale.

4ª settimana di gravidanza

l'embrione misura circa mezzo centimetro e pesa 3 g. Si forma l'amnios e compare un abbozzo di cuore e cervello.

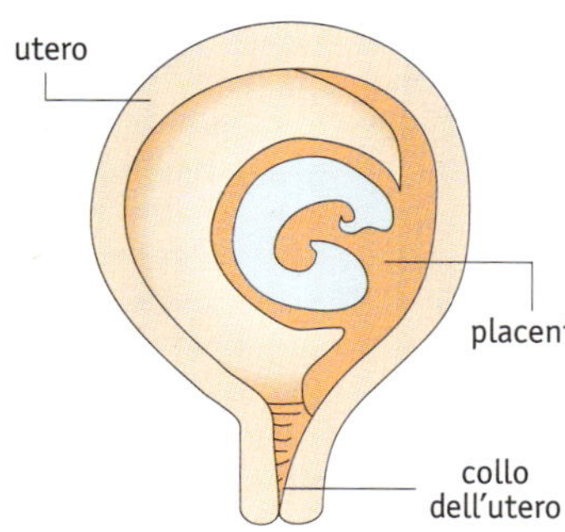

6ª settimana di gravidanza

l'embrione pesa 8-10 g ed è lungo circa un centimetro. Si distinguono le orecchie, gli occhi, il naso e le dita. Inizia lo sviluppo degli organi interni.

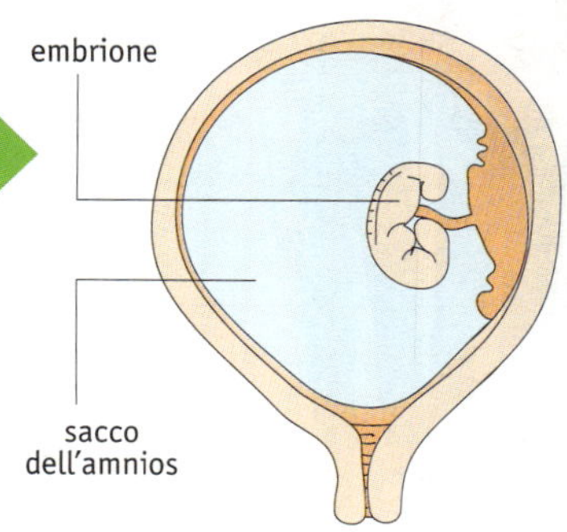

3° mese di gravidanza

inizia lo sviluppo fetale; il feto è lungo circa 15 cm e pesa 25-30 g. Si distinguono già gli organi genitali.

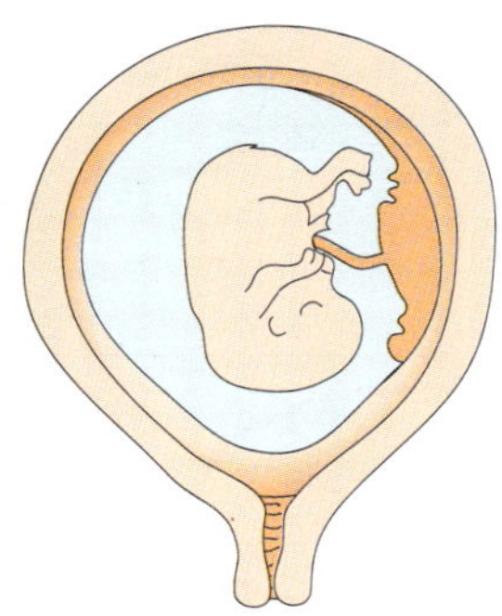

5° mese di gravidanza

il feto pesa circa 600 g ed è lungo 25-30 cm. Apre e chiude le palpebre e le manine; il suo organismo è quasi completo, ma ancora immaturo.

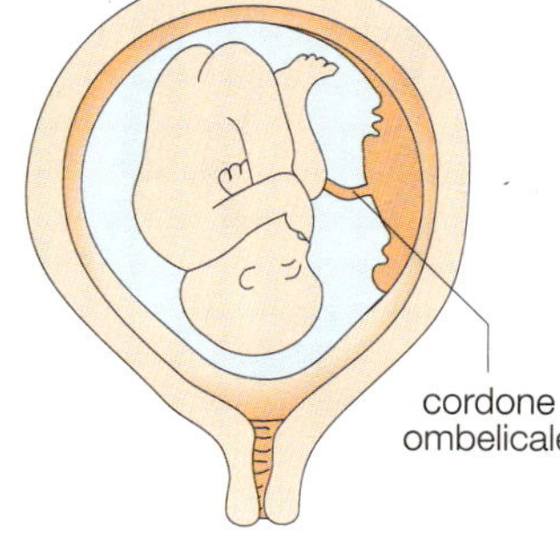

7° mese di gravidanza

il feto è lungo circa 40 cm e pesa quasi 1500 g. È completamente formato e, in caso di nascita prematura, ha buone probabilità di sopravvivere.

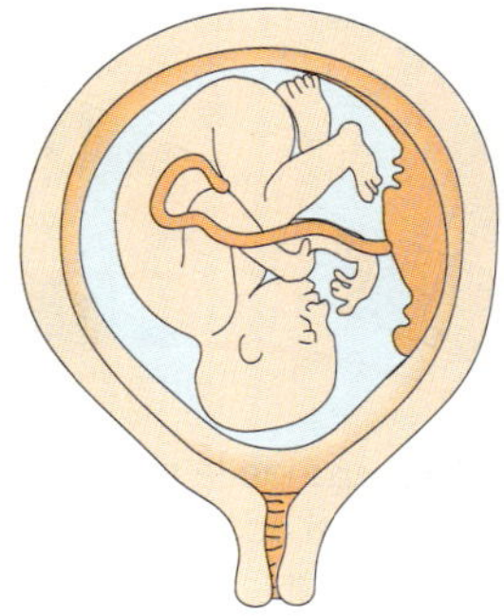

8°-9° mese di gravidanza

il feto è lungo circa 50 cm e pesa 3000-3500 g. È pronto per la nascita e si posiziona con la testa verso il collo dell'utero.

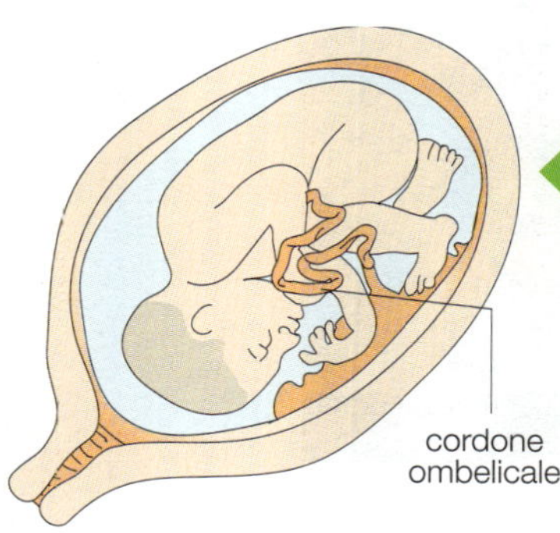

I primi momenti di vita

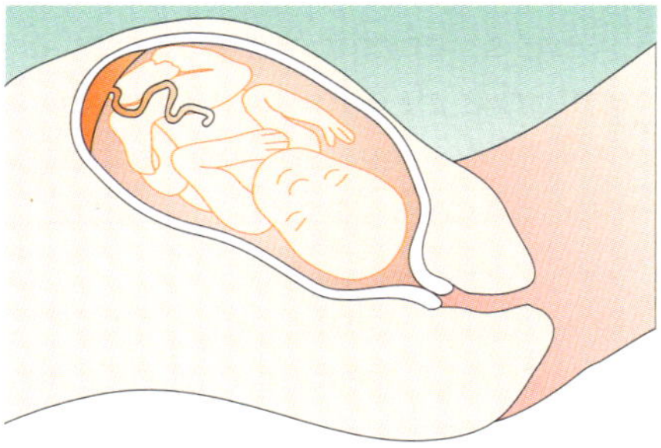

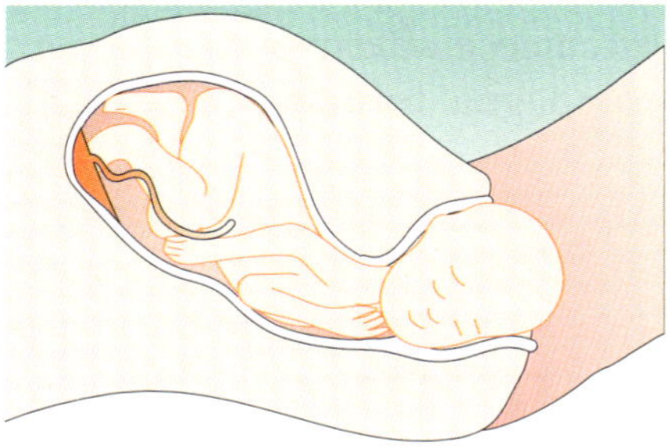

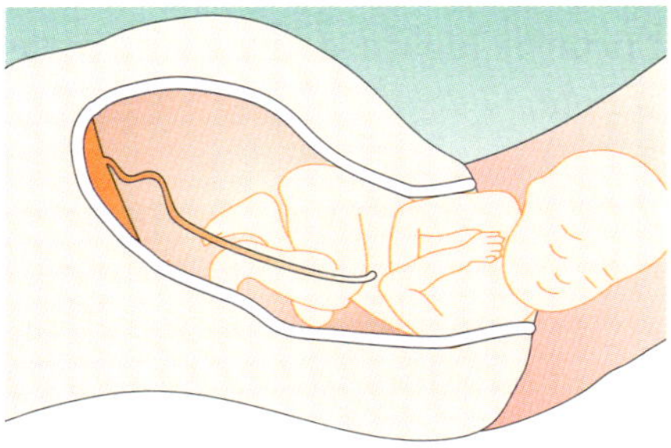

Dopo 9 mesi passati nell'utero, il piccolo è pronto per la nascita. Siamo al **parto**.
Le pareti dell'utero iniziano a contrarsi e a spingere fuori il bambino. Queste contrazioni ritmiche, conosciute come le **doglie del parto**, esercitano un'enorme forza, già al loro inizio provocano dagli 11 ai 13 chilogrammi di pressione sul collo dell'utero.

La prima cosa che le doglie devono provocare è l'apertura del collo dell'utero in modo che il piccolo possa entrare nel canale cervicale e iniziare così la sua fuoriuscita dall'utero.
Per tutta la durata della gravidanza il collo dell'utero è rimasto chiuso e ora deve aprirsi di almeno 10 cm perché vi possa passare la testa del bambino, e le contrazioni premono abbastanza perché ciò avvenga.
La testa del bambino, inoltre, ha le ossa non ancora perfettamente unite e saldate, e ciò permette una loro discreta deformazione che aiuta la fuoriuscita della testa.
Subito dopo il parto, la testa appare, infatti, un po' deformata, ma riprende alla svelta la sua forma normale senza subire alcun danno.

Fino al momento della nascita, la mamma ha fatto tutto per il suo bambino; lo ha nutrito, protetto e ha anche respirato per lui. Alla nascita, tutto ciò termina, e il piccolo deve innanzitutto e immediatamente trarre il suo primo respiro autonomo.
Da che cosa è provocato nel neonato questo primo respiro vitale?
Secondo le ultime ipotesi è dovuto alla variazione di pressione dei polmoni. Dentro l'utero i polmoni sono compressi, privi di aria e contengono un po' di liquido, quando il bambino fuoriesce dall'utero, la sua cassa toracica viene notevolmente compressa, ciò fa espellere il liquido e, subito dopo la nascita, cessando la pressione esterna, la cassa toracica si espande e di conseguenza l'aria entra nei polmoni e ne riempie la cavità.

Espulso dal caldo mondo dell'utero in un ambiente freddo, il piccolo boccheggia e quel primo grido di protesta contribuisce ad assicurarne la sopravvivenza. Il primo suono emesso dal bambino, il noto **primo vagito**, segnala infatti che tutto è avvenuto perfettamente, il bambino sta iniziando a respirare in modo attivo e autonomo.

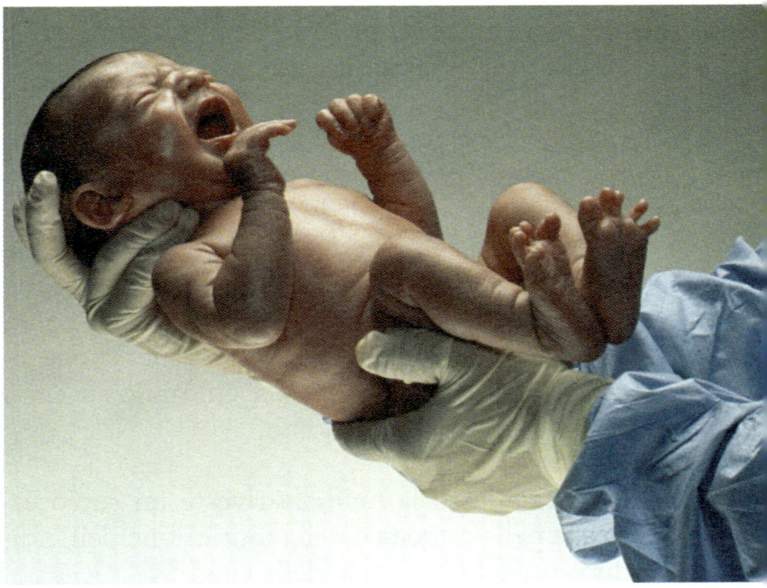

Adolescenti e famiglia

Vivere serenamente pubertà e adolescenza, confrontandosi costruttivamente con i genitori e gli adulti, mitigando le sfide continue al "mondo degli adulti" e accettando consigli e suggerimenti, contribuisce sicuramente a formare un adulto capace di stabilire ottimi rapporti con altre persone del proprio e dell'altro sesso.

Superata la spinta puberale, l'adolescente prosegue con l'ultima fase della sua crescita e al più tardi verso i 20 anni, fisicamente completo, varca la soglia dell'**età adulta**.
Un ulteriore percorso lo porterà alla conquista di quell'equilibrio psichico e affettivo che gli permetterà di cercare e scegliere il o la compagna, formare una famiglia e avere figli.

Al momento della riproduzione, con una grande varietà di comportamenti, fra gli animali si assiste alla formazione della coppia e, solo in alcune specie, tale coppia permane per tutta la vita formando con i cuccioli una "famiglia".

Tuttavia possiamo dire che la **famiglia** vera e propria nasce con l'uomo, legata a un comportamento sessuale tipico della nostra specie.

Per l'essere umano, **il rapporto sessuale non è solo un evento biologico** che spinge due individui di sesso opposto a unirsi per procreare, **ma** acquista un significato assai più profondo, diventando **la manifestazione più completa dell'amore fra l'uomo e la donna**.

Esso non è relativo al periodo fecondo della donna, ma permane costantemente all'interno della coppia rinsaldandone il legame e rendendola stabile e duratura. I rapporti sessuali mettono in moto importanti fenomeni ormonali ed emotivi, determinano cambiamenti biochimici e psicologici, ispirano sentimenti e comportamenti particolari: tenerezza, affetto, attenzione per l'altra persona e un insieme di emozioni a cui si dà il nome di **innamoramento**.

La famiglia è stata, fin dalle sue origini, il nucleo fondamentale della società umana, all'interno della quale è stato possibile lo sviluppo culturale dell'uomo. Nella famiglia i figli trovavano non soltanto l'aiuto materiale finché non erano in grado di badare a se stessi, ma quel bagaglio di conoscenze che, tramandandosi da una generazione all'altra, ha creato quell'eredità culturale su cui è basata l'evoluzione dell'uomo.

E ancora adesso la famiglia riveste un ruolo essenziale nella crescita e nella formazione dell'individuo con la lunga storia della vita.

Come tantissimi anni fa,
i bambini nascono e crescono
assistiti dalla famiglia.

Grandicelli imparano dai genitori,
scelgono gli studi a loro più adatti
e successivamente un lavoro
che li renderà autonomi.

Diventati adulti
si sposano e formano una
nuova famiglia.

Mettono al mondo dei figli,
diventando papà e mamma.
I loro genitori diventano nonni e invecchiano.
E la lunga storia ricomincia
con i loro piccoli che… crescono e…

La vecchiaia

Il giovane adulto attraversa la pienezza della sua vita e si avvia pian piano verso l'età matura: 50-60 anni.
Inesorabilmente, a questo punto, l'organismo si avvia all'ultima fase della sua vita, la **vecchiaia**, durante la quale un naturale processo di deterioramento dell'organismo porta a una graduale riduzione delle principali funzioni vitali.

Osserva l'efficienza dei vari organi e dei processi fisiologici di un anziano di circa 80 anni paragonata, in percentuale, a quella di un giovane adulto di 20-25 anni (valutata 100).

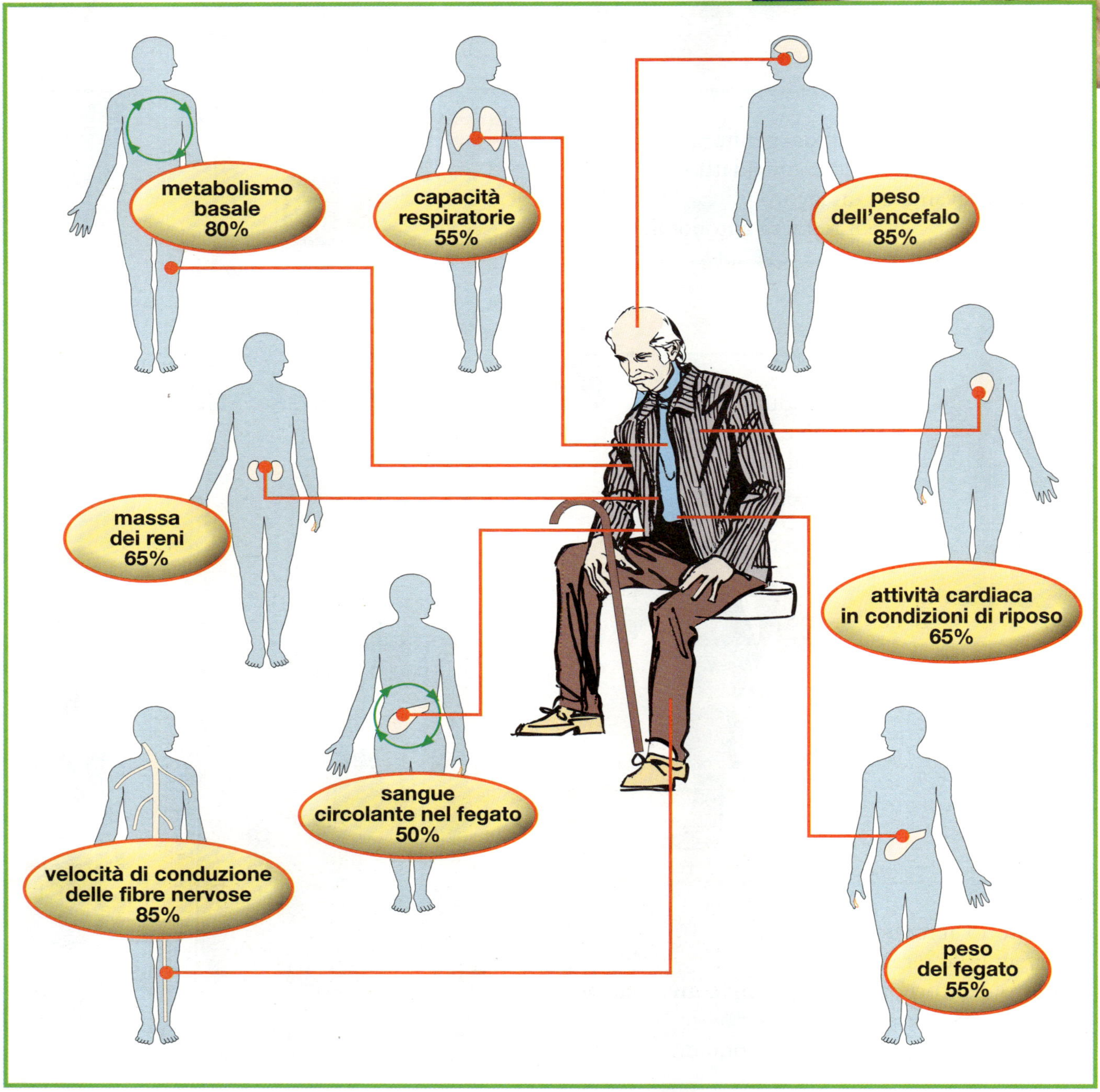

Educazione **ambientale**

L’esplosione demografica

La popolazione mondiale negli ultimi duemila anni	
Anno	**Popolazione**
nascita di Cristo	250 milioni
1650	500 milioni
1850	1 miliardo
1930	2 miliardi
1975	4 miliardi
2000	6 miliardi

Anno zero, la nascita di Cristo, sul nostro pianeta c’erano circa 250 milioni di persone; 2000, fine secondo millennio, sulla Terra eravamo già 6 miliardi.
Come puoi vedere dalla tabella, il ritmo di crescita è diventato via via più rapido, una vera e propria **esplosione demografica**; l’ultimo raddoppio della popolazione si è avuto in appena 45 anni, per il primo ci sono voluti 1650 anni.
Dalle origini fino a circa 10 000 anni fa, la popolazione umana è cresciuta lentamente perché la sopravvivenza era legata alla caccia e alla raccolta di radici e frutti selvatici.
Il ritmo di crescita è aumentato da quando, circa 10 000 anni fa, l’uomo ha cominciato a coltivare le piante e ad addomesticare gli animali, dando l’avvio alla cosiddetta **rivoluzione agricola**.
Il passaggio alla fase agricola fu rapido e pressoché universale e, consentendo un impiego più efficiente delle risorse, permise un aumento della popolazione: tra l’8000 a.C. e il 1750 d.C., con il diffondersi e il perfezionarsi delle tecniche agricole, la popolazione umana crebbe lentamente da 10 milioni a circa 800 milioni di individui.

Un’ulteriore fase di crescita della popolazione iniziò in Inghilterra alla fine del Settecento con la **rivoluzione industriale**.
In epoca recente, la crescita della popolazione umana è stata strabiliante: nel 1950 si erano raggiunti i 2 miliardi e mezzo di individui e, dopo solo quarant’anni, questa cifra era già raddoppiata. Con il tasso di crescita attuale, nel 2025 altri 5 miliardi di persone si aggiungeranno agli attuali 6 miliardi.

Quanti anni avrai quando si arriverà agli 11 miliardi?
Come saranno a quell’epoca le condizioni umane? Le stime circa le dimensioni della popolazione umana nel 2040 variano da un minimo di 8 miliardi, se verranno immediatamente adottati seri programmi di controllo delle nascite, a un massimo di 14 miliardi. Questi dati portano a chiedersi: “La Terra sarà in grado di mantenere una popolazione così numerosa, garantendo a tutti un adeguato standard di vita?”.

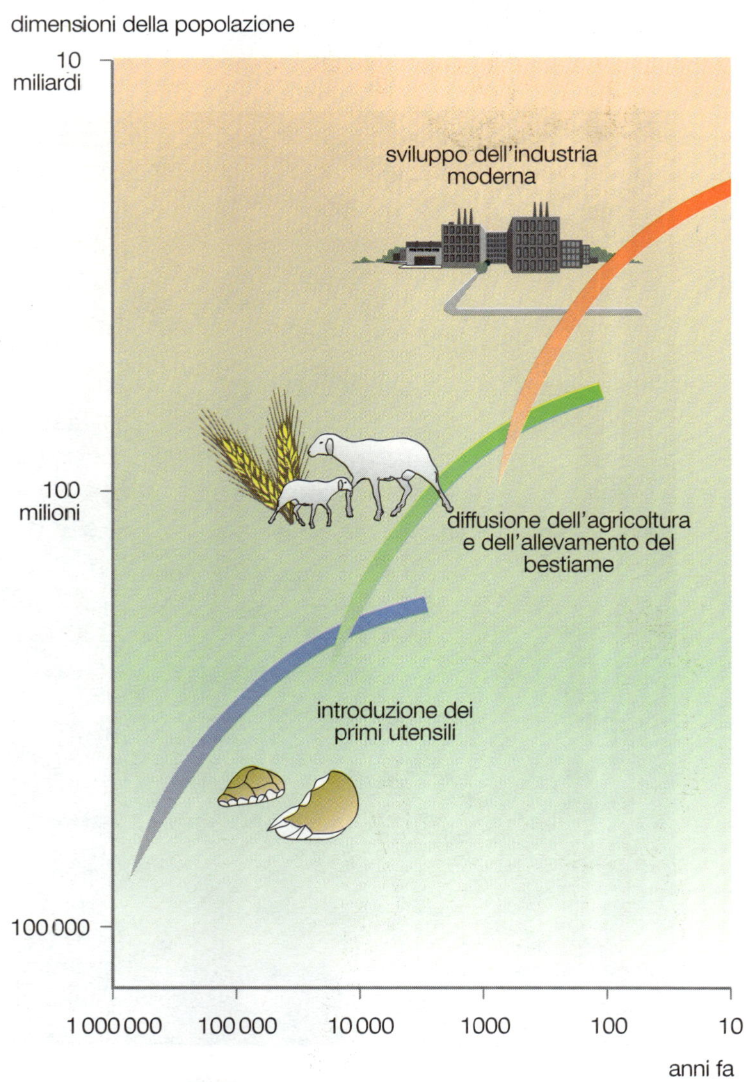

Equilibrio demografico

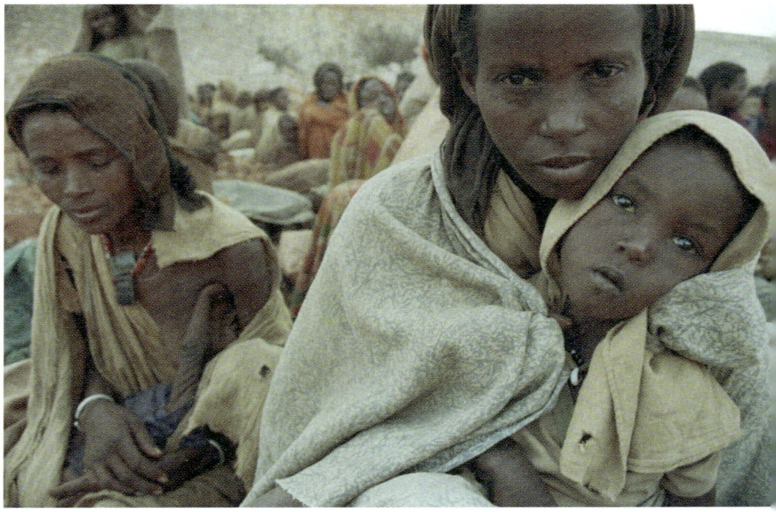

Le più recenti previsioni, riguardo al numero della popolazione mondiale, parlano di una popolazione che supererà gli 8 miliardi intorno al 2030. Come risponderemo agli inquietanti interrogativi sul futuro dell'umanità?

Dimensioni e crescita della popolazione umana sono due dei grandi problemi che bisogna sicuramente affrontare.

Nel passato la popolazione aumentava lentamente perché il numero delle nascite superava di poco il numero delle morti, consentendo un "**equilibrio biologico**" sulla Terra.

Questo equilibrio si è rotto qualche secolo fa con l'allungarsi della vita media che, producendo un calo delle morti, ha causato un incremento demografico impressionante.

Per raggiungere un nuovo equilibrio biologico è dunque necessario che diminuisca la natalità.

Ciò è stato raggiunto nei Paesi più sviluppati dove le nascite sono diminuite e si è vicini alla **crescita zero**.

Ma nei Paesi del Terzo Mondo l'esplosione demografica non si è affatto arrestata.

Se leggiamo l'**indice di natalità**, ovvero il numero di nascite all'anno per ogni 1000 abitanti, dei vari Paesi del mondo, ci accorgiamo come esso è estremamente elevato proprio nei Paesi del Terzo Mondo.

Numero di nati all'anno ogni 1000 abitanti					
Paesi con alta natalità		**Paesi con bassa natalità**		**altri Paesi**	
Niger	54,5	Lettonia	7,6	Svezia	10,1
Mali	50,3	Bulgaria	7,9	Svizzera	11
Angola	48	Russia	8,8	Regno Unito	12,1
Mauritania	46,9	Italia	9	Francia	12,6
Burundi	46,2	Spagna	9,2	USA	14,4
Etiopia	46	Grecia	9,4	Cina	16
Benin	46	Giappone	9,5	Brasile	20,3
Senegal	45,6	Germania	9,7	India	26,4

Il continuo aumento della popolazione di questi Paesi crea forti preoccupazioni in quanto il loro sviluppo non riesce a tradursi in un effettivo miglioramento delle condizioni di vita.

Stabilizzare questa popolazione deve essere l'obiettivo fondamentale di tutti i Paesi più ricchi, e ciò non solo inducendo un calo nelle nascite, ma realizzando un effettivo sviluppo socio-economico.
Questo sviluppo non sarà certo possibile senza la cooperazione di tutti; solo un'efficace e responsabile azione concordata tra i Paesi del mondo potrà garantire la salvaguardia delle condizioni di vita sulla Terra.

In questa Terra... si muore di fame

Lo sviluppo dei Paesi poveri non riesce a tradursi, come dicevamo, in un effettivo miglioramento delle condizioni di vita anche perché la disponibilità di cibo è diversa nelle varie parti della Terra. Se osserviamo la cartina in figura, notiamo che:

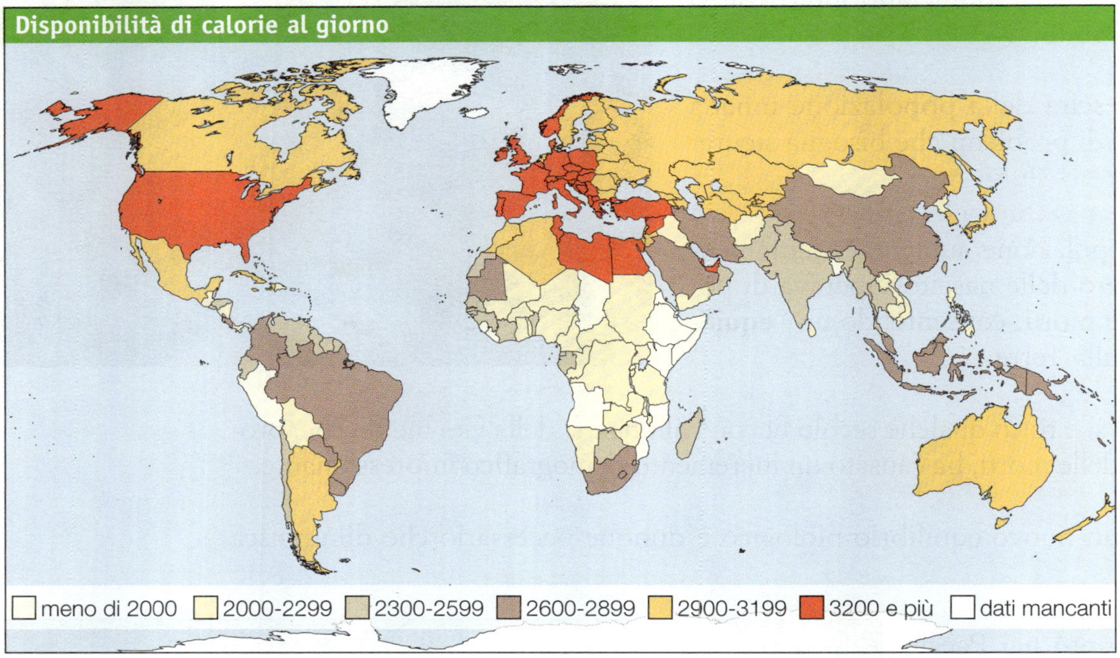

- nel Nord America, in Europa e in Australia i consumi superano le 3000 calorie al giorno per persona, contro le effettive necessità di 2600 calorie;
- in gran parte dell'Africa, in alcune zone dell'America Centrale e Meridionale (Perù, Bolivia...) e dell'Asia (India, Pakistan, Bangladesh...) i consumi sono al di sotto delle 2000 calorie.

La denutrizione è un grave problema per la salute e i bambini sono quelli che ne soffrono di più, il loro sviluppo fisico e mentale può venire infatti irrimediabilmente compromesso.

E in molti Paesi africani tutto ciò, purtroppo, è la realtà quotidiana: molti bambini africani muoiono nei primi anni di vita e la causa, diretta o indiretta di morte, è la fame.

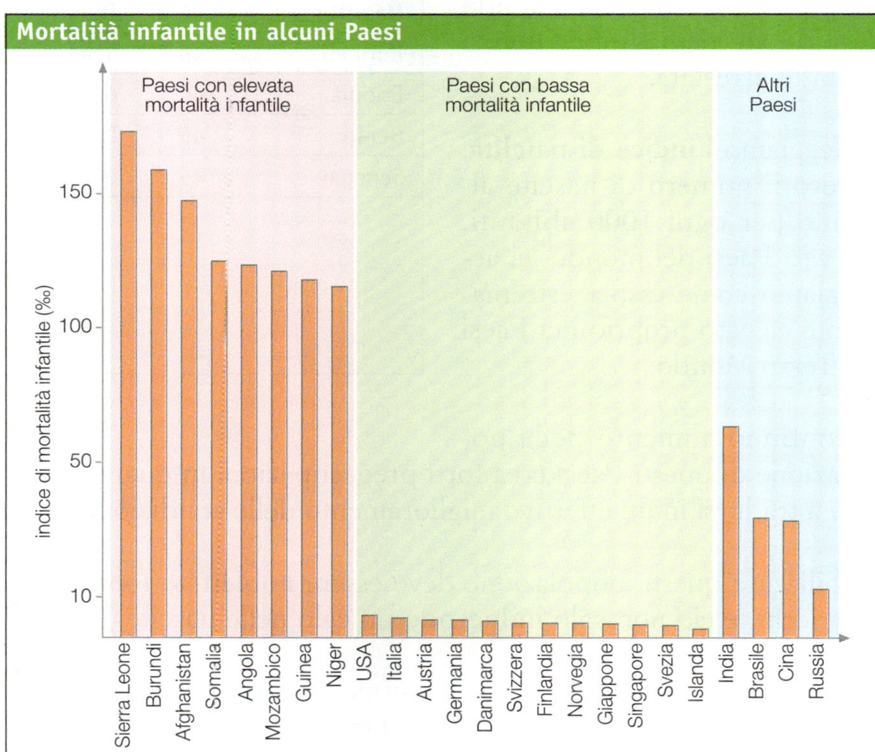

Le biotecnologie

L'ingegneria genetica, con l'uso della tecnologia del DNA ricombinante (vedi pagine *Approfondimenti*) è stata applicata su piante coltivate e animali domestici per ottenerne il miglioramento genetico. Esistono infatti sofisticate tecniche, che prendono il nome di **biotecnologie**, che consentono di trasferire geni da un organismo all'altro causando delle modificazioni genetiche.
Gli organismi che ricevono geni estranei sono detti **organismi transgenici** o **organismi geneticamente modificati** (sigla **OGM**).

Sfruttando le biotecnologie, oggi si opera inserendo nelle cellule degli animali da allevamento specifici geni in grado, per esempio, di favorire la crescita delle ossa o di altri tessuti o di incrementare la produzione del latte.

Pomodori e fragole geneticamente modificati. Nei primi è stato inserito il gene di un pesce per indurre la resistenza alle basse temperature. Nelle seconde è stato inserito un gene che le rende meno deperibili.

Per quanto riguarda le piante, per esempio, i ricercatori stanno cercando di migliorare l'efficienza della fotosintesi, la qualità dei semi e delle verdure e la resistenza delle piante ai parassiti, alla salinità del terreno, all'aridità e alle alte temperature.

La tecnologia basata sul trasferimento di geni è servita anche a creare nuove varietà di patate, grano e riso che richiedono l'uso di pochi specifici prodotti chimici per resistere agli insetti e ai funghi; queste nuove varietà transgeniche possono infatti utilizzare le sostanze nutritive del suolo con maggiore efficienza.

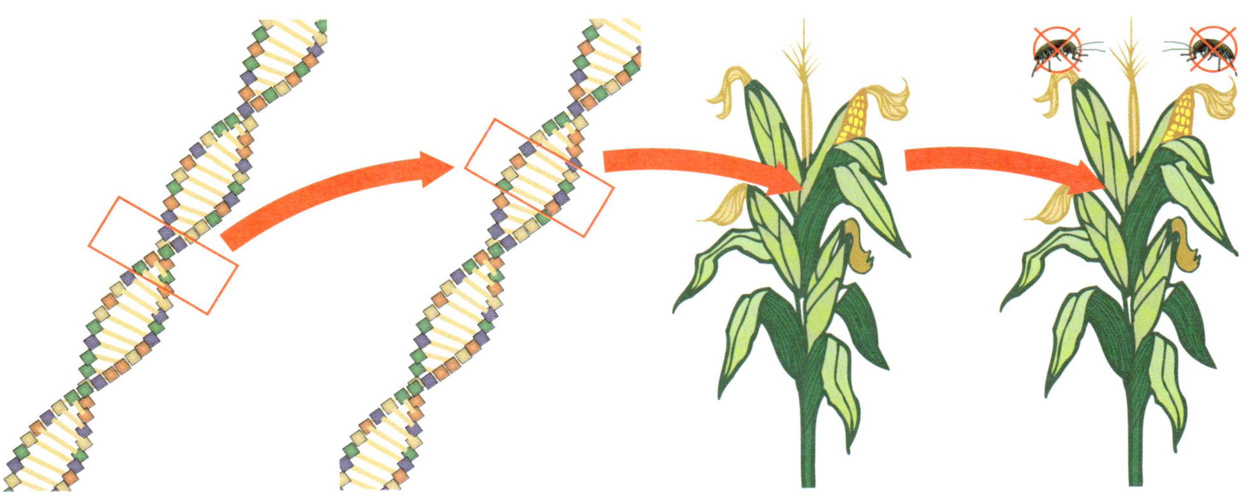

Dal DNA di un batterio, il *Bacillus thuringiensis*, viene prelevato il gene che determina la produzione di una proteina nociva per i parassiti.

Il gene viene trapiantato nel DNA di un batterio diverso.

Questo viene a sua volta inserito nel DNA della pianta.

Le cellule della pianta diventano capaci di rilasciare, a loro volta, la proteina tossica per i parassiti.

La clonazione

Per quanto riguarda gli animali, la biotecnologia ha portato a un'altra tecnica: la **clonazione**. Che cos'è esattamente?

La clonazione è una manipolazione genetica che consente di ottenere, partendo da una cellula di un individuo adulto, o da un embrione, individui tutti uguali fra loro e identici a quello di partenza. Ciò che appare inquietante è che si possa ottenere una "vita" senza alcuna fecondazione sessuale, senza cioè l'incontro fra ovulo e spermatozoi.
È famoso il caso di **Dolly**, la pecora ottenuta per clonazione dagli scienziati del Roslin Institute a Edimburgo, in Scozia.

Biotecnologie e clonazione oggi sono al centro di accese dispute fra sostenitori e oppositori. I risvolti morali e i problemi di sicurezza derivanti dall'uso delle tecniche del DNA ricombinante pongono delicati interrogativi su ciò che sembrava un invidiabile traguardo per la popolazione umana.

Che cosa accadrebbe se un batterio trasformato con un gene che provoca il cancro sfuggisse da un laboratorio di biologia e infettasse la popolazione?
Questa possibilità fece talmente inorridire gli scienziati verso la metà degli anni Settanta che i biologi molecolari decisero di interrompere ogni ricerca sul DNA ricombinante per diversi mesi, fino a che fu stilato un codice di comportamento sottoscritto da tutti i laboratori che operano in questo campo.

E a proposito della clonazione, è doverosamente necessario chiedersi: "Si arriverà a clonare anche l'uomo?".
La risposta spaventa: tecnicamente è possibile, ma la clonazione umana sarebbe un'ipotesi assurda e immorale. Non esisterebbe l'unicità dell'individuo ma tanti uomini replicati, e ciò cambierebbe del tutto i valori su cui si fonda la nostra società.
Attualmente, in molte nazioni si sono formati comitati, costituiti da ricercatori e da legislatori, che si occupano di "bioetica", allo scopo di suggerire linee di condotta che possano portare alla formulazione di norme e leggi per regolamentare questo delicato campo della biologia applicata.

Prima tappa
Si prelevano le cellule staminali dalla ghiandola mammaria di una pecora, si mettono in coltura e si blocca la loro attività.

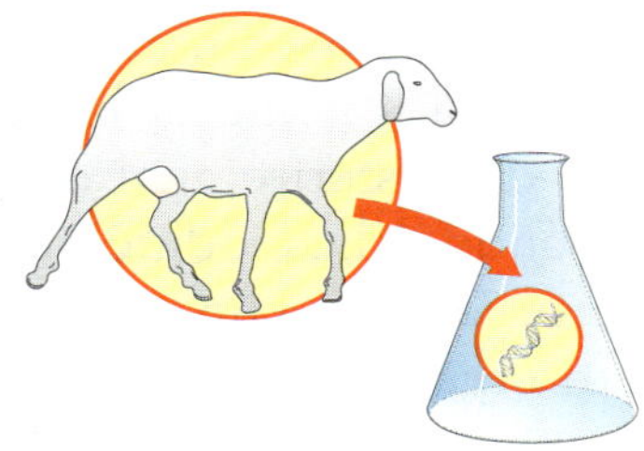

Seconda tappa
Si prelevano poi gli ovuli di una seconda pecora e li si svuota dei cromosomi.

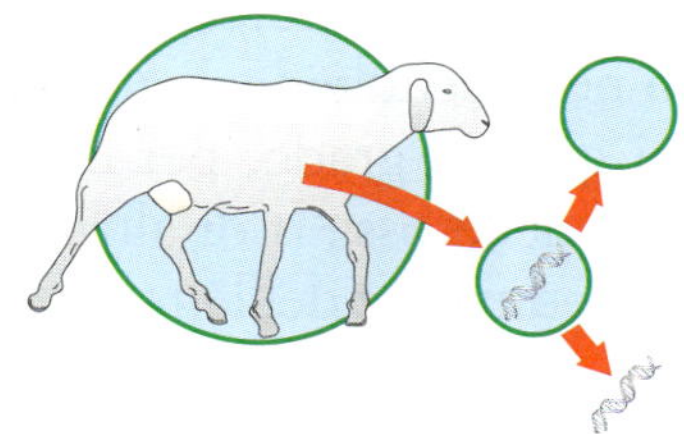

Terza tappa
Gli ovuli senza i cromosomi vengono raffreddati per alcune ore a una temperatura di 5-10°C.

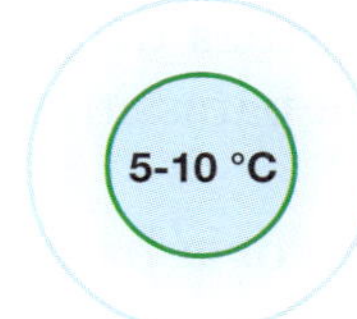

Quarta tappa
Gli ovuli, esposti a un campo elettrico, permettono l'ingresso di una cellula estranea.

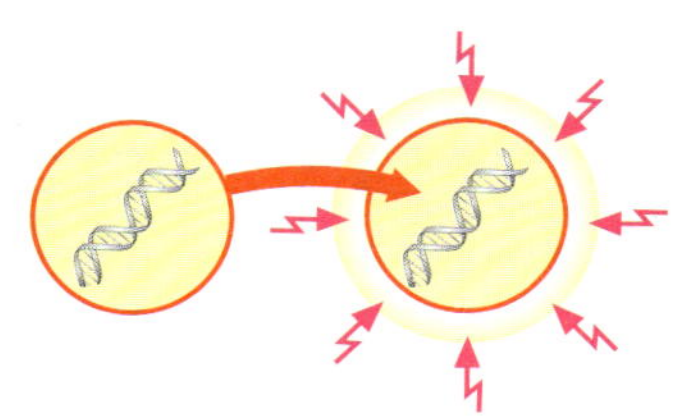

Quinta tappa
L'ovulo così fecondato da un solo genitore è impiantato in una pecora portatrice. Esso diventa prima un embrione e poi un feto che si sviluppa normalmente.

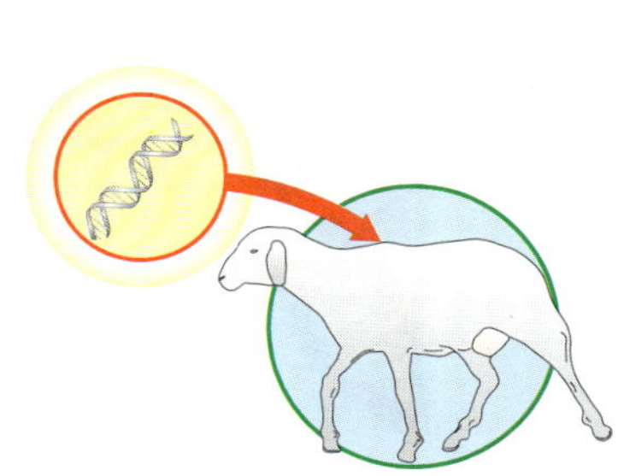

Ultima tappa
Nasce Dolly, che è la copia della pecora donatrice: è insomma il suo **clone**.

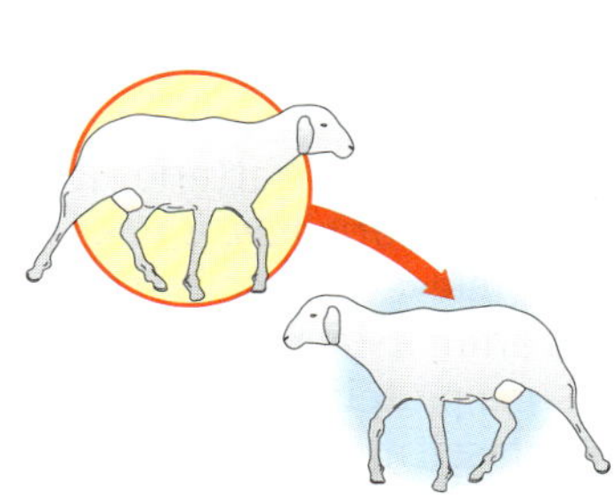

Parchi e riserve naturali

L'uomo sta intaccando in vari modi la diversità biologica: con la pesca che uccide circa 90 milioni di tonnellate l'anno di pesce superando la capacità riproduttiva del mare, con l'inquinamento causato dagli scarichi industriali e dall'uso dei fertilizzanti chimici in agricoltura, con il diboscamento delle mangrovie in zone in cui si riproducono molti pesci tropicali e con la distruzione delle barriere coralline. Un tipo di intervento a salvaguardia degli ecosistemi e per il ripristino della biodiversità è la creazione di aree protette quali **parchi** e **riserve naturali**.
In queste aree ogni attività umana, dall'agricoltura al turismo, è regolata in modo da ridurre al minimo i danni all'ambiente e tutte le specie presenti, specialmente quelle minacciate dal pericolo estinzione, sono protette.

Negli ultimi anni, in tutto il mondo è aumentata la superficie delle aree protette. Anche in Italia di recente la superficie destinata ad area protetta è aumentata, come si può osservare nella cartina.

In alto, Australia, barriera corallina semidistrutta, i coralli sbiancati sono già morti.

I parchi nazionali d'Italia

In basso, Il Parco nazionale del Gran Paradiso, il primo istituito in Italia (1922).

La biodiversità

Il nostro pianeta è popolato da un'enorme quantità di esseri viventi, possiede cioè un immenso "**patrimonio genetico**" pronto ad adattarsi ed evolversi per far sì che la vita possa continuare. In termini scientifici, per indicare questo esercito di organismi, si parla di **biodiversità** o **diversità biologica** delle specie.

Gli stessi scienziati non sanno qual è il numero esatto delle specie viventi; ogni anno si scoprono dalle 7000 alle 10 000 specie nuove, per la maggior parte insetti che vivono nelle foreste pluviali tropicali. Il conteggio è difficile anche perché la popolazione terrestre più consistente è, appunto, costituita da piccoli organismi difficili da individuare; si conoscono, per esempio, circa 4000 tipi di batteri e si pensa che ne esistano oltre 3 milioni. Il numero totale delle specie conosciute è di soli 1,7 milioni, ma la stima di quelle esistenti, conosciute e sconosciute, è di 7-10 milioni o addirittura di 20 milioni.

Come mai le forme di vita che abitano la Terra sono così tante? In pratica, perché c'è la biodiversità?
Innanzitutto perché l'ambiente in cui queste specie si sono sviluppate e si sviluppano ancora oggi non è unico ma formato da tanti microambienti in continuo cambiamento, inoltre perché gli ambienti non sono tutti uguali.

Perché la biodiversità è così importante tanto che da mezzo secolo molti Stati hanno sottoscritto convenzioni per proteggere specie ed ecosistemi?

Gli scienziati la considerano "**una polizza di assicurazione sulla vita**": più alta è la variabilità degli organismi, più alta è la loro capacità di adattarsi e sfruttare l'energia disponibile negli ecosistemi.
Diventa quindi più evidente la gravità degli interventi distruttivi dell'uomo sulla natura: la distruzione delle foreste pluviali causa l'estinzione di una specie ogni 20 minuti, ogni anno la biodiversità si riduce di almeno 26 000 tipi di organismi fra piante, animali, batteri e funghi.

Numero di specie conosciute

	Insetti e miriapodi 963 000	Platelminti (tenie e planarie) 20 000	
	Piante 270 000	Anellidi (lombrichi) 15 000	
	Funghi e licheni 100 000	Rettili e anfibi 10 500	
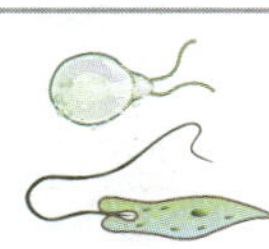	Protozoi 80 000	Spugne 10 000	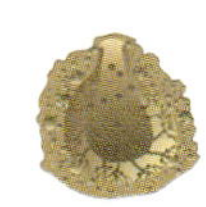
	Aracnidi (ragni e scorpioni) 75 000	Cnidari (meduse e anemoni) 10 000	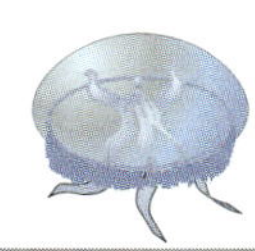
	Molluschi 70 000	Uccelli 10 000	
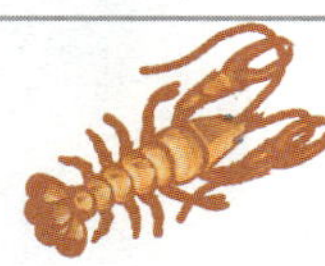	Crostacei 40 000	Mammiferi 4500	
	Nematodi 25 000	Batteri 4000	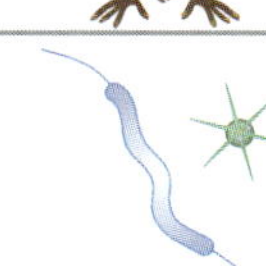
	Pesci 22 000	Altri 10 000	

La scomparsa non naturale di molte specie, come abbiamo già rilevato, sta inoltre procedendo a un ritmo così elevato che non permette agli organismi di diversificarsi e di occupare le nicchie lasciate vuote.
La Terra corre il rischio di perdere un patrimonio la cui esistenza resterà ignota per sempre.

La più alta diversità biologica si trova in genere negli ambienti non ancora sfruttati dall'uomo: le foreste tropicali e le barriere coralline.
Nel 1990, per esempio, è stata scoperta, nella foresta pluviale di un'isola brasiliana, una nuova specie di primate, il **tamarino leone dalla faccia nera**, di cui si teme già l'estinzione.

In Italia sono a rischio di estinzione il **cervo sardo** e, tra le piante, il **pino loricato**.

Cervo sardo

Tamarino leone dalla faccia nera

Pino loricato

Le barriere coralline sono l'altro grande serbatoio della biodiversità.
Basta osservare 50 cm^2 di scogliera corallina per poter individuare fino a 200 organismi diversi: pesci chirurgo, balestra e palla che si nutrono di alghe, blemmidi e gobidi che brucano la patina verdastra che copre le rocce, pesci pappagallo, pesci farfalla e pesci lima che si cibano delle microscopiche alghe che vivono in simbiosi con i coralli, razze e pesci imperatore che vanno a caccia di stelle marine e lumache vicino al fondo, pesci luna che inghiottono spugne, gorgonie e coralli.

Pesce tropicale nella barriera corallina

Schede di scienze e tecnologia

- Approfondimenti
- Notizie e curiosità scientifiche
- Operatività
- I grandi della scienza

Approfondimenti

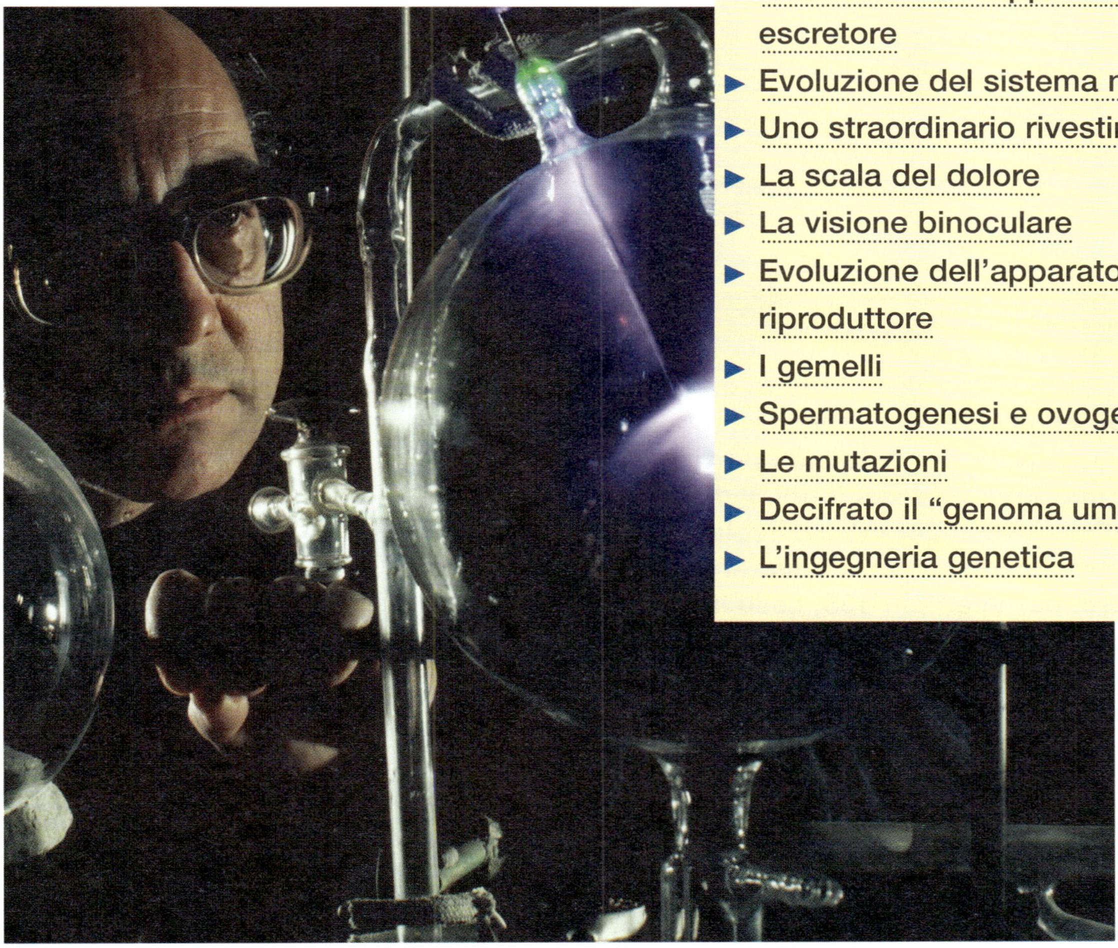

Il suono e l'effetto Doppler

Ti è mai capitato di essere alla stazione e di ascoltare il fischio di un treno che di corsa si avvicina e poi si allontana? O di essere nelle vicinanze di un mezzo munito di sirena, un'autoambulanza o un camion dei pompieri, che di corsa si avvicina o si allontana?
Avrai sicuramente notato che senti più acuto il suono della sirena di un'autoambulanza in corsa, per esempio, quando l'ambulanza si avvicina e meno acuto mentre si allontana. Come mai?
Il suono generato da una sorgente in movimento acquista, rispetto a un ascoltatore fermo, una frequenza maggiore o minore di quella con cui viene emesso, a seconda che la sorgente si avvicini o si allontani. Questo fenomeno, che si verifica anche quando a muoversi non è la sorgente sonora ma l'ascoltatore oppure entrambi, viene detto **effetto Doppler**, dal nome del fisico C.J. Doppler che lo studiò nel 1842.

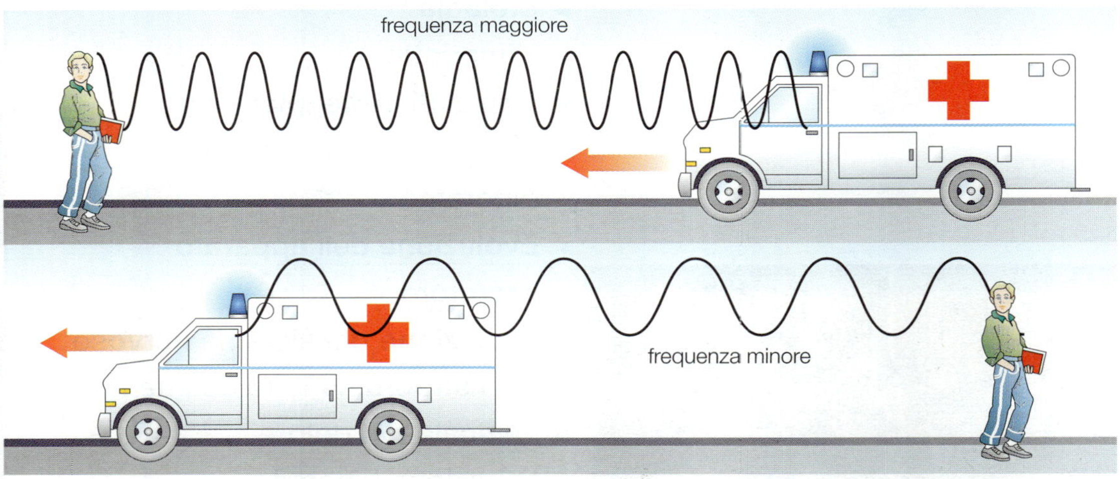

Che cosa è il diapason?

È uno strumento di acciaio costituito da una specie di forcella a due rami, chiamati rebbi, montata su una cassetta di legno aperta da un lato. Percuotendo uno dei rebbi, il diapason vibra ed emette un suono particolare.
Se osservi bene un diapason vi troverai scritto un numero, per esempio 435; esso indica la frequenza di vibrazione. Un diapason 435, quando viene percosso, compie 435 vibrazioni in un secondo e il suono che emette corrisponde a una precisa nota musicale: nel nostro caso la nota "la" della scala centrale del pianoforte.
Il diapason emette suoni puri (senza interferenza alcuna) e per questa sua proprietà viene usato per accordare gli strumenti musicali.

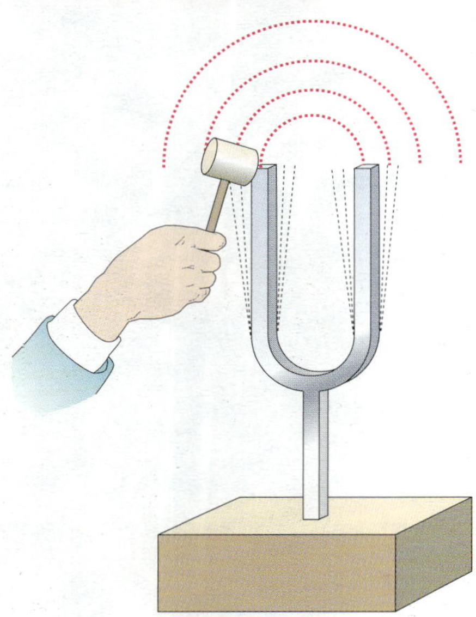

La risonanza

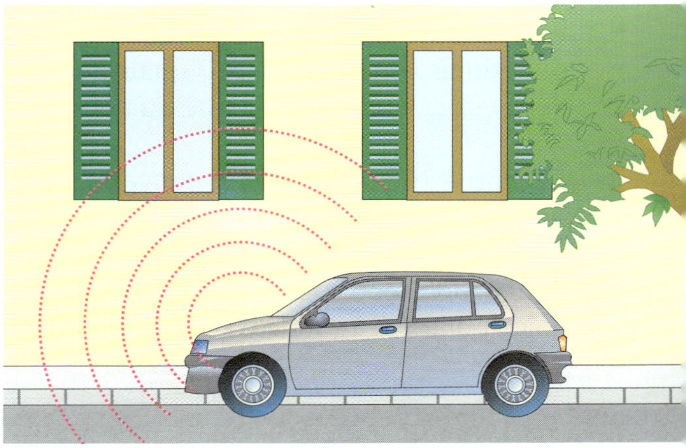

Perché i vetri di una finestra, nelle cui vicinanze sosta una macchina col motore acceso, vibrano?
Vibrano perché le vibrazioni di una sorgente sonora, la macchina, mettono in vibrazione un corpo vicino, i vetri, secondo un fenomeno acustico, detto **risonanza**.
Esaminiamolo.
Ogni corpo che emette suoni vibra a una sua ben precisa e specifica frequenza, detta **frequenza naturale**, che dipende dalle caratteristiche fisiche e chimiche del corpo.
Se due corpi hanno la stessa frequenza naturale, non appena uno inizia a vibrare anche l'altro spontaneamente vibra, cioè **entra in risonanza**.

Percuotendo, per esempio, un diapason che si trova vicino ad altri due diapason, uno di frequenza diversa e uno della stessa frequenza, osserviamo che le vibrazioni che si originano faranno vibrare il terzo diapason che ha la stessa frequenza, mentre il secondo, di frequenza diversa, non vibrerà.

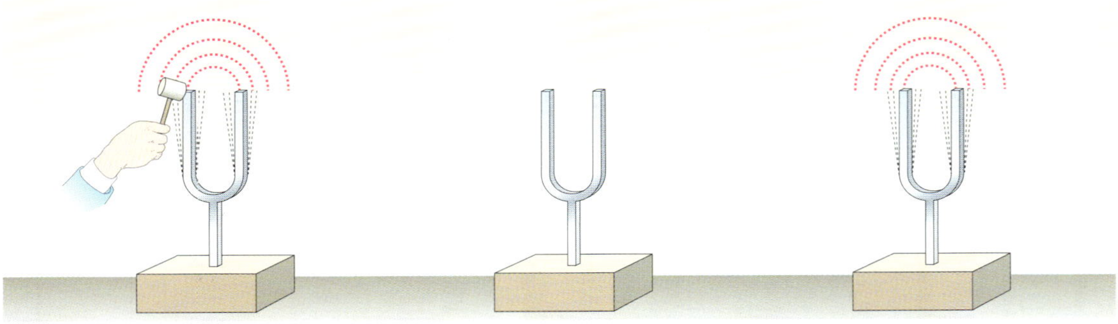

La cassetta di legno su cui poggia il diapason serve a sfruttare proprio il fenomeno della risonanza.
L'aria che la cassetta contiene, infatti, ha una frequenza di oscillazione uguale a quella del diapason. Quindi, quando il diapason emette un suono, le vibrazioni entrano in risonanza con l'aria della cassetta, con il risultato di rafforzare il suono stesso.
Per questa sua funzione la cassetta di legno viene anche chiamata cassa di risonanza. Anche numerosi strumenti musicali sono dotati di **cassa di risonanza**, il cui compito è proprio quello di rinforzare il suono prodotto.

Lenti e immagini

Esaminando il fenomeno della rifrazione, abbiamo detto che una sua importante applicazione si ha nelle **lenti**, quali quelle degli occhiali usati per correggere i difetti della vista. Vogliamo saperne qualcosa di più?

Le lenti si dividono in lenti convesse, o convergenti, e lenti concave, o divergenti.

– Le **lenti convesse** sono quelle più spesse al centro. Sono dette anche **convergenti** perché quando sono colpite da raggi luminosi paralleli, li deviano facendoli convergere in un unico punto, detto **fuoco**. La distanza fra il fuoco e la lente viene detta **distanza focale**.

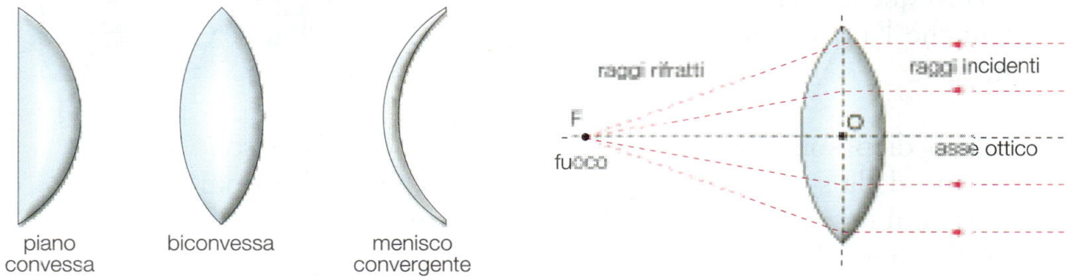

– Le **lenti concave** sono quelle più sottili al centro. Sono dette anche divergenti perché quando sono colpite da raggi luminosi paralleli li deviano allontanandoli tra di loro. In questo caso non esiste il fuoco reale della lente, ma quello **virtuale**, che si ottiene prolungando in modo immaginario i raggi rifratti.

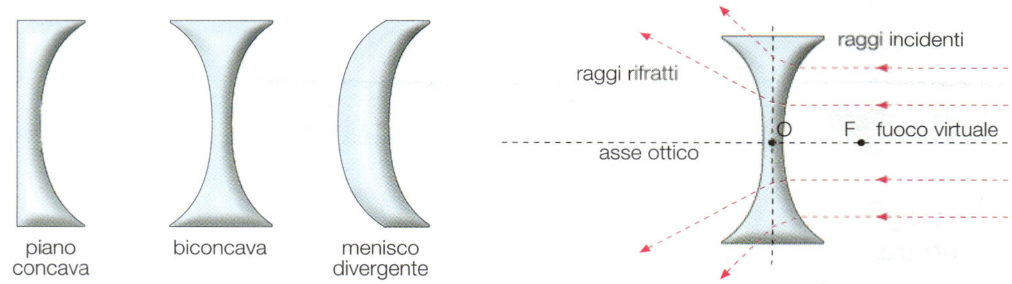

A seconda del tipo di lente usato e della distanza fra la sorgente e la lente, si ottengono immagini diverse. Osserva.

- Con una lente convergente l'immagine può essere:
  - reale, capovolta e di uguale grandezza, se l'oggetto è collocato a una distanza doppia di quella focale;

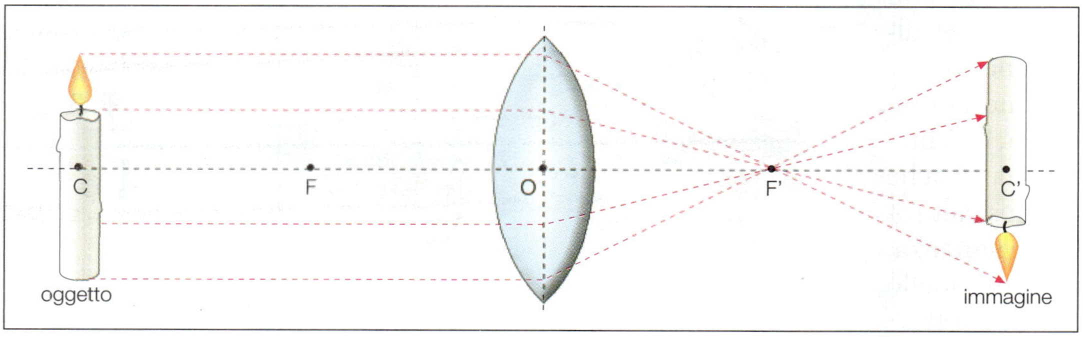

– reale, capovolta e ingrandita, se l'oggetto è collocato fra il doppio della distanza focale e il fuoco;

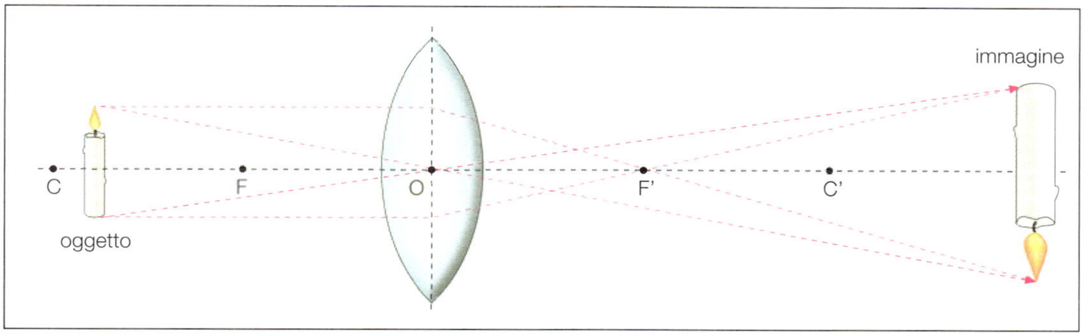

– reale, capovolta e rimpicciolita, se l'oggetto è collocato a una distanza maggiore del doppio della distanza focale;

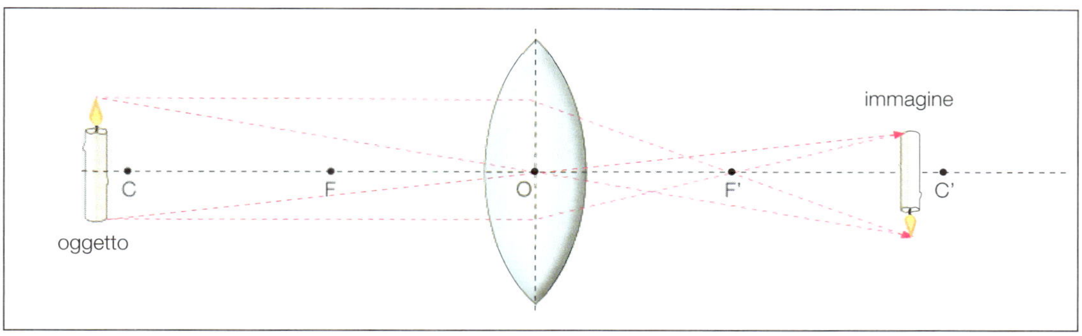

– reale, diritta e ingrandita, se l'oggetto è collocato tra il fuoco e la lente.

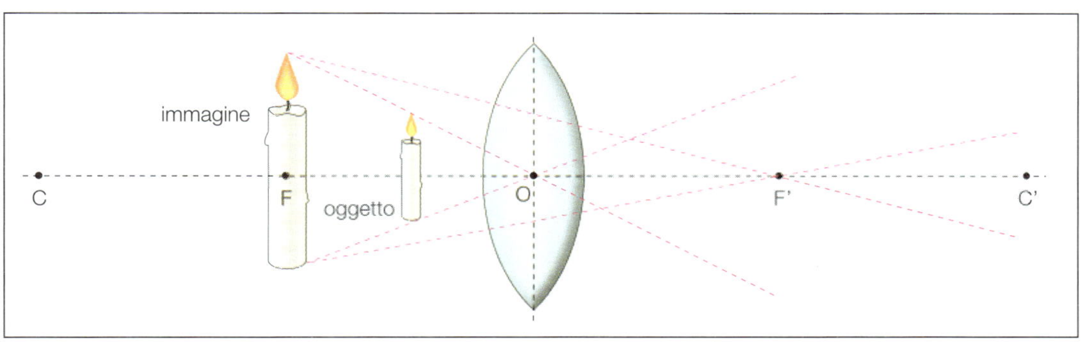

- Con una lente divergente si ottiene sempre un'immagine virtuale, diritta e rimpicciolita.

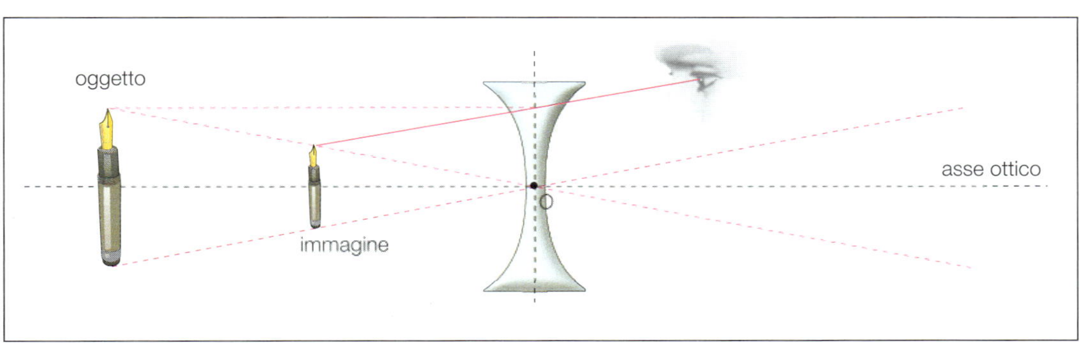

Elettricità nell'atmosfera

Parlando di elettricità, abbiamo visto in che modo è possibile elettrizzare un corpo: per contatto, per strofinio e per induzione. L'elettrizzazione per strofinio e quella per induzione sono alla base di uno spettacolare quanto pericoloso fenomeno, il **fulmine**, che sicuramente avrai osservato durante un temporale.
Che cosa succede esattamente?

All'interno delle nuvole, per strofinio tra le gocce d'acqua e la polvere atmosferica, si formano delle cariche elettriche positive e negative, quelle positive nella parte superiore delle nuvole, quelle negative nella parte inferiore.
Il terreno sottostante, per induzione, si carica positivamente, e ciò causa una potente forza di attrazione tra le nuvole e la superficie terrestre.

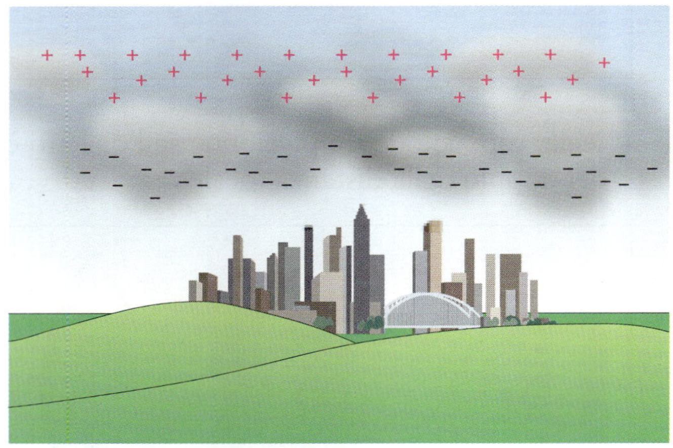

Quando la differenza di potenziale fra queste due parti raggiunge valori molto elevati (circa 1 milione di volt), nelle nuvole incomincia a svilupparsi un'intensa corrente di cariche negative che vengono attratte da quelle positive della superficie terrestre.
È a questo punto che inizia il "viaggio" verso la terra della scarica elettrica: il **fulmine**.

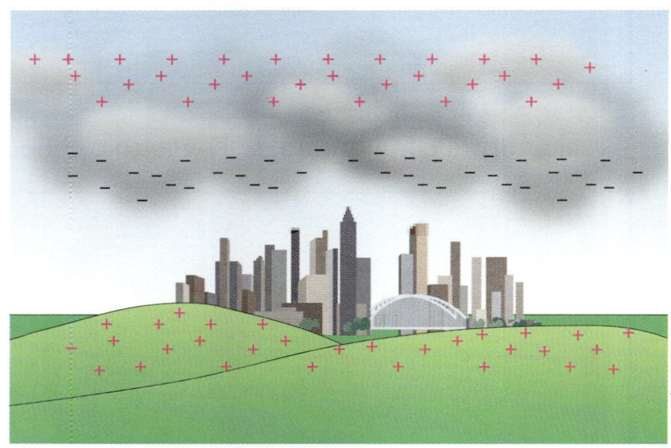

Ogni fulmine è composto da una serie di scariche che avanzano molto velocemente; quando esse giungono, con una velocità di circa 80 000 km/s, a 50-100 m dal suolo, dalla terra parte il lampo principale che sale verso la nube a una velocità di circa 40 000 km/s, trasportando con sé l'eccesso di cariche positive del suolo.
Questo lampo, che va dalla terra verso le nubi, generando una luce accecante con diramazioni e tortuosità, è il vero fulmine che poi, arrivato alla nube, si scarica ancora verso terra. L'atmosfera attraversata dal fulmine si riscalda fino a 15 000 °C e nella brusca espansione esplosiva dà luogo al caratteristico fragore del **tuono** udibile fino a 10-20 km di distanza.

Altre origini del Sistema Solare

Secondo l'ipotesi che hai studiato, il Sistema Solare sarebbe nato circa 5 miliardi di anni fa da un'immensa nube di polvere cosmica che, collassando, si sarebbe contratta e riscaldata "accendendo" il Sole. Questa ipotesi, detta **ipotesi della nube di polvere cosmica**, non è la sola che sia stata avanzata sull'origine del Sistema Solare. Leggiamo che cosa dicono le altre ipotesi.

- **Ipotesi nebulare di Kant-Laplace**
  Secondo questa ipotesi, formulata alla fine del Settecento dal filosofo tedesco Kant e dal matematico-astronomo Laplace, il Sistema Solare si sarebbe originato da un'immensa nube gassosa che ruotava nello spazio. A causa di condensazioni e contrazioni, questa nube avrebbe incominciato a ruotare su se stessa così velocemente da causare la separazione di masse al suo interno. La massa presente nella zona centrale avrebbe formato il Sole, quelle periferiche, condensandosi e raffreddandosi, avrebbero dato origine ai vari pianeti e ai loro satelliti.

- **Ipotesi planetesimale o di Jeans**
  Secondo questa ipotesi, formulata nel 1905 e ripresa nel 1911 dall'astrofisico inglese James Jeans, il Sistema Solare si sarebbe originato in seguito al passaggio vicino al Sole di una grossa stella che avrebbe provocato, per attrazione, il sollevamento e il distacco di grandi quantità di materia solare. Questa materia si sarebbe poi condensata e raffreddata formando i vari pianeti.

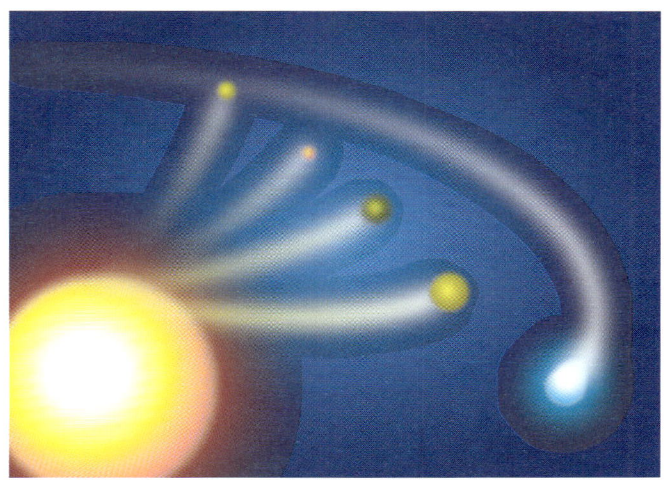

- **Ipotesi della turbolenza o di Weizsacher**
  Secondo questa ipotesi, formulata nel 1944 dal fisico tedesco Carl von Weizsacher, il Sole era circondato da una nube gassosa le cui varie parti ruotavano a differenti velocità tanto da creare turbolenze e veri e propri vortici. Alcune parti della nube si sarebbero staccate all'interno di questi vortici e, condensandosi, avrebbero dato origine ai vari pianeti e satelliti.

Il "ciclo vitale" delle stelle

Studiando le stelle, ne abbiamo visto la loro nascita. Ricordi? Dalla nebulosa, a una protostella… a una stella. Le stelle, secondo gli scienziati, infatti compiono una specie di **ciclo vitale**, che le porta a "nascere" e quindi a "morire". Ma come arrivano alla loro fine?

Una stella passa circa il 90% della sua vita (miliardi di anni) nelle condizioni di stabilità che acquista subito dopo la sua nascita alimentata dalle reazioni nucleari che avvengono al suo interno. Quando tutto l'idrogeno del nucleo si è trasformato in elio, le reazioni nucleari cessano e, a questo punto, la stella perde la sua stabilità, perché la forza gravitazionale prevale facendola contrarre. Ciò produrrà un forte riscaldamento e nel nucleo si svilupperanno temperature tali da innescare altre reazioni nucleari. Queste provocheranno la dilatazione degli strati esterni della stella e quindi la morte della stella stessa. Tutto ciò avviene con entità e fasi diverse secondo la massa iniziale della stella.

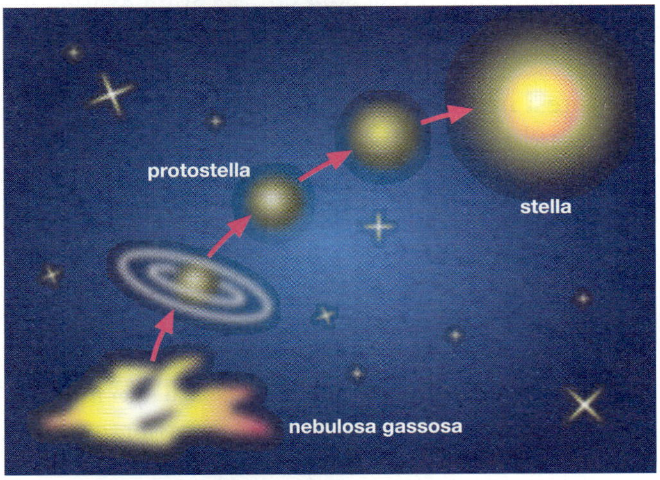

- Una stella con **massa simile o inferiore a quella del Sole** si espande, si raffredda e si trasforma in una **gigante rossa**. Durante l'espansione gli strati più esterni si disperdono nello spazio: alla fine rimane solo il nucleo e la stella si trasforma in una **nana bianca**. Lentamente essa consuma tutto il suo combustibile e, cessata ogni reazione, diventa un punto nero nello spazio: una **nana nera**.

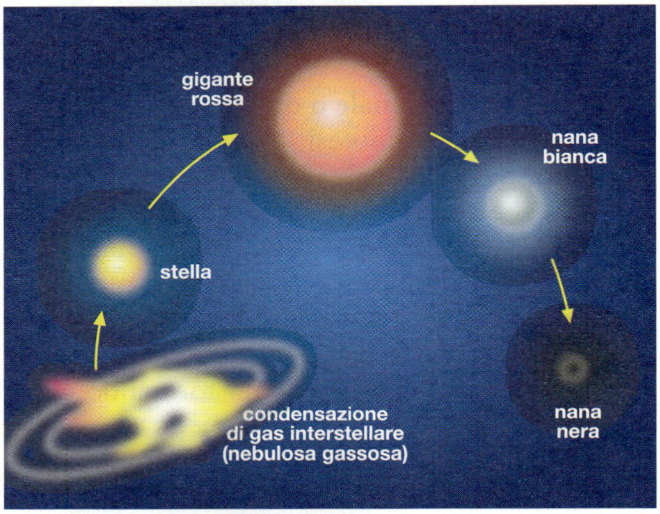

- Una stella con **massa superiore a quella del Sole** si espande, si raffredda e si trasforma in una **supergigante rossa** che si avvia alla sua fine in modo spettacolare. Essa si contrae e ciò causa un aumento di temperatura che innesca altre reazioni nucleari con formazione di atomi pesanti (sodio, magnesio, silicio, zolfo, ferro). A questo punto la stella esplode violentemente e si trasforma in una stella di estrema luminosità, una **nova** o **supernova**. Nell'arco di qualche mese, però, l'esplosione si esaurisce e la parte più interna della stella inizia a contrarsi, innescando nel nucleo altre reazioni nucleari.

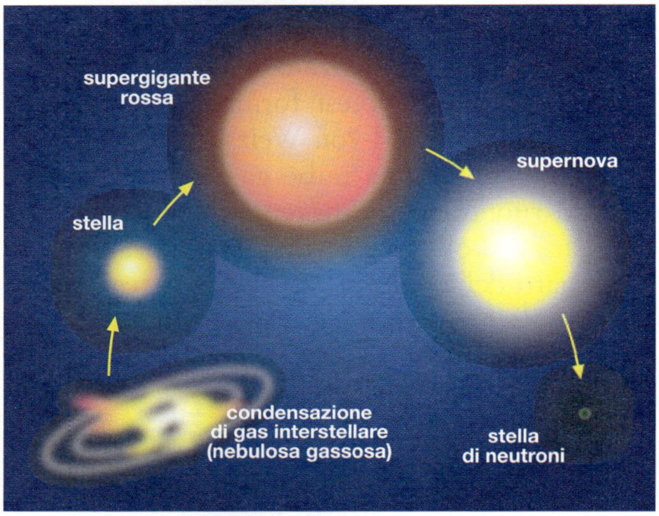

Alla fine restano solo dei neutroni che, opponendosi alla contrazione, danno alla stella una nuova stabilità sotto forma, appunto, di **stella di neutroni**, piccola e densissima. Una stella di neutroni non è mai stata osservata direttamente: ciò che si può vedere è una luce pulsante generata dai neutroni in veloce rotazione; per questo motivo essa è detta anche **pulsar**.

- Se la stella ha una **massa particolarmente grande** la sua fine può essere diversa.
La contrazione che l'ha trasformata in stella di neutroni non si arresta e alla fine la stella si riduce a un corpo talmente piccolo... da non avere più volume, ma un'altissima densità. Il campo di azione di un corpo così denso è tale da attirare qualsiasi altro corpo vicino, che rimane intrappolato e non può più sfuggire; per questo motivo si parla di buco nero, destinato a inghiottire qualsiasi forma di materia in un "pozzo senza fondo". In un **buco nero** la materia è talmente condensata e la forza di gravità è così forte che neanche la luce può sfuggire e ciò rende i buchi neri invisibili.

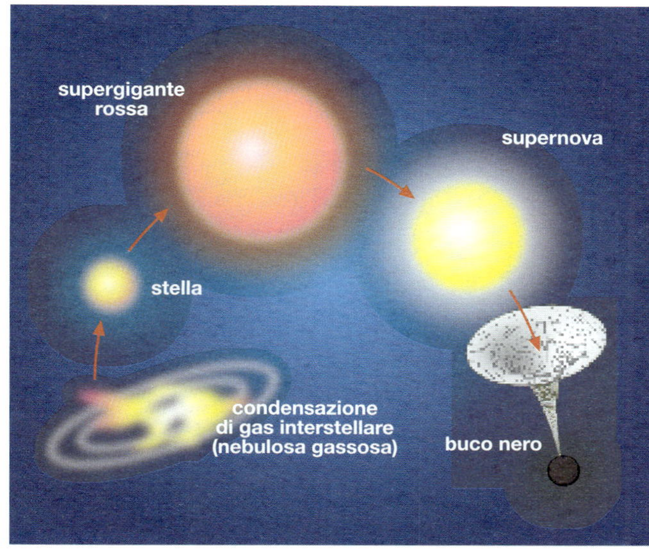

Gli scienziati ritengono che alcune sorgenti di raggi X individuate nello spazio possano essere proprio i buchi neri.

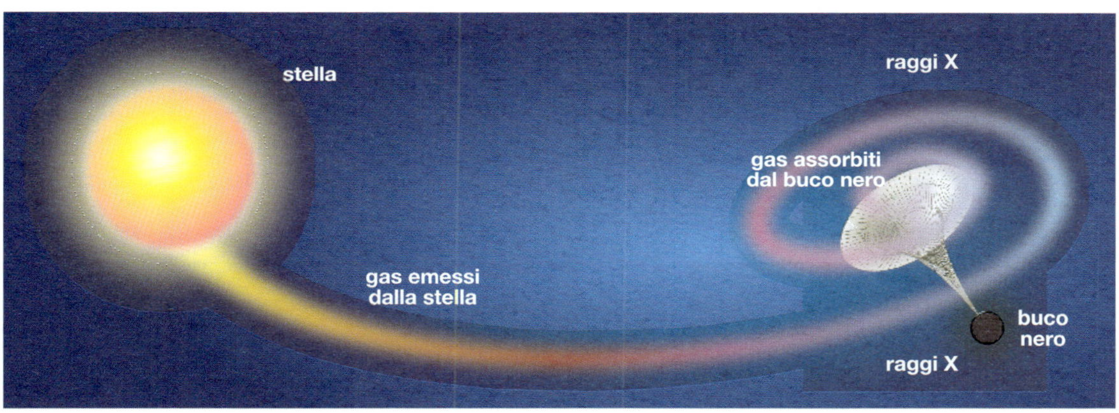

Qual è la stella più grande che si conosce?

Nel 1997 il telescopio spaziale Hubble ha localizzato la stella ritenuta al momento più grande. La stella, battezzata Pistol Star, emette un'energia luminosa pari a 10 milioni di volte quella del Sole e ha un diametro di 300 milioni di chilometri. La sua massa è circa 100 volte superiore a quella del Sole, ed è probabile che al momento della sua formazione, 3 milioni di anni fa circa, fosse il doppio. La Pistol Star dista dalla Terra 25 mila anni luce in direzione della costellazione del Sagittario.

I pianeti del Sistema Solare

Dei nove pianeti che formano il Sistema Solare abbiamo esaminato ampiamente la Terra, e gli altri otto? Presentano tutti caratteristiche molto diverse fra loro.
Leggiamone nella seguente tabella le più importanti.

Venere

Mercurio

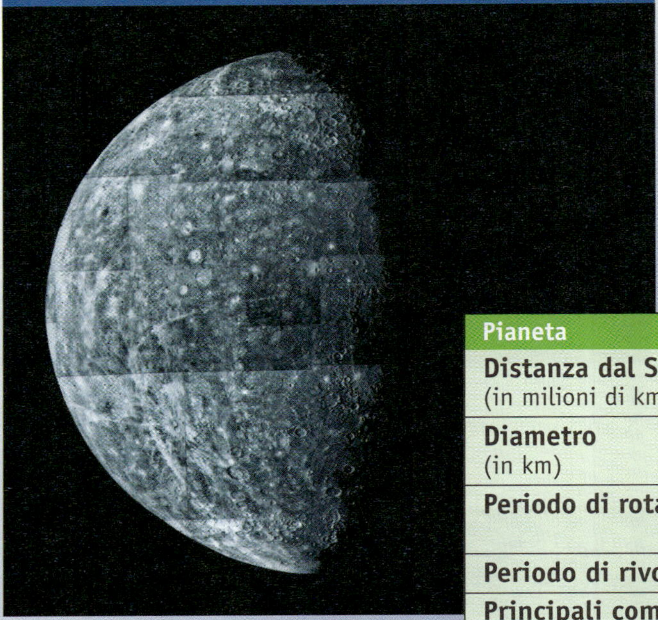

Pianeta	Mercurio	Venere	Marte
Distanza dal Sole (in milioni di km)	58	108	228
Diametro (in km)	4 880	12 140	6 800
Periodo di rotazione	59 giorni	243 giorni	25 ore circa
Periodo di rivoluzione	88 giorni	224 giorni	687 giorni
Principali componenti dell'atmosfera	non c'è atmosfera	anidride carbonica, gas corrosivi a base di zolfo	anidride carbonica, azoto, argo

Plutone

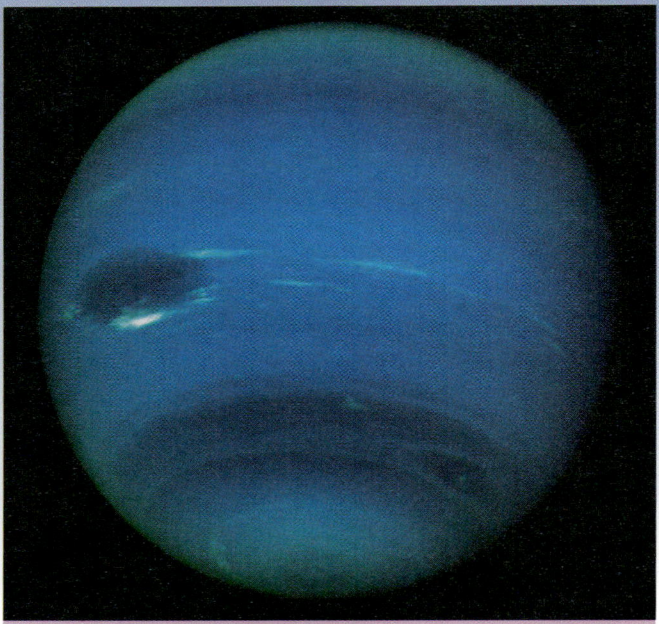

Nettuno

Marte

Giove

	Giove	Saturno	Urano	Nettuno	Plutone
	778	1 427	2 869	4 496,6	5 900
	142 800	120 000	51 800	49 500	3 000
	10 ore circa	10 ore circa	16 ore	18 ore e 12 minuti	6 giorni e 9 ore
	12 anni circa	29 anni	84 anni	164 anni	248 anni
	idrogeno, elio, cristalli di ammoniaca, metano	idrogeno, elio	idrogeno, elio, metano	metano, tracce di idrogeno e ammoniaca	tracce di nessun rilievo

Saturno

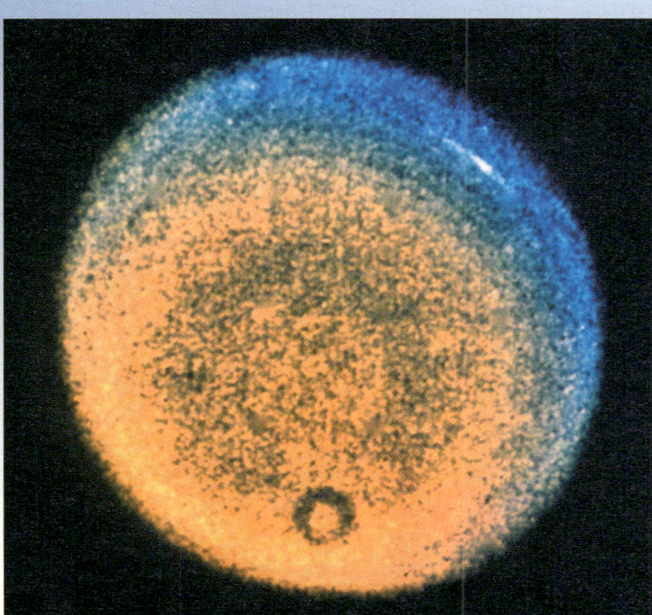

Urano

Etologia

Ciascun animale, come sai, è adattato all'ambiente per la particolare anatomia e funzionalità dei propri organi, ma deve la sua sopravvivenza anche alla capacità di rispondere alle condizioni ambientali con azioni adeguate, grazie cioè al suo comportamento.
Nasce, abbastanza recentemente, l'**etologia**, la scienza che studia proprio il comportamento animale. Analizziamone alcuni punti.
Osservando gli animali è facile notare come essi presentino due tipi di comportamento.

– I **comportamenti innati**, o **istinti**, sono i comportamenti che non nascono dall'esperienza, ma che sono compiuti istintivamente in quanto fanno parte di un bagaglio ereditario che porta gli animali di una determinata specie, fin dalla nascita, ad affrontare con azioni ben precise e immutabili determinate situazioni.

Sono **comportamenti innati**, per esempio, quelli del pulcino che appena nato inizia a beccare, del piccolo di ogni mammifero che succhia il latte dalla mamma, di ogni uccello che fabbrica il proprio nido ecc.

– I **comportamenti appresi**, o **apprendimenti**, sono i comportamenti che ogni animale mette in atto come frutto di un'esperienza passata e che deriva quindi dalla sua **capacità di apprendere**. Questi comportamenti sono particolarmente evidenti nei vertebrati e più ancora nei primati, nei quali le capacità di ricordare un'esperienza, di "immagazzinarla" e di riutilizzarla al momento opportuno sono più sviluppate.

Gli animali quindi, attraverso un'esperienza, "apprendono", cioè modificano i loro comportamenti per renderli più adatti alla loro sopravvivenza, e ciò può avvenire in vari modi. Esaminiamone alcuni.

L'**apprendimento per assuefazione** è la forma più semplice di apprendimento e consiste nel cambiare un comportamento quando lo stimolo che lo ha scatenato si rivela "privo di interesse", ovvero né utile né pericoloso.

I piccioni, per esempio, beccano ormai tranquillamente vicino a un uomo, o addirittura dalle sue mani. Essi si sono "**assuefatti**" alla presenza dell'uomo, hanno appreso che non è pericoloso e hanno modificato il loro comportamento istintivo che li porterebbe a fuggire al suo avvicinarsi.

L'**apprendimento per imitazione** è quello che deriva dall'osservazione di un comportamento (spesso dei genitori, ma anche di altri individui) che si rivela vantaggioso e che viene quindi imitato immediatamente.

Un esempio è quello dei macachi di un'isola dell'arcipelago giapponese che si nutrono di patate. Un tempo, prima di mangiarle, essi le pulivano togliendo la sabbia granellino per granellino, come fanno ancora i macachi che vivono in altre zone. La "scoperta" fatta da uno di quei macachi, che le patate si pulivano meglio e in minor tempo lavandole nell'acqua, fu ben presto imitata dagli altri macachi. Oggi tutte le scimmie di quell'isola lavano le patate!

L'**apprendimento per condizionamento**, detto anche **per associazione**, è quello che porta a manifestare lo stesso comportamento, detto **riflesso condizionato**, nei confronti di due stimoli diversi, se questi vengono associati per un certo numero di volte. I due stimoli infatti condizionano l'animale a un certo comportamento che poi ripeterà anche in presenza di uno soltanto dei due stimoli, che da solo, normalmente, non provocherebbe quella reazione. Questa forma di apprendimento fu studiata per la prima volta dal fisiologo russo **Ivan Pavlov** (1849-1936) attraverso i suoi famosi esperimenti sui cani.

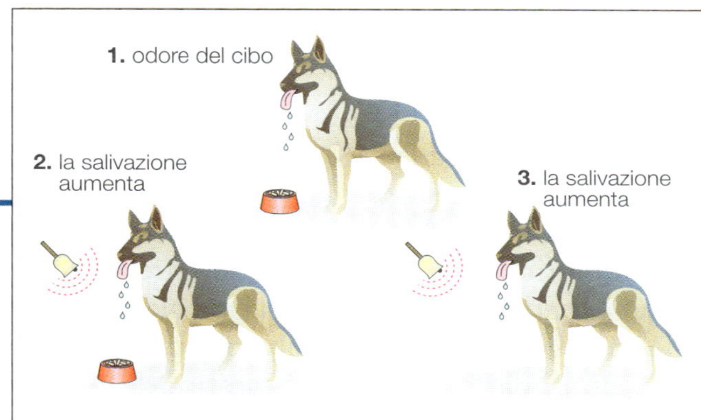

Pavlov sapeva che nei cani l'odore del cibo aumenta la produzione di saliva (1). Provò allora a offrire del cibo a un cane facendo squillare nello stesso momento un campanello (2). Dopo un certo numero di prove la salivazione del cane, che ormai aveva associato l'arrivo del cibo al suono del campanello, aumentava anche al solo suono del campanello, senza che arrivasse il cibo (3).

Sono questi riflessi condizionati che permettono di addomesticare gli animali; basta premiare o punire l'animale ogni volta che si comporta in un determinato modo, quando esso avrà associato a certe azioni il premio o il castigo, le ripeterà o le eviterà automaticamente.

Si apprende anche **per prove ed errori**: l'animale associa ogni azione al suo esito positivo o negativo e successivamente compirà solo le azioni che hanno dato esito positivo.
La maggior parte dei piccoli impara **per imitazione** dei genitori e degli adulti in genere. Cani e scimmie imparano anche **per intuizione**.

Lo scimpanzè, per esempio, per raggiungere le banane appese al soffitto, accatasta per intuizione le casse in modo da formare una scala.

L’imprinting

Un particolare tipo di apprendimento è l’**imprinting** (dall’inglese *imprint*, stampo, impronta), un apprendimento precoce, legato cioè alle informazioni che ogni individuo riceve dall’ambiente esterno al momento della nascita. È indelebile e permane per tutta la vita.

Per imprinting l’anatroccolo segue la scatola in movimento che ha visto appena nato.

Caratteristico è l’imprinting che induce, per esempio, i neonati di alcuni uccelli, come il cigno, il pollo e l’anatra, a identificare come mamma il primo essere che si presenta ai loro occhi appena escono dall’uovo.
Generalmente questo primo essere è effettivamente la madre; il piccolo la vede, ne riceve “l’impronta” e apprende immediatamente a riconoscerla per sempre come tale.
Ma se questo primo essere è una qualsiasi altra “cosa”, un individuo di un’altra specie, un uomo o anche un oggetto in movimento, il piccolo riconoscerà tale “cosa” come “madre” e la seguirà, ignorando i suoi simili.

Il fenomeno dell’imprinting è stato ampiamente studiato dallo scienziato **Konrad Lorenz**, il padre dell’etologia, che in prima persona divenne la “mamma” di un’ochetta. Lorenz aveva tenuto in un’incubatrice delle uova di oca selvatica e quando un’ochetta uscì dall’uovo, la prima cosa che vide fu il volto dello scienziato. Inutilmente egli cercò di affidarla a un’oca domestica, la piccola seguiva solo lui e, se lo perdeva di vista, pigolava disperatamente.
Fu così che Lorenz dovette adottare la piccola oca che chiamò Martina.

L’imprinting, che si manifesta anche fra i mammiferi, è di grande importanza per la sopravvivenza dell’individuo. Infatti il primo essere con cui l’individuo viene a contatto alla nascita, normalmente uno dei genitori, garantisce da piccoli le maggiori possibilità di difesa e nutrimento, da adulti il riconoscimento dei propri simili e quindi la possibilità di restare al sicuro nel proprio gruppo.

È inoltre di fondamentale importanza al momento della riproduzione. Il riconoscere, infatti, animali della stessa specie durante lo sviluppo infantile consentirà in età adulta di identificare meglio il partner idoneo per l’accoppiamento.

Studi recenti hanno dimostrato che l’imprinting si verifica anche nell’uomo: per l’equilibrio psicofisico di un nuovo essere sono necessari infatti la presenza della madre e l’ascolto del battito del suo cuore nei primissimi giorni di vita.

Rituali di corteggiamento

Il comportamento degli animali è particolarmente influenzato da uno stimolo fondamentale, la riproduzione. Legati a questo fenomeno sono alcuni comportamenti tipici che ogni animale attua nella ricerca del compagno o della compagna e nel relativo corteggiamento del maschio per indurre la femmina all'accoppiamento.

Da sinistra, in senso orario: Il pavone fa la ruota, la fregata gonfia una vistosa sacca rossa sulla gola, le gru si esibiscono in una danza complicata, lo svasso maggiore offre alla femmina delle alghe.

La **ricerca del compagno** avviene con precisi richiami sessuali, tipici per le varie specie: odori, suoni, segnali luminosi, colorazioni particolari, vere e proprie parate nuziali.
Il **rituale di corteggiamento**, un comportamento innato, precede l'accoppiamento con lo scopo di farsi riconoscere e accettare dalla femmina della propria specie e indurla all'accoppiamento.

Alcuni animali, durante tali rituali, ingaggiano veri e propri combattimenti con gli altri maschi per il possesso della femmina. Questi combattimenti solitamente si concludono con un atto di sottomissione da parte del più debole e consentono agli individui più forti di riprodursi, garantendo così la trasmissione delle caratteristiche migliori della specie.

Evoluzione dell'apparato digerente

Tutti gli animali, organismi **eterotrofi**, da sempre hanno avuto la necessità di assumere dall'esterno il nutrimento e, dopo averlo ingerito, la necessità di trasformarlo in sostanze semplici che possano essere assimilate. Ciò ha fatto sì che essi sviluppassero strutture più o meno complesse adibite alla "digestione" del cibo.

Gli organismi unicellulari e i più semplici organismi pluricellulari, che non possiedono un apparato digerente, hanno una **digestione intracellulare**, che avviene cioè all'interno della cellula stessa, e si nutrono in vari modi:

– per **assorbimento** diretto di piccole molecole di sostanze nutritive attraverso la membrana cellulare, come in alcuni **batteri** eterotrofi;
– per **pinocitosi**, cioè per assunzione di piccole molecole di sostanze nutritive liquide: la membrana cellulare si introflette, ingloba il liquido e si richiude formando un vacuolo che assorbe la molecola;
– per **fagocitosi**, cioè per assunzione di molecole di sostanze nutritive solide: la membrana emette degli pseudopodi intorno al cibo, inglobandolo, quindi si richiude formando, all'interno della cellula, un vacuolo digestivo dove il cibo viene attaccato da enzimi, sciolto e assimilato.

Negli organismi **pluricellulari** più complessi si ha una **digestione extracellulare** che avviene in primitivi "apparati digerenti".

– I **poriferi** e i **celenterati** sono dotati di cavità in cui circolano le sostanze nutritive, che poi vengono assorbite direttamente dalle varie cellule.

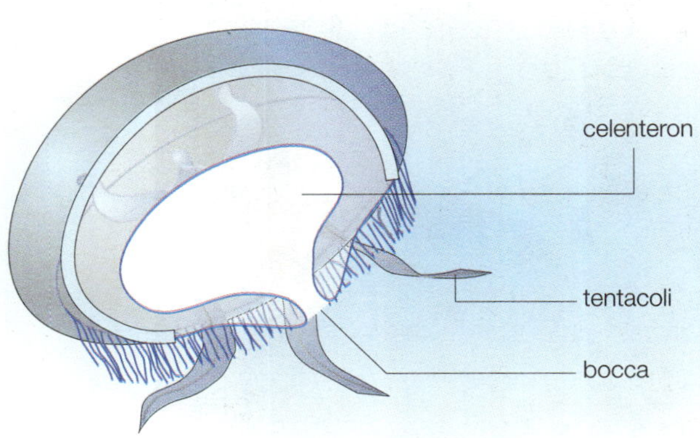

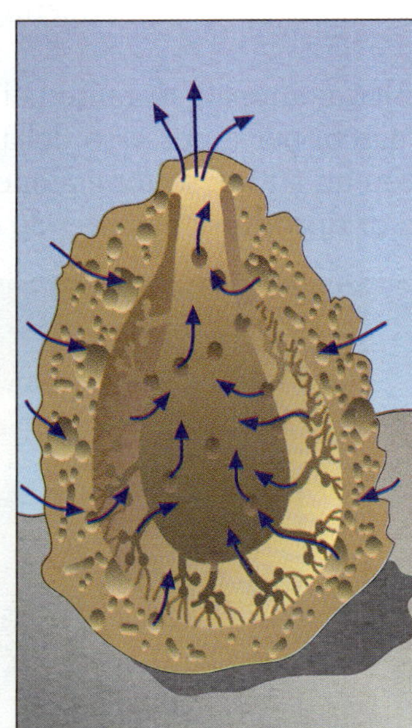

– **Anellidi**, **molluschi** e **artropodi** presentano un vero e proprio apparato digerente: un lungo tubo via via più complesso dotato di due aperture, la bocca e l'ano. All'interno di esso il cibo viene digerito e assorbito e successivamente si ha l'espulsione dei rifiuti.

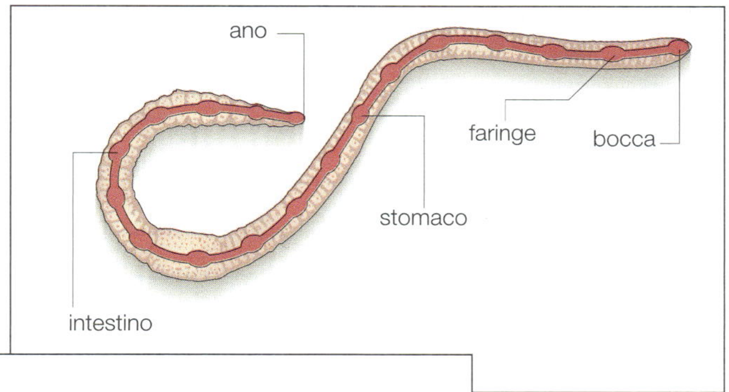

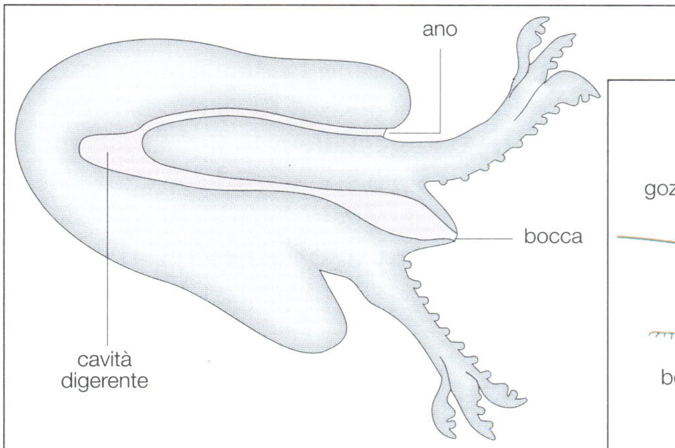

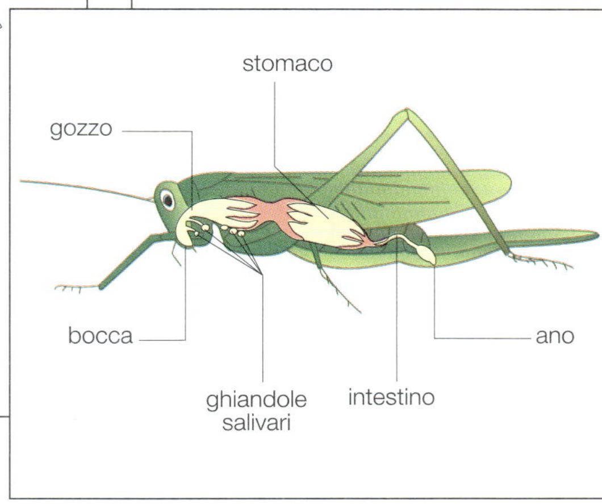

– Nei **vertebrati** si ha il perfezionamento dell'apparato digerente che, nel corso della storia evolutiva, si è modificato fino ad arrivare a quello dei primati e quindi dell'uomo.

Gli **uccelli**, essendo privi di denti, hanno sviluppato un particolare organo, il **ventriglio**, detto stomaco masticatore; qui si raccoglie il cibo che, mediante le contrazioni delle robuste pareti muscolari e con l'aiuto delle pietruzze che l'animale ingerisce, viene macinato e inviato allo stomaco vero e proprio dove verrà reso assimilabile.

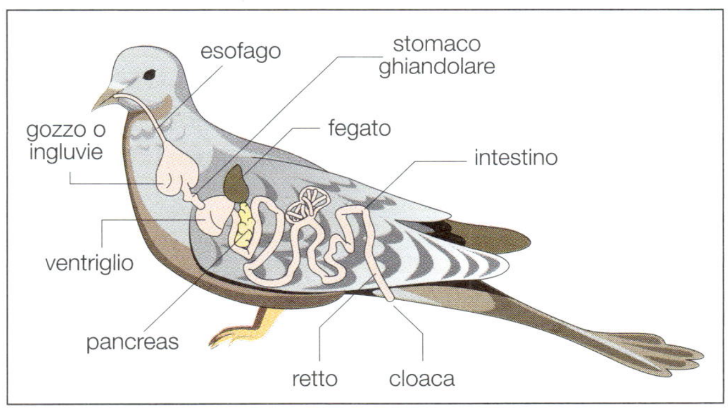

I **mammiferi erbivori**, quali la mucca, la pecora e il cervo, detti **ruminanti**, hanno un particolare apparato digerente adatto alla loro dieta erbacea.
Il loro stomaco è diviso in quattro parti: **rumine**, **reticolo**, **omaso** e **abomaso**. L'erba ingerita viene accumulata, senza essere masticata, nel rumine e nel reticolo; successivamente dal rumine essa verrà rigurgitata più volte nella bocca dove verrà masticata lentamente e quindi di nuovo ingerita nel rumine.

Tale processo, detto **ruminazione**, dura a lungo e ciò permette ai batteri che si trovano nel rumine di digerire la cellulosa presente nei vegetali. Dopo la ruminazione, il bolo passa nell'abomaso dove avviene la digestione gastrica.

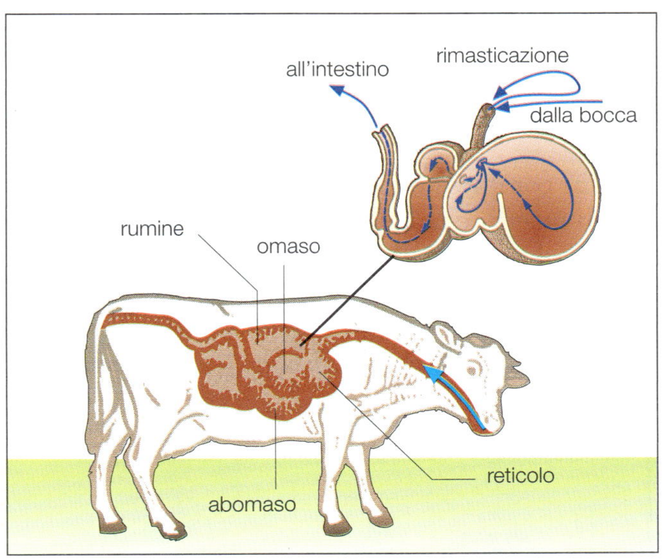

Evoluzione dell'apparato escretore

Anche per l'apparato escretore possiamo osservare un'evoluzione che va dagli unicellulari ai pluricellulari e, fra questi, da forme meno evolute a forme più evolute.

Negli unicellulari, quali il paramecio, l'eliminazione delle scorie avviene per **diffusione** attraverso la membrana cellulare.

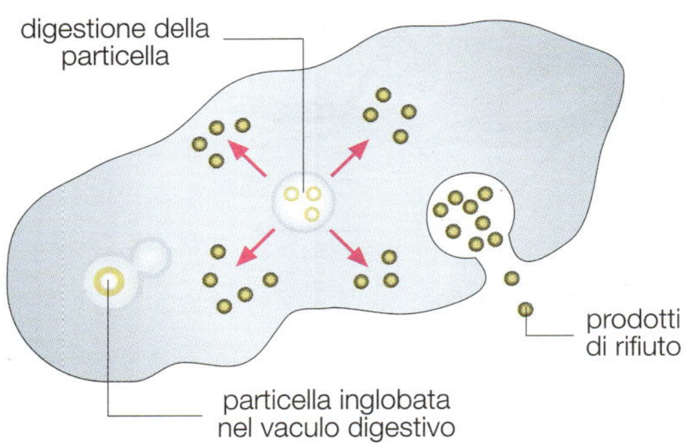

Nei platelminti, come la planaria, l'escrezione avviene per mezzo di particolari cellule ciliate, dette **cellule a fiamma**, che filtrano i liquidi e poi spingono le sostanze di rifiuto verso una rete di canali che sboccano all'esterno mediante **pori escretori**.

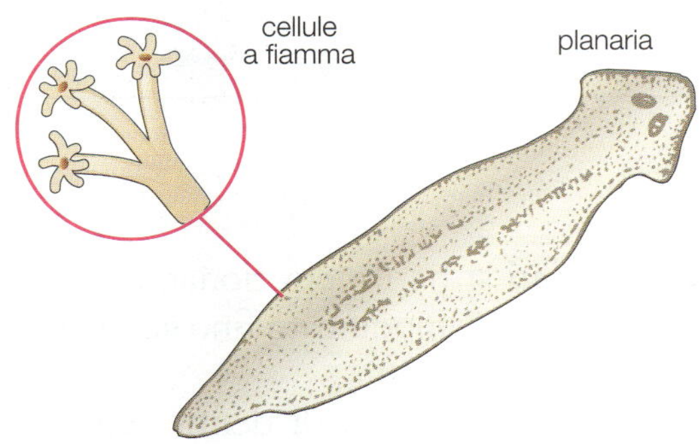

Gli anellidi e i molluschi possiedono già un primitivo organo escretore, i **nefridi**, strutture a forma di piccolo imbuto ciliato che sboccano all'esterno mediante piccoli pori, i **pori nefridiali**.

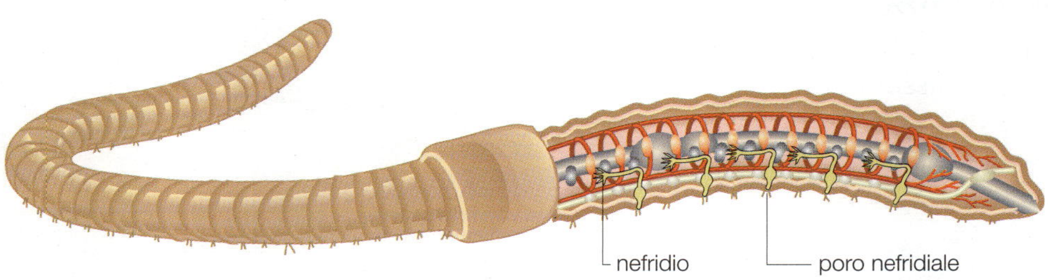

Più complesso appare l'apparato escretore degli insetti, che è costituito da un sistema di canali, i **tubuli malpighiani**.
Questi assorbono dal sangue le sostanze di rifiuto e le spingono nel tratto terminale del tubo digerente, che riassorbe le sostanze utili ed elimina quelle di scarto.

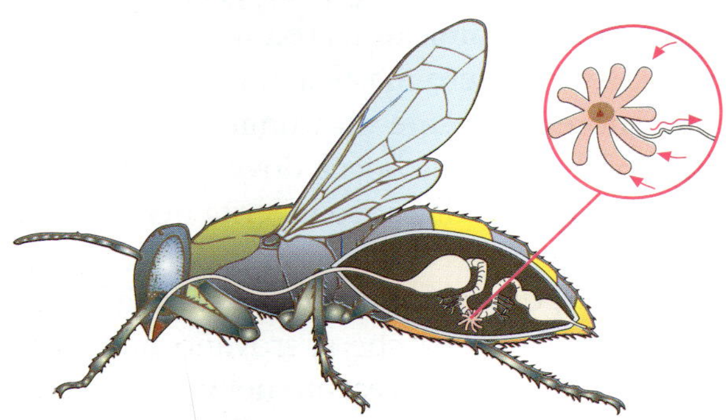

Nei **vertebrati** si ha il perfezionamento dell'apparato escretore. Nei pesci e negli anfibi compare una struttura simile formata da un insieme di tubuli escretori riuniti in un organo, i **reni**, destinati a raccogliere l'urina prodotta dai tubuli. Nei rettili e negli uccelli quest'apparato sbocca nella **cloaca**, l'ultima parte dell'intestino, mentre nei mammiferi è simile a quello dell'uomo.

pesci

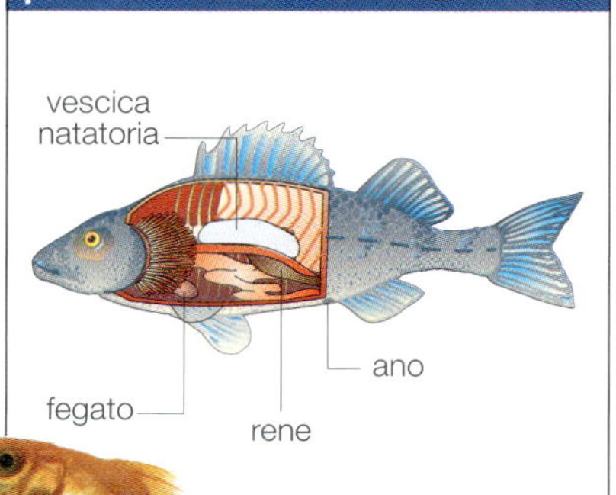

rettili

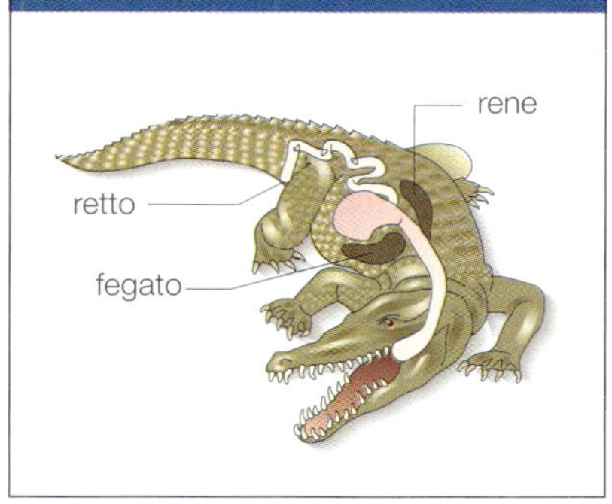

mammiferi

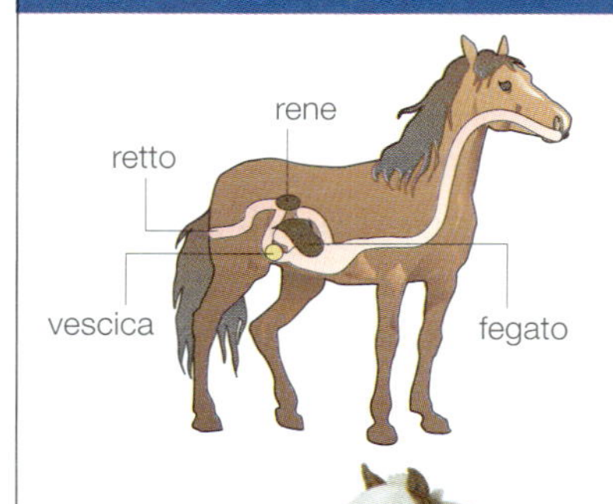

anfibi

uccelli

Qual è la funzione della coda negli animali?

La coda, la porzione terminale della colonna vertebrale, ha varie funzioni a seconda delle diverse specie di animali.
Nei pesci è fondamentale per regolare i movimenti del nuoto.
Nei rettili serve per controllare la locomozione e per difesa, nelle lucertole, per esempio, in caso di pericolo può staccarsi e, continuando a muoversi, distrae il nemico e consente la fuga della lucertola.
Negli uccelli serve da timone e, a volte, è anche un ornamento maschile da esibire durante il corteggiamento, come per esempio nel pavone.
Nei mammiferi serve per mantenere l'equilibrio, come nella tigre e in tutti gli altri felini, e per comunicare, come nei cani e nei lupi.

Evoluzione del sistema nervoso

Nel regno animale il sistema nervoso ha seguito in pratica due soli "progetti" evolutivi, sviluppando, a partire dai pluricellulari più complessi, due tipi di sistema nervoso: i **sistemi nervosi diffusi** e i **sistemi nervosi centralizzati**.

Gli organismi **unicellulari**, essendo formati da una sola cellula, non possiedono alcun tipo di sistema nervoso pur avendo la capacità di reagire agli stimoli che provengono dall'ambiente esterno, quali le variazioni di temperatura, di pH ecc.
Negli organismi **pluricellulari** molto semplici si nota la presenza di cellule e fibre nervose in grado di ricevere, condurre e trasmettere impulsi nervosi.

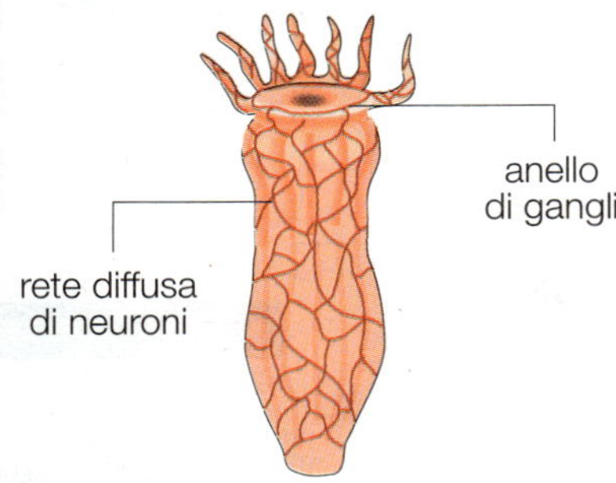

I **celenterati**, come l'idra di acqua dolce, possiedono una semplice rete nervosa che riceve stimoli sensoriali da recettori diffusi in tutto il corpo; questa rete neuronale, in grado di contrarre le fibre motorie e permettere all'animale di muoversi sfuggendo ai predatori, è disseminata in tutto il corpo dell'animale ed è un primo esempio di **sistema nervoso diffuso**.

Negli organismi più complessi, le cellule nervose aumentano e si raggruppano dando inizio al processo di **cefalizzazione**, cioè di concentrazione delle cellule nervose nel "capo", che porta successivamente al percorso evolutivo dei sistemi centralizzati.

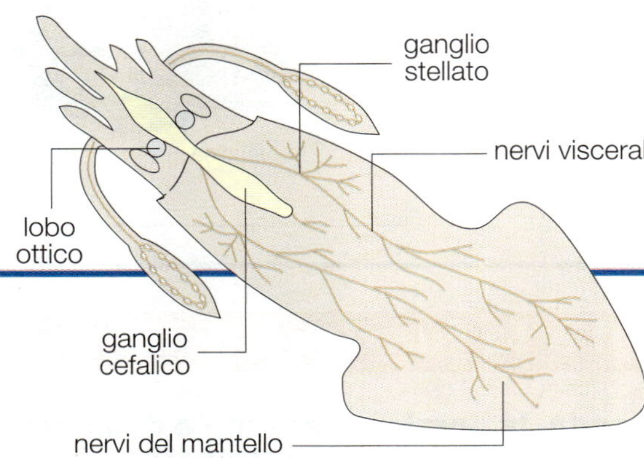

La cefalizzazione si osserva chiaramente nei **molluschi**, dove risulta accompagnata da una discreta organizzazione anche degli organi della vista e del tatto.

Negli anellidi e negli artropodi è già possibile distinguere il sistema nervoso centrale e il sistema nervoso periferico, formato da fibre nervose.

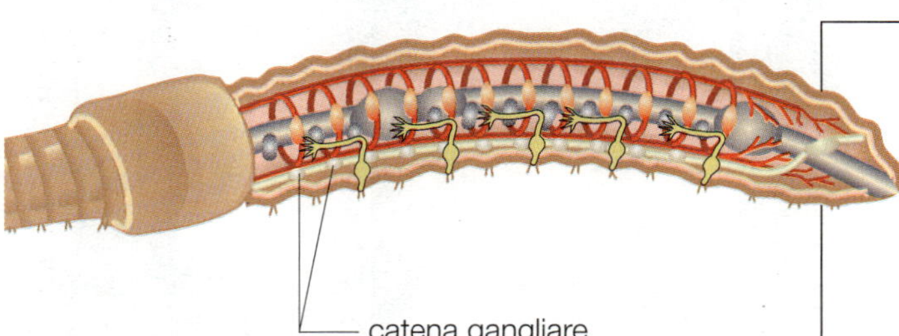

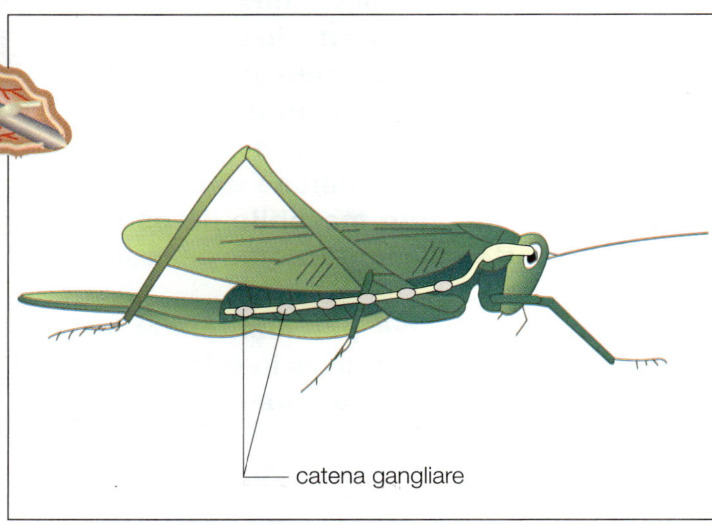

La distinzione in centrale e periferico va perfezionandosi nei **vertebrati**, dove la centralizzazione del sistema nervoso raggiunge il suo massimo sviluppo evolutivo.
Nelle varie specie di vertebrati lo sviluppo delle diverse parti del sistema nervoso dipende dal grado maggiore o minore di evoluzione. Organizzato come quello dell'uomo, il sistema nervoso dei vertebrati presenta un **encefalo**, contenuto nella scatola cranica, un **midollo spinale**, un sistema periferico di **nervi** e una doppia catena di **gangli**.

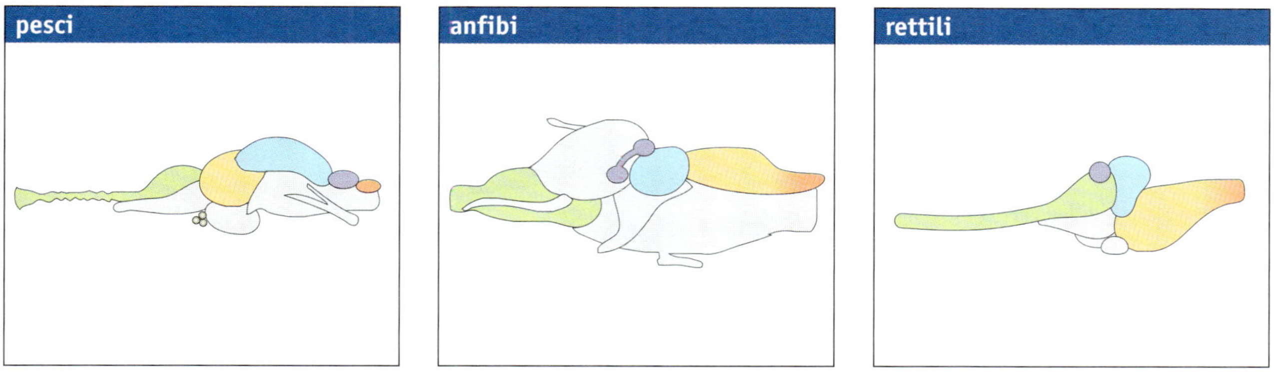

Le maggiori differenze tra le cinque classi riguardano lo sviluppo dell'encefalo e la comparsa delle circonvoluzioni: nei **pesci**, negli **anfibi**, nei **rettili** e negli **uccelli** il cervello è costituito da due emisferi lisci, mentre nei **mammiferi** compaiono le circonvoluzioni, che aumentano di molto la superficie cerebrale, e anche la corteccia diviene più complessa.

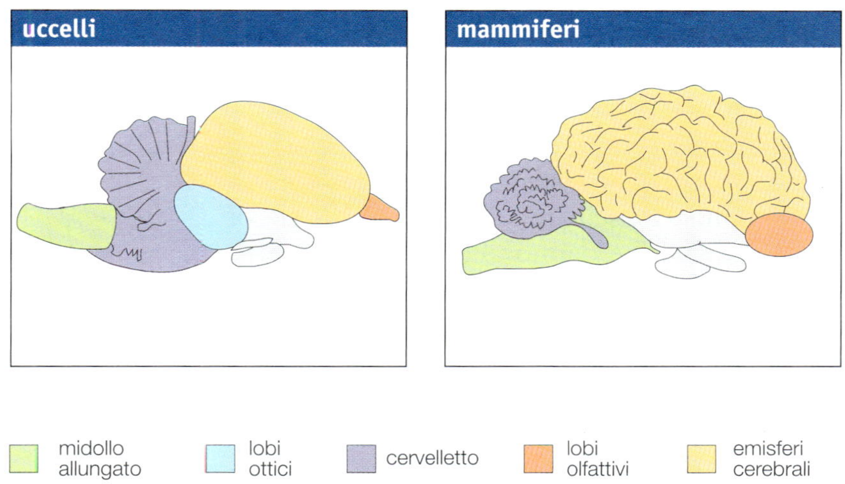

L'uomo si differenzia per l'enorme sviluppo della corteccia cerebrale, che diventa più spessa e presenta un maggior numero di connessioni rispetto a quella degli altri primati.

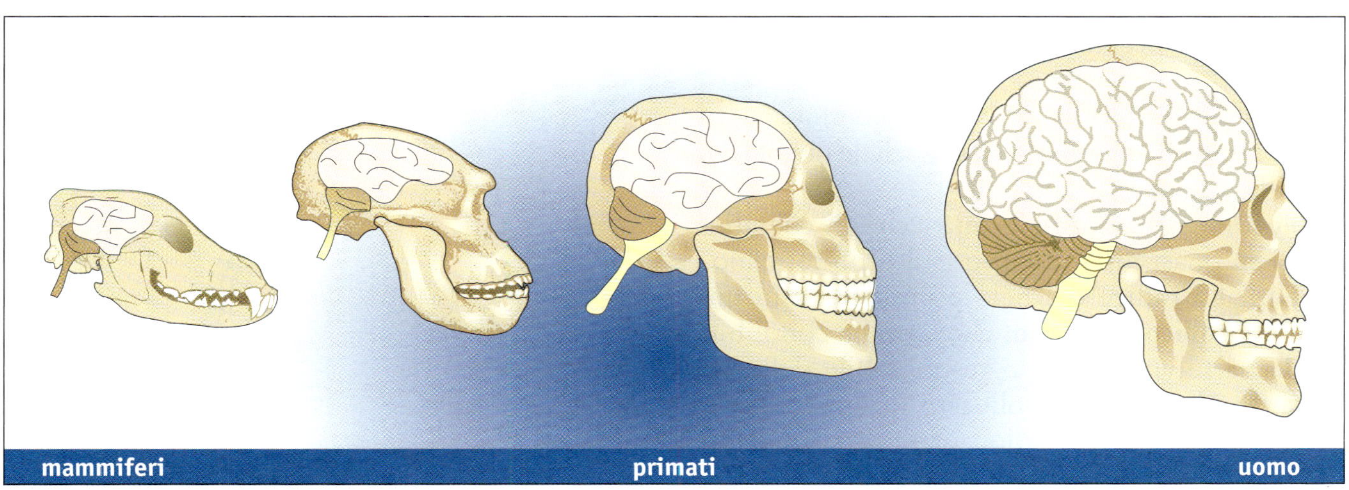

Uno straordinario rivestimento

Il nostro corpo è provvisto di uno straordinario rivestimento, la **pelle**, che lo riveste esternamente senza interruzioni formando un vero e proprio apparato, l'**apparato di rivestimento** o **tegumentario**. Ne abbiamo gia parlato a proposito del senso del tatto, ma… osserviamola un po' meglio.

La pelle è formata da tre strati: epidermide, derma e ipoderma.

– L'**epidermide** è lo strato superficiale costituito da strati di cellule sovrapposte. Lo strato più esterno, lo **strato corneo**, è formato da cellule morte, continuamente eliminate e sostituite da altre nuove che si formano nello strato più interno, lo **strato germinativo**, costituito da cellule vive e quindi in grado di riprodursi.

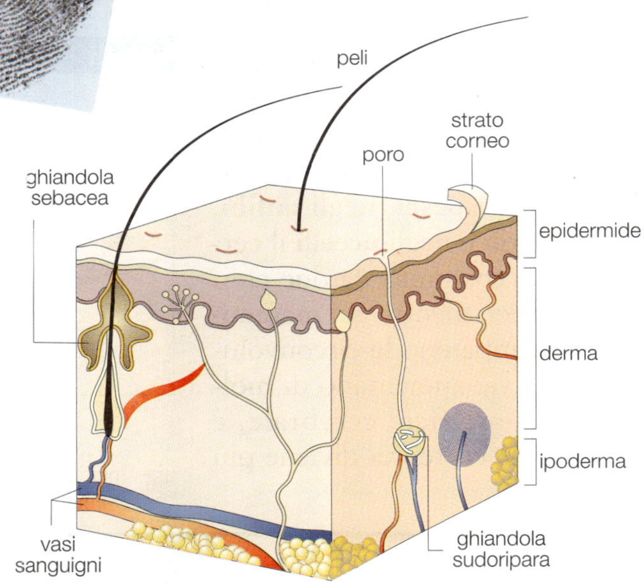

– Il **derma**, subito sotto l'epidermide, è formato da tessuto connettivo resistente ed elastico. La sua superficie non è liscia, ma presenta una serie di solchi e rilievi che danno alla pelle un aspetto corrugato e formano, sui polpastrelli delle dita, le **impronte digitali** diverse e caratteristiche per ogni singola persona.
Nel derma si trovano i vasi sanguigni e linfatici, i follicoli piliferi, le ghiandole sudoripare e sebacee e le terminazioni nervose che, come sai, terminano con i **corpuscoli di senso**, responsabili delle sensazioni tattili, termiche e dolorifiche.

– L'**ipoderma** è un tessuto connettivo che sostiene i due strati sovrastanti e permette alla pelle una certa mobilità rispetto ai muscoli e alle ossa. In alcune parti del corpo è formato da **cellule adipose**, che fungono da isolanti termici e da riserva di grasso.

Derivati dalla trasformazione dell'epidermide e del derma sono gli **annessi cutanei**: i peli, le unghie e le ghiandole cutanee.
I **peli** sono strutture filiformi ricche di cheratina sparsi su quasi tutto il corpo (sul capo formano i capelli). La radice del pelo è impiantata in una cavità, il **follicolo pilifero**, che termina con il **bulbo**, la parte viva del pelo responsabile della sua crescita. Al follicolo è collegato un muscolo che contraendosi, per esempio quando senti freddo, provoca il fenomeno della "pelle d'oca".

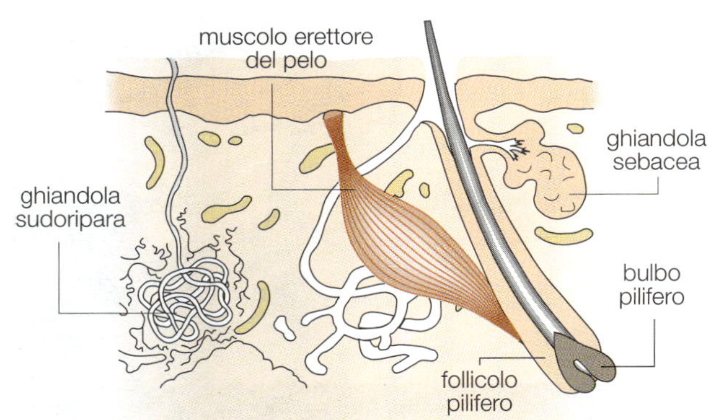

Le **unghie** sono formazioni laminari cornee che si originano dall'epidermide. Ogni unghia è formata da una parte esterna e sensibile, la **lamina**, e da una interna, la **radice**, ricoperta da una piega della pelle, la cuticola. L'unghia poggia su uno strato di derma, il **letto ungueale**, fra il letto e l'unghia si trova la **matrice**, responsabile della crescita dell'unghia; la parte visibile forma un arco biancastro, detto **lunula**.

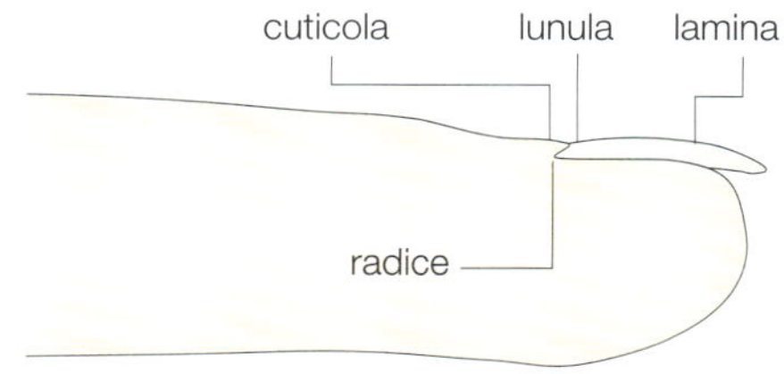

Le **ghiandole cutanee** sono ghiandole **esocrine** che si trovano tutte nel derma e costituiscono:
- le **ghiandole sebacee** che secernono il **sebo**, una sostanza grassa che protegge e mantiene morbidi ed elastici capelli, peli e pelle;
- le **ghiandole sudoripare** che secernono il **sudore**, un liquido costituito da acqua, sali minerali e sostanze di rifiuto, che contribuisce a regolare la temperatura corporea: sudando infatti, per evaporazione si raffredda la cute.
- le **ghiandole mammarie** che formano le **mammelle**, sviluppate e funzionanti solo nella donna; la loro funzione è la secrezione del latte.

Importanti sono le funzioni svolte dalla pelle:
- **funzione protettiva**: protegge il corpo dai traumi meccanici, lo difende dai raggi ultravioletti del Sole e dagli agenti chimici, impedisce a batteri, funghi e protozoi di penetrare all'interno dell'organismo;
- **funzione escretrice**: attraverso il sudore elimina composti organici e inorganici inutili o dannosi per l'organismo;
- **funzione respiratoria**: collabora alla respirazione, in quanto è in grado di assorbire ossigeno ed emettere anidride carbonica;
- **funzione termoregolatrice**: permette la maggior parte degli scambi di calore con l'ambiente esterno, consentendoci di mantenere costante la temperatura corporea;
- **funzione sensoriale**: attraverso i corpuscoli di senso la pelle (lo abbiamo già visto) riceve e trasmette stimoli di varia natura, come quelli termici, tattili, dolorifici ecc., importantissimi per la vita di relazione.

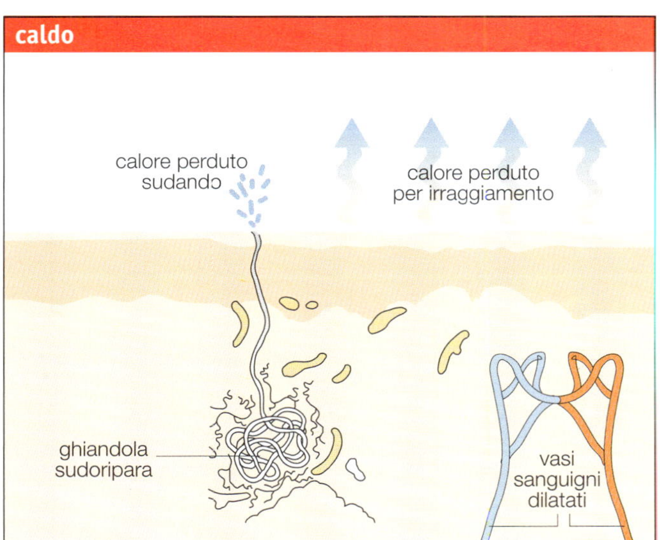

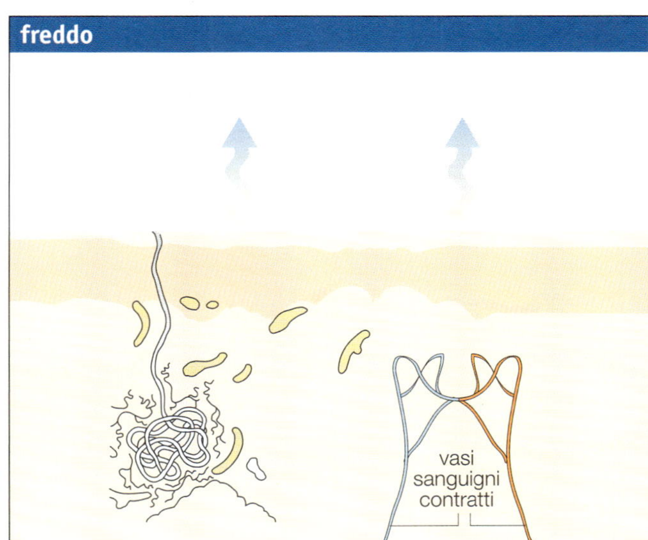

La scala del dolore

Ti sarà capitato, a causa di una semplice caduta giocando, oppure sbattendo inavvertitamente contro uno spigolo, di avvertire quella brutta sensazione che è il **dolore**.

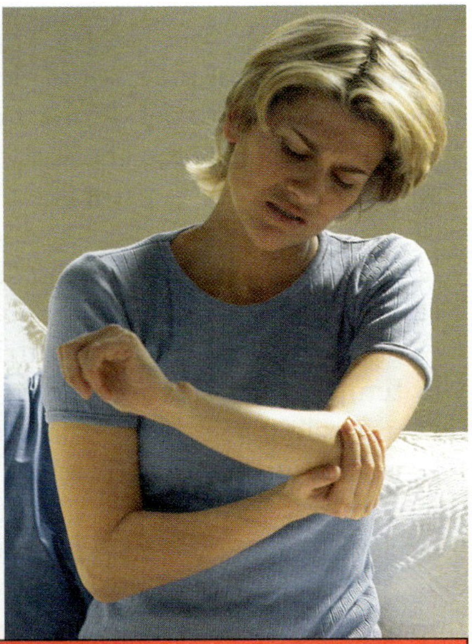

Se hai notato, in questi malaugurati casi, si avverte prima un'acuta sensazione di dolore, poi per un attimo sembra che il dolore scompaia e successivamente si avverte di nuovo la sensazione di dolore proveniente dalla parte colpita.
Come mai?

Il dolore, che come sai è un impulso captato dalle fibre nervose della pelle, viaggia lungo esse fino al cervello o al midollo spinale, a velocità diverse a seconda delle fibre stesse che attraversa.
Quelle più grosse conducono l'impulso dolorifico a più di 100 m/s, quelle più sottili a 1 m/s ed è così che il cervello o il midollo spinale rispondono a questi impulsi in momenti diversi.

Ma, a parità di stimolo, sentiamo tutti lo stesso dolore? La tolleranza al dolore varia da persona a persona ed è influenzata anche dalla situazione in cui si verifica l'episodio doloroso.
Tu, per esempio, sopporti sicuramente meglio la botta avuta giocando al pallone che quella avvertita sbattendo contro un tavolo.
A parità di situazione e di stimolo però, esperimenti sul dolore, hanno dimostrato che si reagisce tutti allo stesso modo secondo una "**scala del dolore**" che classifica l'intensità del dolore da 1 a 10.
Osservala a fianco.

Scala del dolore	
1	traumi lievi, dolori di stomaco, nevralgie comuni
2	ferite dopo operazioni, mal di denti
3	nevralgie forti, lombaggini
4	dolori cardiaci (angina moderata), dolori di stomaco forti
5	emicrania media
6	limite del dolore che la maggior parte delle persone non supera
7	emicrania forte, crampi muscolari
8	ustioni di 2° grado, attacchi cardiaci (infarto)
9	ustioni di 2° e 3° grado, lesioni gravi
10	coliche renali, dolori del parto

La visione binoculare

Perché abbiamo due occhi?
La natura ci ha dato due occhi per un ben preciso motivo: poter avere una **visione stereoscopica**.
Sai cosa significa questa difficile parola?
Quando tu guardi un oggetto oltre a… vederlo, riesci a valutare se è vicino o lontano, sai capirne lo spessore e sei anche in grado di valutare quale fra due oggetti è il più vicino o il più lontano.
Tutto questo è la visione stereoscopica che consiste quindi nella capacità che abbiamo di percepire la profondità. E tutto questo solo perché abbiamo… due occhi.
Cerchiamo di capirne il perché.

Osserviamo un'immagine qualsiasi, per esempio la foto sotto, solo con un occhio, prima il destro e poi il sinistro o viceversa.

Ci accorgiamo che le due immagini che vediamo sono leggermente diverse perché ciascun occhio vede la stessa cosa ma da una posizione diversa anche se minima, come sai infatti i nostri occhi sono distanti l'uno dall'altro circa 6 ÷7 cm.

Quando guardiamo con entrambi gli occhi un oggetto, al cervello vengono inviate proprio queste due immagini "diverse".

Nel cervello però i due nervi ottici si incrociano, quello proveniente dall'occhio destro va a sinistra e viceversa.
Nel cervello quindi le due immagini si sovrappongono e si fondono in una sola, ciò consente di vedere l'oggetto in tre dimensioni.
Questa visione, detta **stereoscopica** o **binoculare**, ci permette quindi di avere la perfetta visione di un oggetto, ma anche di percepirne la distanza e la profondità.

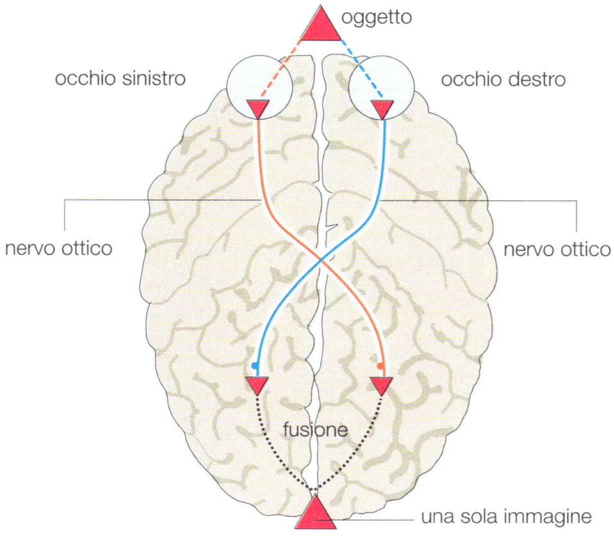

Evoluzione dell'apparato riproduttore

Come sai, vi sono due tipi di riproduzione: **asessuata** e **sessuata**.

– La **riproduzione asessuata** o **agamica** prevede che un unico individuo generi uno o più individui; essa è caratteristica degli organismi più semplici e si presenta in forme diverse: la **scissione binaria**, la **sporulazione**, la **gemmazione**.

I primi due tipi sono caratteristici degli organismi unicellulari, la gemmazione invece è tipica degli organismi pluricellulari come i celenterati e i poriferi.

scissione binaria

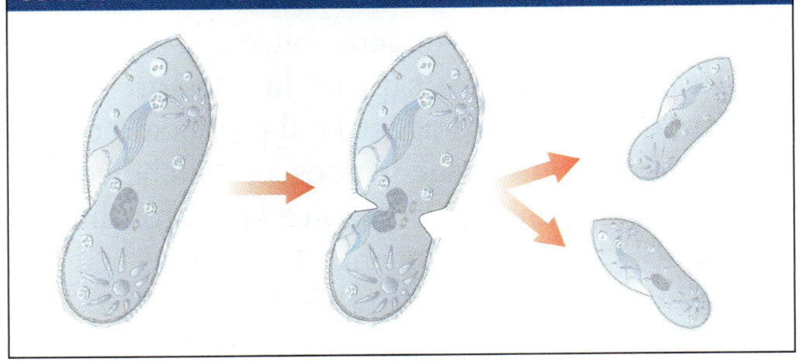

sporulazione

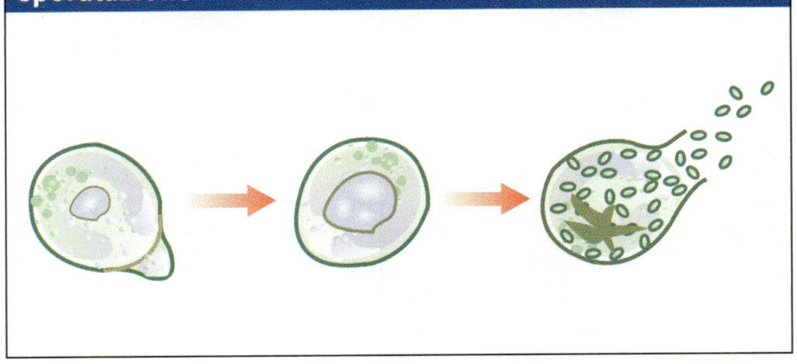

gemmazione

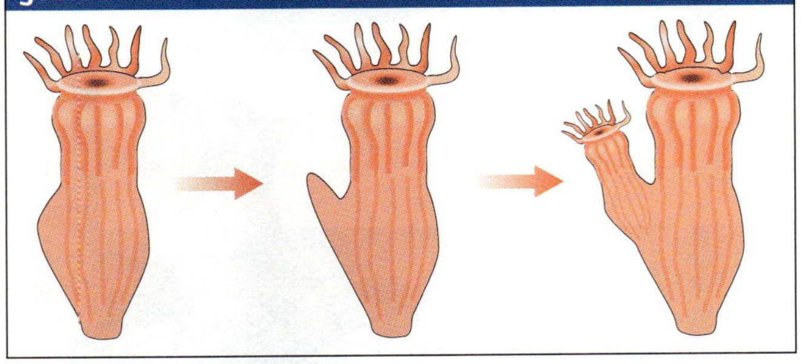

– La **riproduzione sessuata** o **gamica** avviene per mezzo di due cellule specializzate, il gamete maschile e quello femminile, che si uniscono con un processo chiamato **fecondazione**, originando un nuovo individuo.

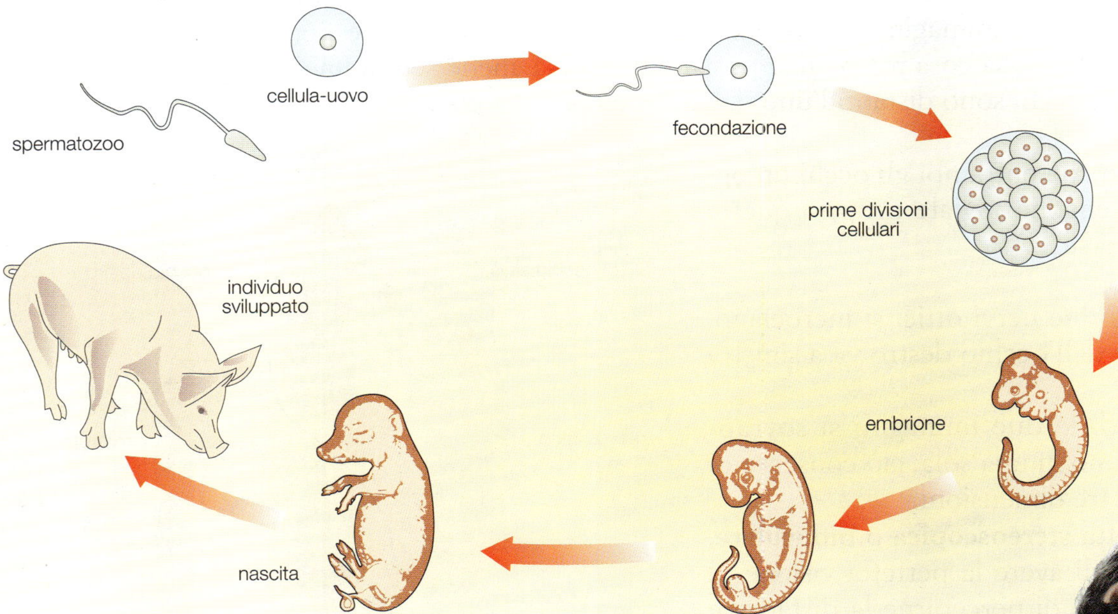

La fecondazione può avvenire in due modi: **fecondazione esterna** o **interna**.

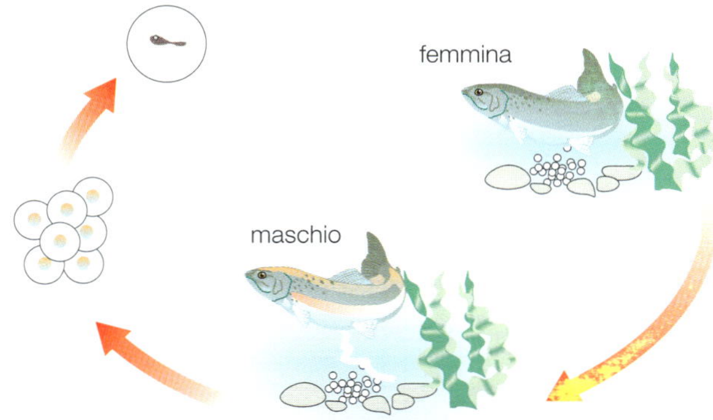

La **fecondazione esterna** è tipica degli animali che vivono nell'acqua (alcuni pesci, gli anfibi, gli insetti acquatici); gli organismi dei due sessi riversano enormi quantità di gameti, spermatozoi e cellule uovo, nell'ambiente esterno. L'incontro tra i due gameti, facilitato dall'acqua, determina la fecondazione. I nuovi organismi si sviluppano al di fuori del corpo della madre e sono subito autosufficienti.

La **fecondazione interna** è tipica degli animali terrestri e prevede l'accoppiamento dei due sessi con l'introduzione da parte del maschio dello sperma, ricco di spermatozoi, all'interno del corpo della femmina.

Gli animali con questo tipo di fecondazione possono essere **ovipari**, **ovovivipari** o **vivipari**.

Negli **ovipari** l'uovo fecondato viene deposto all'esterno del corpo materno e viene covato (uccelli e alcuni rettili).

Negli **ovovivipari** l'uovo rimane nel corpo della madre fino alla nascita (rettili come la vipera e la lacerta vivipara).

Nei **vivipari** (mammiferi) l'embrione rimane collegato al corpo della madre, che lo nutre attraverso la placenta per tutto il periodo della gestazione fino al momento del parto.

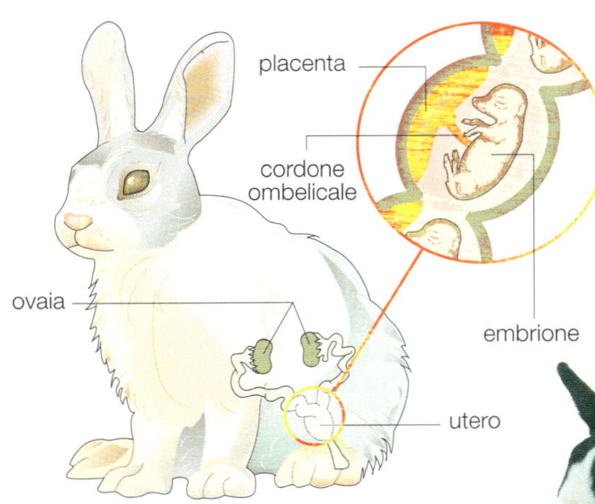

I gemelli

Abbiamo visto come, nell'arco di un ciclo ovarico, l'incontro tra un ovulo e uno spermatozoo dia origine a un nuovo essere. E i **gemelli**? Che cosa porta alla formazione e quindi alla nascita di due esseri? Occorre distinguere due casi: i **gemelli monovulari** e i **gemelli biovulari**. Osserva.

Gemelli monovulari

I **gemelli monovulari** si formano dalla fecondazione di un unico ovulo da parte di un solo spermatozoo.
Per cause ancora sconosciute lo zigote si divide in due cellule distinte, dando origine a due embrioni che si sviluppano in uno stesso sacco amniotico e con un'unica placenta.

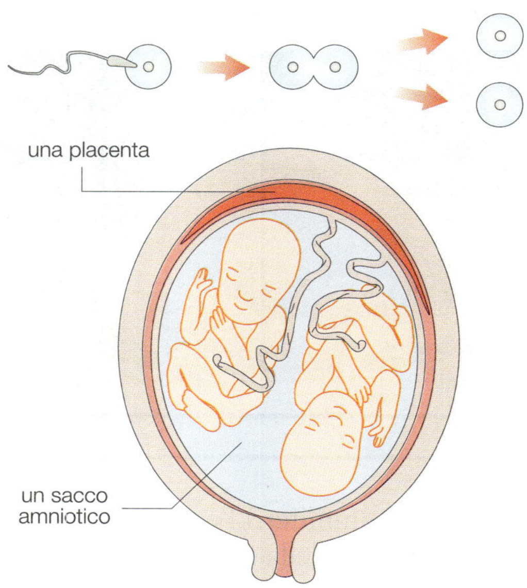

Nasceranno individui identici e dello stesso sesso.

Gemelli biovulari

I **gemelli biovulari** si formano da due ovuli che, per caso, maturano insieme e vengono fecondati da due differenti spermatozoi.
Avviene quindi una duplice fecondazione, con formazione di due embrioni, che si svilupperanno ciascuno nel proprio sacco amniotico e con una propria placenta.

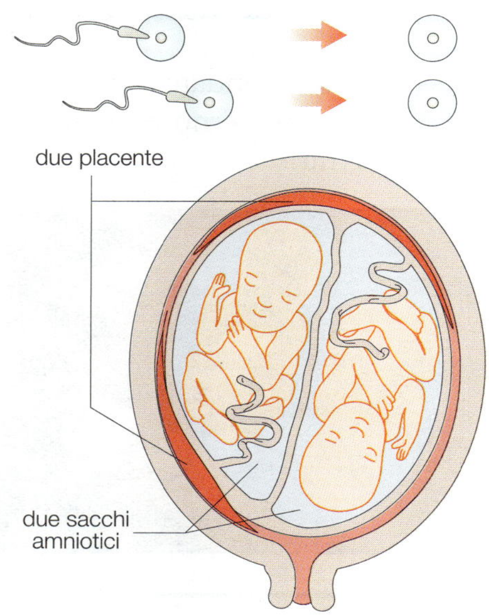

Nasceranno individui che possono essere di sesso diverso e presentare caratteristiche fisiche differenti.

Spermatogenesi e ovogenesi

Come sai, il meccanismo che mantiene costante il patrimonio cromosomico è regolato dalla **mitosi** e dalla **meiosi**.
La meiosi, in particolare, è il processo per mezzo del quale si originano nell'individuo i gameti maschili, **spermatogenesi**, e i gameti femminili, **ovogenesi**.

- La **spermatogenesi** prende il via dagli **spermatogoni**, cellule primitive contenute nei tubuli seminiferi dei testicoli. Queste cellule contengono 46 cromosomi e, per differenziazione, danno origine a gameti non maturi, gli **spermatociti**, contenenti ancora 46 cromosomi. Gli spermatociti, per meiosi, danno origine agli **spermatidi** che contengono quindi 23 cromosomi. Dagli spermatidi, per meiosi e differenziazione, si originano gli spermatozoi maturi contenenti ancora 23 cromosomi.
Complessivamente, da uno spermatogone, per successive meiosi e mitosi, si formano 4 spermatozoi.

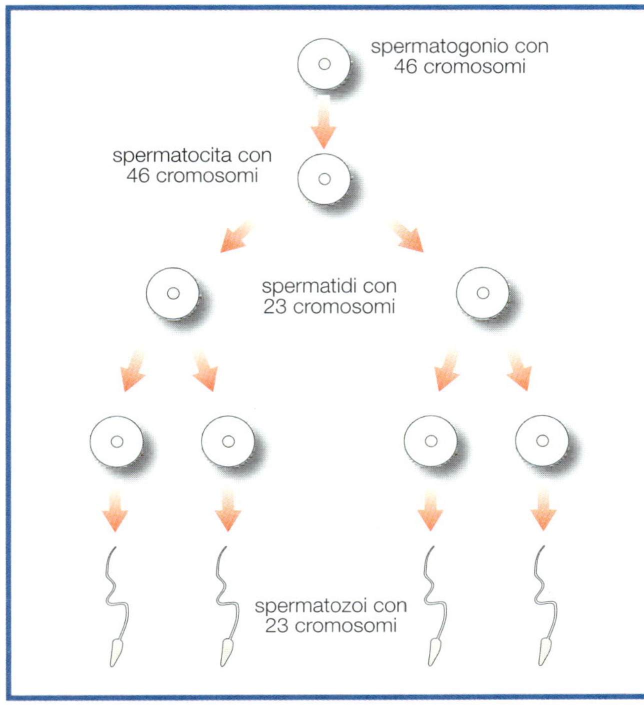

- L'**ovogenesi** ha inizio verso la quinta settimana di vita embrionale con la formazione di cellule primitive, gli **ovogoni**, contenenti 46 cromosomi. Questi si moltiplicano e all'epoca della nascita si differenziano in **ovociti primari**, privi di attività riproduttiva e contenenti 46 cromosomi. Per meiosi ogni ovocita primario, nella fase della pubertà, si divide dando origine a un **ovocita di 2° ordine**, contenente 23 cromosomi, e a una cellula che degenera e viene espulsa. L'ovocita di 2° ordine, per mitosi, dà origine a una cellula che degenera e a un **ovulo maturo** contenente 23 cromosomi.
Complessivamente, da un ovogonio, per successive meiosi e mitosi, si forma un solo ovulo.

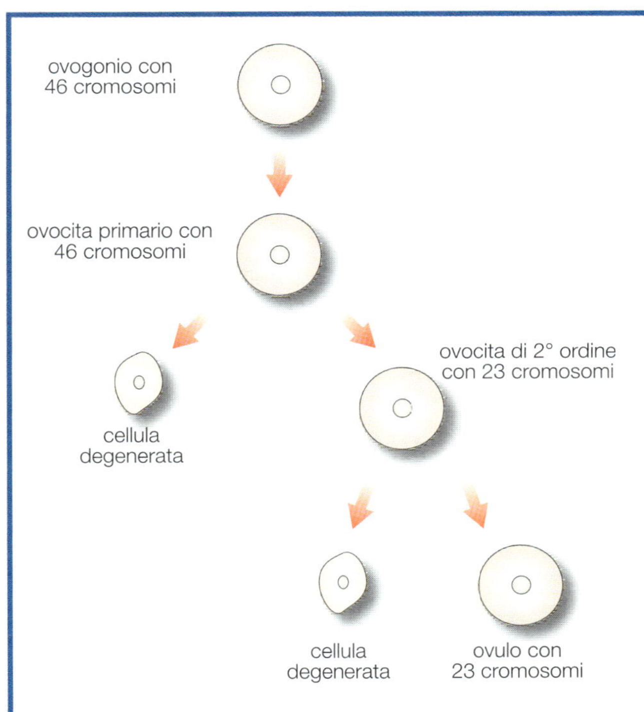

Le mutazioni

Le leggi di Mendel e la genetica ci hanno spiegato perché i figli hanno gli stessi caratteri dei genitori, ma anche perché, con la ricomparsa di qualche carattere recessivo, possono avere caratteri differenti dai genitori.
Può però accadere che in un individuo compaia un nuovo carattere che non è presente nei genitori né in alcun antenato.
L'improvvisa comparsa di un nuovo carattere, non presente in alcun antenato, è detto **mutazione**.
Come può succedere?

Ogni carattere, come sai, è codificato da un gene attraverso la sequenza di basi azotate; se tale sequenza viene modificata, si ha un cambiamento nel "messaggio genetico" che codificherà la sintesi di una proteina diversa e quindi il manifestarsi di un carattere diverso.

Queste improvvise e casuali mutazioni rappresentano degli "errori" nelle basi azotate del DNA e, generalmente, avvengono durante la duplicazione del DNA.

Se durante la duplicazione del DNA, in una delle due catene, una base azotata viene sostituita da un'altra – al posto della guanina, per esempio, si inserisce l'adenina – il filamento di DNA che si forma non è più identico all'originale, e questa mutazione si conserva nelle successive duplicazioni.

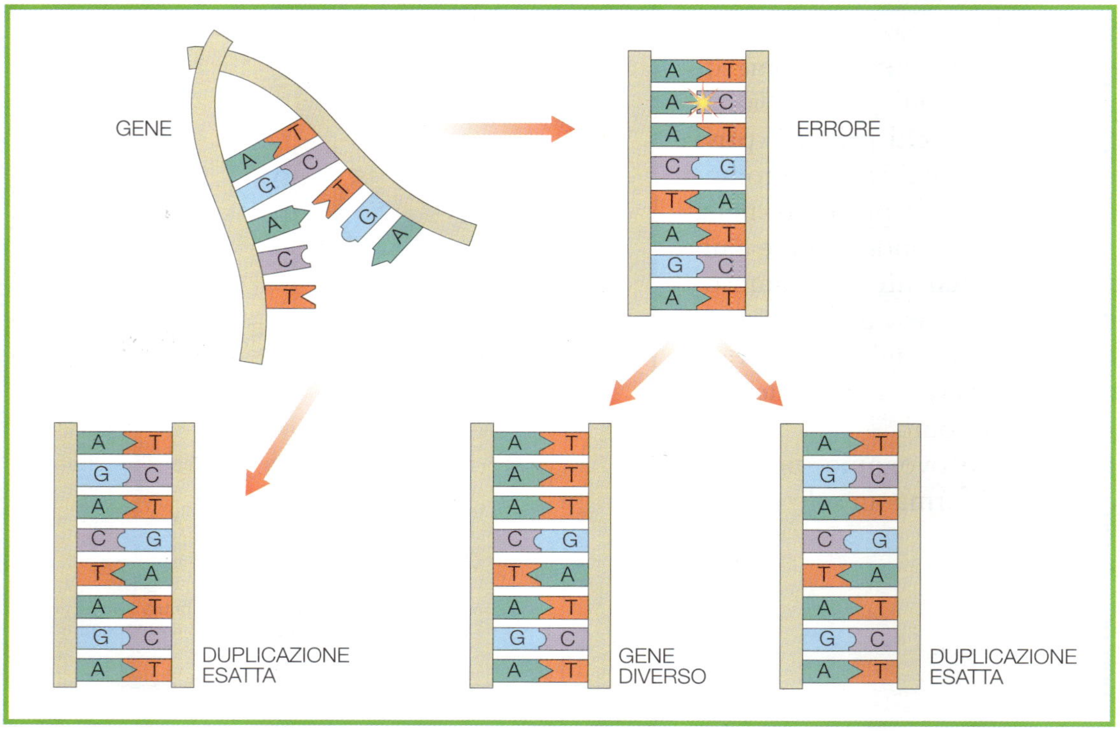

Una mutazione può verificarsi in qualsiasi momento e in qualsiasi cellula.

Se la mutazione interessa una cellula del corpo, cioè una cellula somatica, l'effetto compare solo in quel determinato organismo, non viene ereditato dai discendenti e scompare con la morte dell'individuo.
Ciò può rivelarsi a volte dannoso, a volte utile (il tumore è un errore genetico nelle cellule somatiche e quindi non è ereditario).

Se la mutazione interessa invece le cellule sessuali, il gene mutato viene trasmesso ai discendenti. Se il nuovo carattere è vantaggioso, l'organismo è favorito nella sopravvivenza e, trasmettendolo ai discendenti, determina quella che abbiamo chiamato "evoluzione". Se invece il carattere è svantaggioso, la selezione naturale generalmente non dà modo di trasmetterlo ai discendenti, ma in ogni caso il carattere è ereditario.

Esistono mutazioni spontanee di cui non sono note le cause, ma anche mutazioni provocate da vari fattori, i cosiddetti **agenti mutageni**, quali:
- agenti fisici, come i raggi X (usati nelle radiografie), i raggi ultravioletti, le radiazioni nucleari ecc.;
- sostanze chimiche come il benzolo e il catrame che si sprigionano dal fumo di sigarette;
- additivi e coloranti alimentari;
- alcuni farmaci e cosmetici;
- inquinamento industriale e urbano dell'aria, dell'acqua e del suolo.

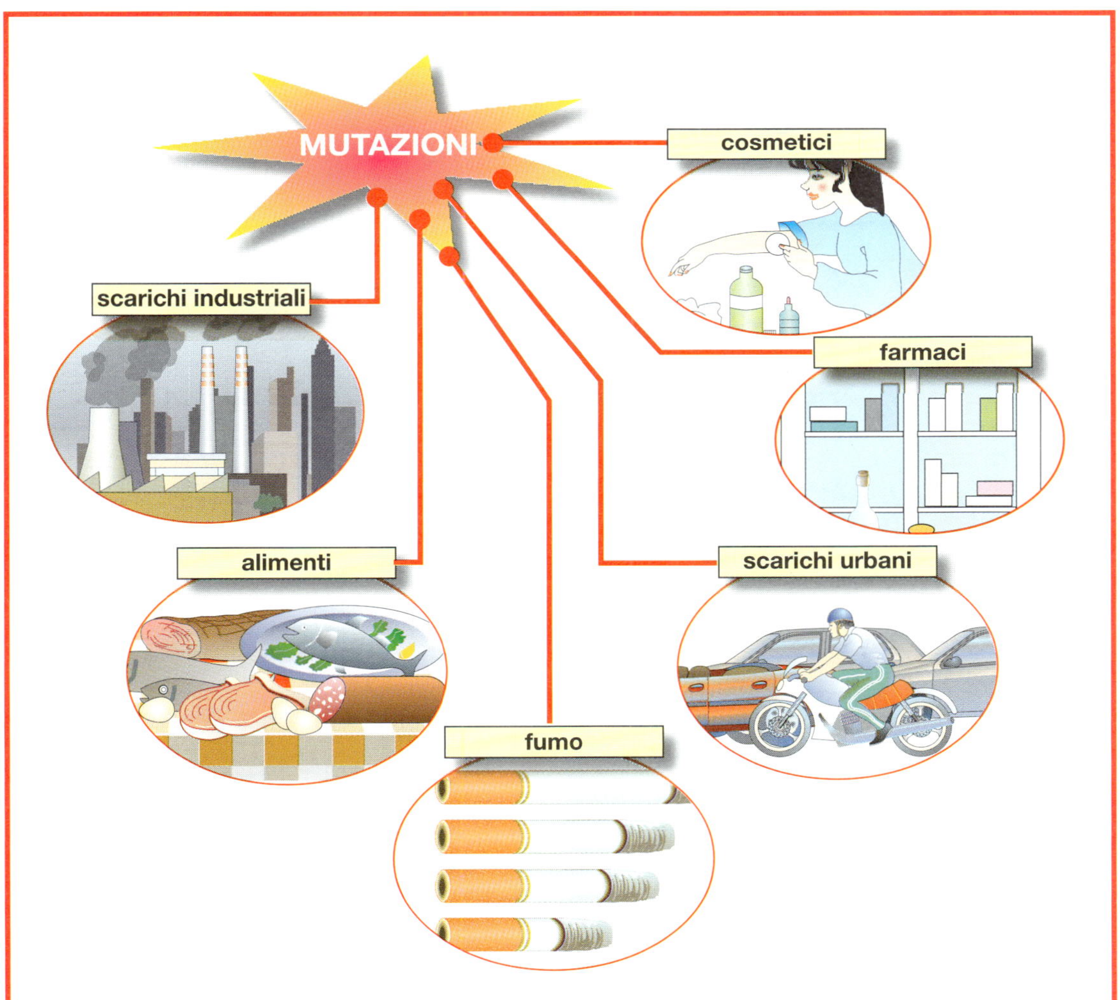

Decifrato il "genoma umano"

1953 due scienziati americani **James Watson** e **Francis Crick** scoprono la struttura a doppia elica del DNA.

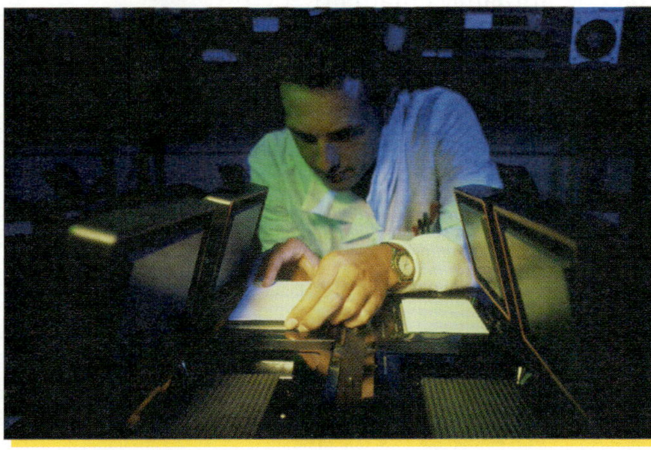

1990 **nasce l'ingegneria genetica.**

1992 vengono decifrati alcuni geni umani; lo scienziato italiano Renato Dulbecco dirige il progetto "**genoma umano**".

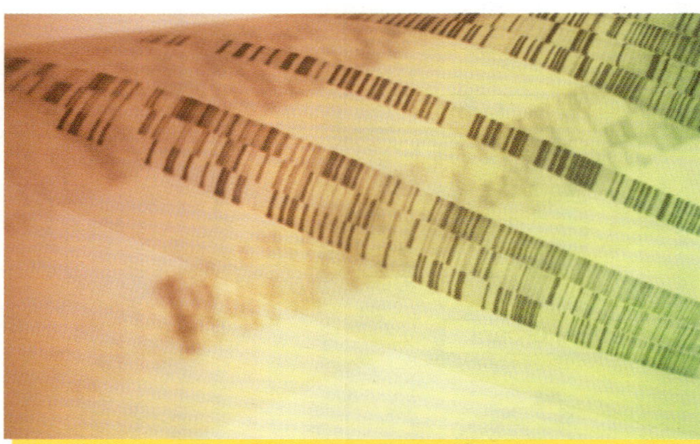

2000 è stato decifrato tutto il DNA umano.

Sono le tappe fondamentali della scienza nel campo della biologia. Perché? Che cosa rappresentano?
La scoperta del DNA, della struttura dei geni e della loro funzione ereditaria, ma soprattutto la scoperta dell'**universalità del codice genetico**, cioè del fatto che un determinato gene codifica una stessa proteina in qualsiasi essere vivente, hanno fatto nascere l'idea di poter modificare il codice genetico di un organismo intervenendo artificialmente sul suo DNA. In altre parole, è maturata l'idea di "trapiantare" pezzi di DNA.
Nasce da questa idea l'**ingegneria genetica**, che rende possibile modificare il patrimonio genetico di una specie intervenendo direttamente sul suo genoma.

Il genoma umano, frutto di un'evoluzione durata alcuni miliardi di anni, era del tutto sconosciuto fino a pochi decenni fa, ma il progetto "**genoma umano**" si è prefissato proprio la lettura completa del DNA dell'uomo, cioè la conoscenza esatta della sequenza di tutte le basi azotate che compongono i suoi 46 cromosomi.

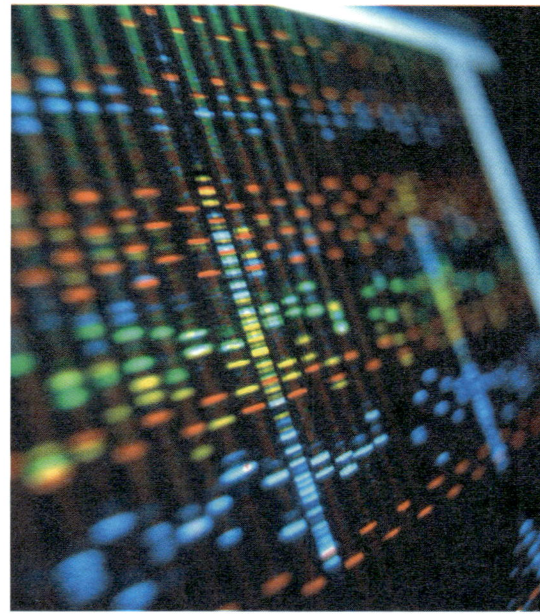

Così appare al computer la sequenza dei tre miliardi di basi chimiche che compongono il DNA umano.

E il 6 aprile del 2000 ha inizio l'**era genomica**, un'equipe di scienziati americani annuncia ufficialmente che: "**il libro della vita della nostra specie è in stampa**", l'intero patrimonio genetico umano è stato decodificato.

Scoprire la composizione e i meccanismi di funzionamento dei vari geni sarà un mezzo straordinario per comprendere, innanzi tutto, i processi di sviluppo della vita; inoltre, darà la possibilità di prevenire, curare, o quanto meno controllare, un gran numero di malattie. I geni, infatti, non sono soltanto responsabili del sesso di un individuo o del colore dei suoi occhi, ma possono essere la causa di molte malattie, come il cancro, il morbo di Parkinson, la sindrome di Down e perfino alcune patologie cardiache.

Inizia adesso la fase più affascinante di questa ricerca: risalire alle funzioni di ciascun gene. Quando tale obiettivo sarà raggiunto, nei primi anni di questo nostro secolo, sarà un evento storico, una delle scoperte scientifiche che verrà ricordata attraverso i secoli, perché il codice genetico dell'uomo è di fondamentale importanza per il futuro della medicina.
La possibilità di capire l'**origine genetica delle più diverse malattie** sarà il risultato più importante perché consentirà ai medici di determinare le variazioni genetiche che rendono una persona suscettibile di sviluppare una certa malattia.
Inoltre, si potrà stabilire una **nuova definizione delle malattie**, centrata sui difetti genetici che ne sono alla base, piuttosto che sui sintomi come avviene ora.
Anche la decifrazione del genoma di microrganismi come i batteri potrà rivoluzionare la ricerca medica.
I batteri infettivi, come abbiamo visto, si evolvono continuamente mettendo in atto sotterfugi per contrastare le difese del nostro organismo e l'azione degli antibiotici, che infatti perdono progressivamente di efficacia nel tempo.
Decifrare il genoma dei batteri sarà come scoprire i loro futuri piani di attacco e ciò consentirà di **creare nuove categorie di farmaci e nuovi tipi di cura**.

Super computer analizzano le sequenze del DNA.

L'ingegneria genetica

Modificare il patrimonio genetico di una specie intervenendo direttamente sul suo genoma. È da questa idea, come abbiamo visto, che nasce l'**ingegneria genetica**, che rende possibile tale operazione con una tecnica detta "**tecnologia del DNA ricombinante**".
Con questa tecnica, infatti, possono essere create nuove sequenze di DNA, combinando insieme geni appartenenti a organismi diversi sia della stessa specie sia di altre specie. L'individuo nel quale viene introdotto il DNA estraneo è detto **transgenico**; esso, oltre alle caratteristiche proprie della sua specie, presenta quelle determinate dal gene ospite.
Ma in che modo viene attuata questa tecnica?

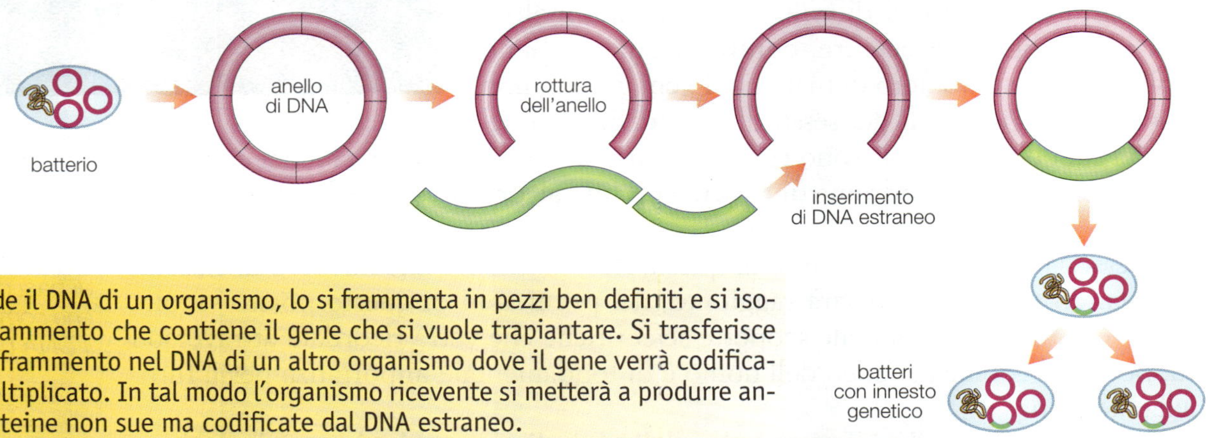

Si prende il DNA di un organismo, lo si frammenta in pezzi ben definiti e si isola un frammento che contiene il gene che si vuole trapiantare. Si trasferisce questo frammento nel DNA di un altro organismo dove il gene verrà codificato e moltiplicato. In tal modo l'organismo ricevente si metterà a produrre anche proteine non sue ma codificate dal DNA estraneo.

Inizialmente questa tecnica è stata applicata solo sui microrganismi, in particolare sui batteri. È in questo modo che si sono ottenuti ceppi di batteri capaci di produrre l'**insulina**, l'ormone secreto dalle isole di Langerhans del pancreas il cui compito è regolare il livello degli zuccheri nel sangue e la cui assenza o insufficienza determina il **diabete**. Nello stesso modo sono stati creati ceppi di batteri in grado di produrre ormoni, enzimi, anticorpi e vaccini di enorme utilità per la salute dell'uomo.
Ciò induce a considerare l'ingegneria genetica uno strumento formidabile nelle mani dell'uomo. Sono infatti in atto sperimentazioni per arrivare a sostituire nell'uomo i geni "difettosi" responsabili delle malattie ereditarie con geni "sani"; a questo insieme di tecniche si dà il nome di **terapia genica**.
È doveroso a questo punto chiedersi: "È moralmente accettabile la manipolazione dei geni umani? Quali possono essere le conseguenze dell'introduzione in natura di geni e di specie ottenuti in laboratorio?".

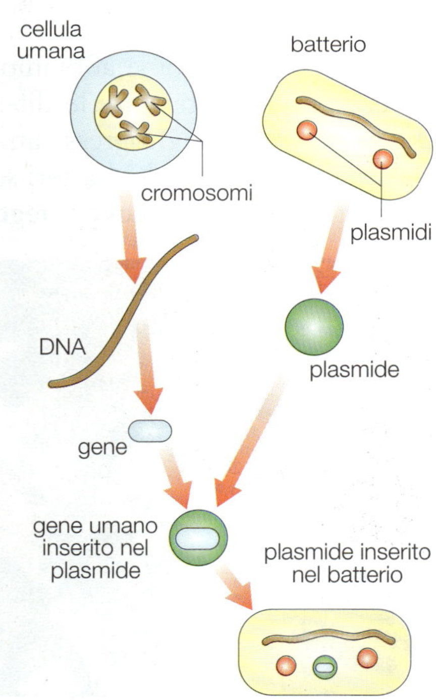

Nessuno può rispondere attualmente a quest'ultima domanda, ma poiché non si può fermare il progresso scientifico e tecnologico, è auspicabile che ricerca e sperimentazione vengano svolte con estremo senso di responsabilità civile e morale da parte degli scienziati di tutto il mondo, per non rischiare di alterare il fragile equilibrio della natura raggiunto dopo miliardi di anni di evoluzione.

Notizie e curiosità scientifiche

Il muro del suono

Hai sentito parlare di "**muro del suono**", di "**bang sonico**" e di "**aerei supersonici**"? Ti sarà capitato di sentire un improvviso boato che ha fatto tremare i vetri di casa tua e avrai capito che si trattava di un aereo supersonico, così veloce che non sei riuscito neppure a vederlo.
Perché si dice che quell'aereo è "**supersonico**"? E come mai genera quell'enorme boato che viene detto "**bang sonico**"?

Il rumore di un aereo si propaga ovviamente in tutte le direzioni, compresa quella lungo la quale avanza l'aereo stesso. Se la velocità di quest'ultimo è inferiore a quella del suono, le onde sonore precedono l'aereo e se ne allontanano senza creare particolari problemi.

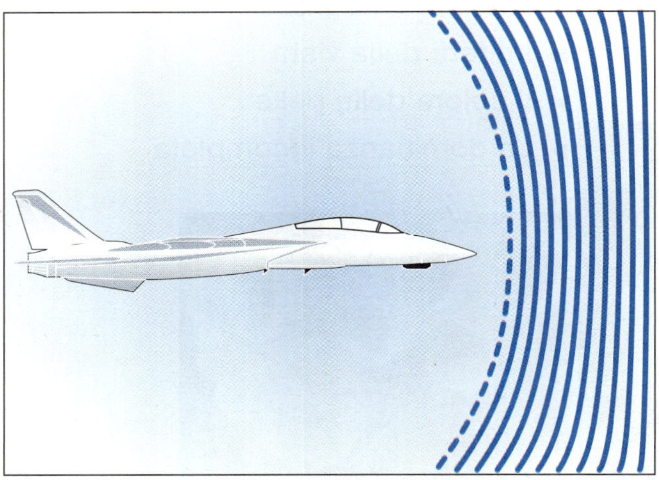

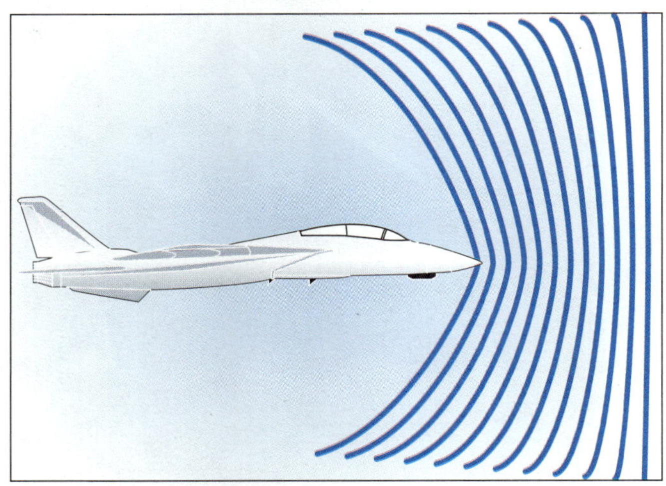

Se l'aereo è **supersonico**, ha cioè una velocità maggiore di quella del suono nell'aria, le onde sonore meno veloci formano davanti a esso una barriera, detta **barriera** o **muro del suono**, tanto più densa quanto maggiore è la velocità.
Quando l'aereo supera la velocità del suono, infrange questo muro provocando forti perturbazioni che noi percepiamo come un immenso boato, detto **bang sonico**.
Se l'aereo vola a bassa quota, il bang sonico ha un'intensità elevatissima che supera la soglia del dolore ed è in grado di frantumare i vetri, di rovinare gli intonaci ecc.

La velocità di questi aerei supersonici si misura in **Mach**, **Mach 1 corrisponde** alla velocità del suono nell'aria, cioè a 340 m/s ovvero **a 1220 km/h**.
I moderni aerei militari spesso viaggiano a velocità superiori a Mach 2, questo permette loro di arrivare sui bersagli prima che possa giungervi il rumore dei loro motori, evitando così di essere avvistati.

Risonanze pericolose

Il fenomeno risonanza causa, come abbiamo visto, le vibrazioni dei vetri della finestra sotto la quale è ferma una macchina con il motore acceso.

Ma c'è di più, per risonanza i vetri possono andare addirittura in frantumi nello stesso modo in cui va in frantumi un bicchiere di vetro nelle immediate vicinanze di un cantante che a voce alta fa un acuto della stessa frequenza della frequenza naturale del bicchiere.

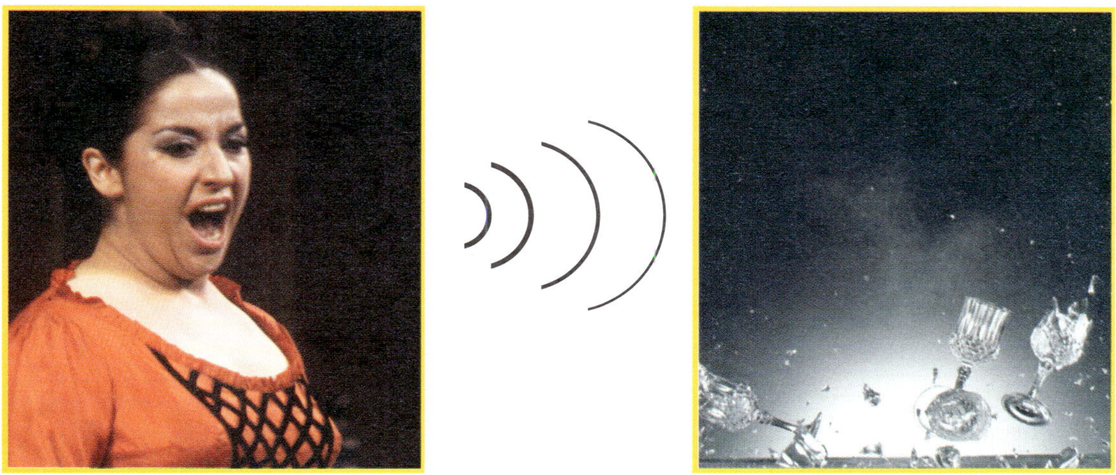

Lo stesso fenomeno con la stessa modalità può far crollare un ponte.
Nel 1940 negli Stati Uniti un forte vento mandò in risonanza il Tacoma Bridge che, alle enormi vibrazioni, crollò.

Sono crollati ponti anche al passaggio di un reparto militare che con il suo passo cadenzato, entra in risonanza con il ponte. Quando un reparto militare deve attraversare un ponte sospeso infatti, gli si fa rompere il passo.

La sequenza mostra il crollo del Tacoma Bridge a seguito delle enormi vibrazioni prodotte dalla risonanza.

La riflessione totale

Parlando della rifrazione abbiamo visto che, quando il raggio luminoso passa da una sostanza di densità maggiore a una sostanza di densità minore, come nel caso acqua-aria, il raggio rifratto si allontana dalla perpendicolare alla superficie di separazione dei due mezzi nel punto di incidenza.

Osserva che cosa succede al raggio rifratto quando il raggio incidente proveniente dall'acqua forma un angolo di incidenza via via maggiore.

Aumentando l'ampiezza dell'angolo di incidenza si arriverà a un'ampiezza tale che l'angolo di rifrazione sarà di 90°. Il raggio rifratto risulterà in questo caso adagiato sulla superficie di separazione dei due mezzi, cioè sulla superficie dell'acqua. L'angolo di incidenza per cui ciò si verifica viene detto **angolo limite** della rifrazione.

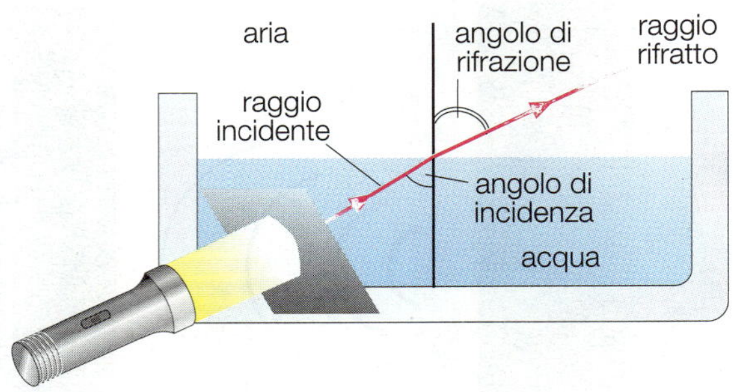

Se l'angolo di incidenza supera tale valore, non si ha più il fenomeno della rifrazione. Il raggio incidente non viene rifratto ma completamente riflesso. Tale fenomeno prende il nome di **riflessione totale**.

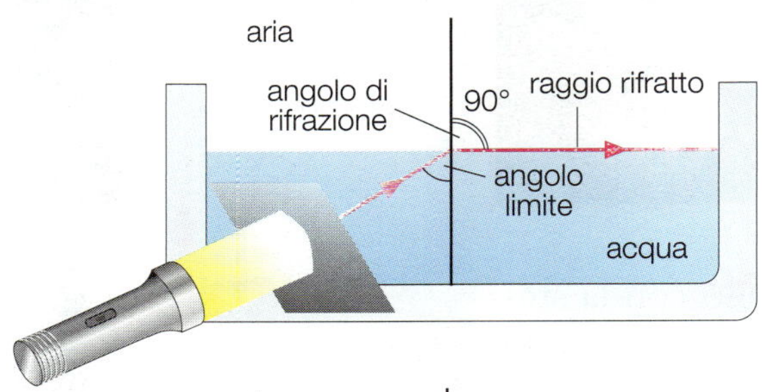

Il fenomeno della riflessione totale viene sfruttato nelle **fibre ottiche**.
Sai cosa sono? Sono dei sottilissimi tubi di vetro o di altro materiale trasparente lungo i quali, per riflessione totale, è possibile far propagare la luce.

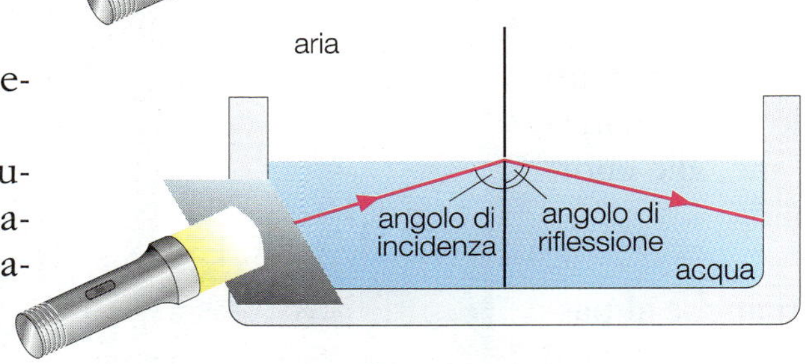

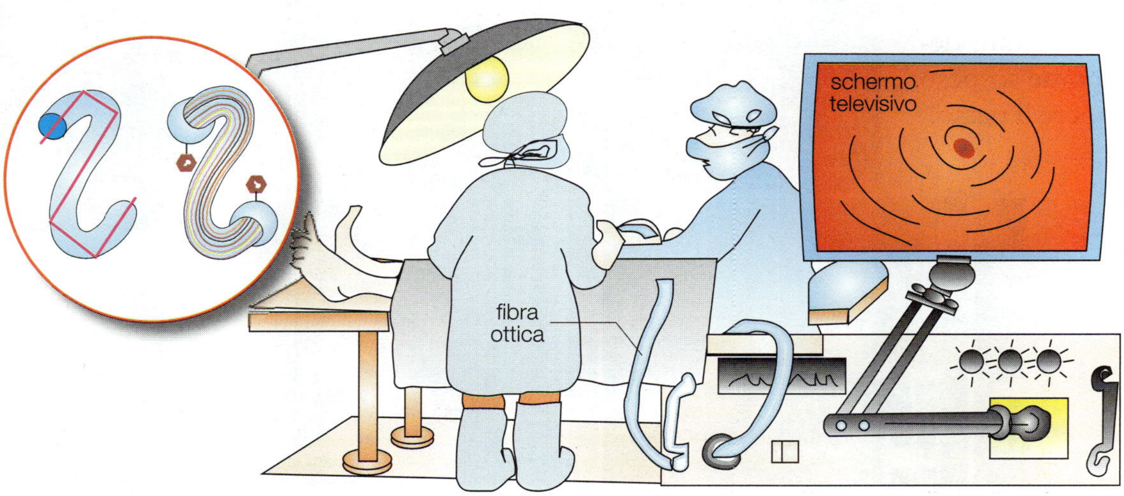

Le fibre ottiche vengono utilizzate dai medici per osservare l'interno del corpo umano.

Miraggio e fata morgana

In una calda giornata d'estate stiamo percorrendo una strada dall'asfalto caldissimo e… due strane visioni potrebbero colpire i nostri occhi.
Un'automobile riflessa sull'asfalto come in una pozzanghera che non esiste, la strada che si innalza nell'aria come riflessa sull'atmosfera.
Che cosa sta succedendo?
Semplicemente due strani effetti visivi dovuti alla riflessione totale dei raggi luminosi che prendono il nome rispettivamente di **miraggio** e **fata morgana**.

- Il **miraggio**, tipico fenomeno dei deserti, è causato dalla riflessione totale della luce che arriva ai nostri occhi attraversando strati d'aria di diversa densità, molto caldi e quindi meno densi quelli più vicini al suolo e più freddi e quindi più densi quelli più alti.
  In questo caso l'osservatore vede l'immagine, la palma, riflessa sulla sabbia; e poiché si riflette anche il cielo, la vede come in una pozza d'acqua di un'oasi.

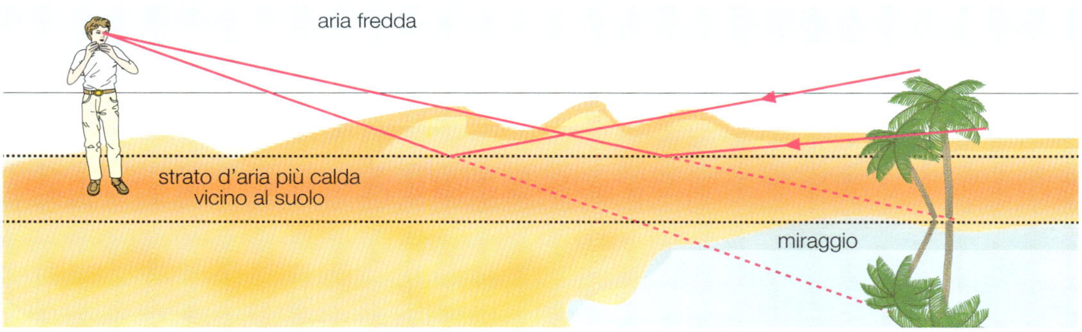

- La **fata morgana** è causata sempre dalla riflessione totale quando però si inverte la situazione degli strati d'aria, più caldi e quindi meno densi quelli alti e più freddi e quindi più densi quelli più vicini al suolo.
  In questo caso i raggi provenienti da un oggetto vengono riflessi totalmente e la visione che ha un osservatore è dell'oggetto sospeso nell'aria e capovolto.

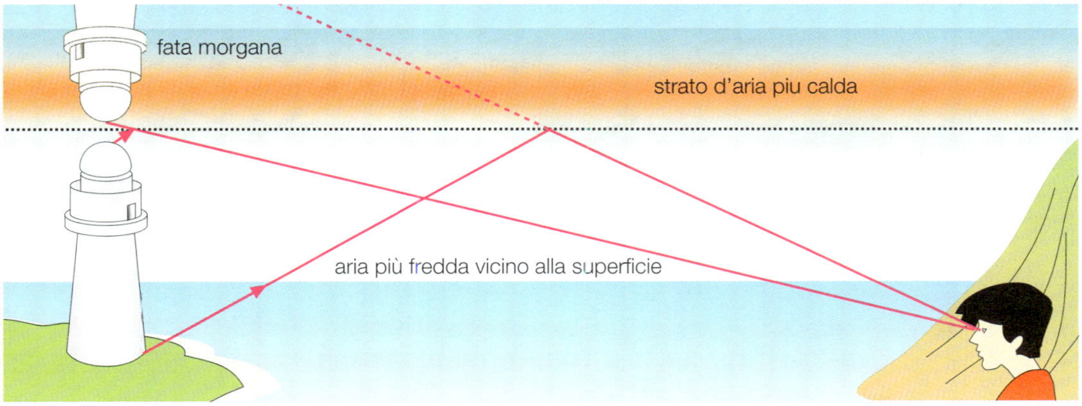

I fusi orari

Quando sono le cinque a Roma, sono le cinque anche a Mosca e a Rio de Janeiro? No, come sicuramente sai, in uno stesso momento, l'ora non è uguale in tutto il mondo. Perché?
A causa del moto di rotazione della Terra, il Sole "viaggia da est a ovest" passando sopra i vari meridiani. Le località che sono situate sullo stesso meridiano vedono il Sole nella stessa posizione e nello stesso momento, per esempio a mezzogiorno.
In quello stesso momento, nelle località un meridiano più a est il Sole è "già passato" e sarà più tardi di mezzogiorno. Allo stesso modo, nelle località un meridiano più a ovest, il Sole "non è ancora passato" e sarà un po' prima di mezzogiorno.
Solo le località situate sullo stesso meridiano hanno quindi lo stesso orario.

In teoria, quindi, ogni volta che ci muoviamo verso est o verso ovest, anche in luoghi abbastanza vicini tra di loro, dovremmo spostare avanti o indietro le lancette del nostro orologio. Per evitare questo problema, la superficie terrestre è stata divisa, convenzionalmente, in 24 spicchi, detti **fusi orari**, comprendenti ciascuno 15 meridiani, e si è convenuto che le località comprese nello stesso fuso orario abbiano la stessa ora, uguale a quella che effettivamente c'è in corrispondenza del meridiano centrale del fuso.

Come puoi vedere nella cartina dei fusi orari, passando da un fuso all'altro si aggiunge un'ora se si va verso est, si toglie invece un'ora se si va verso ovest.
Nel suddividere la Terra nei 24 fusi orari, si è fatto in modo che il primo fuso considerato fosse quello avente come meridiano centrale il **meridiano di Greenwich** e quindi il suo antimeridiano, situato dalla parte opposta della Terra, rappresenta **la linea del cambiamento di data**: attraversando questa linea si torna indietro di un giorno se si procede verso est, si va avanti di un giorno se si procede verso ovest.

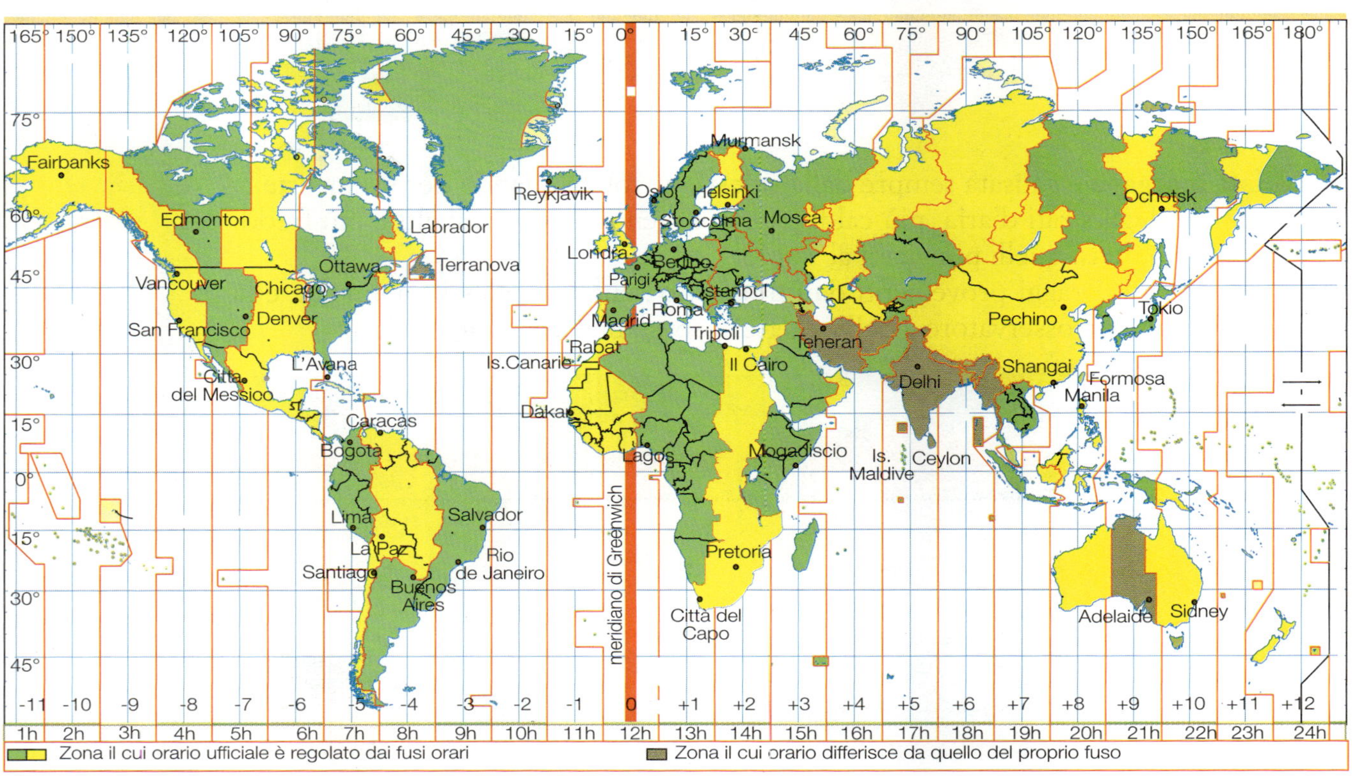

fonte: U.S. Naval Observatory

I venti

A causa delle differenze di pressione e di temperatura che si verificano in un determinato luogo e nello stesso periodo, sulla superficie terrestre si originano, come abbiamo visto, degli spostamenti di masse d'aria fredda verso masse d'aria calda, cioè i **venti**.

anemoscopio

I venti sono caratterizzati dalla direzione da cui soffiano e dalla velocità.

- La **direzione** indica la provenienza del vento riferita ai quattro punti cardinali, e viene segnalata dagli **anemoscopi** (banderuola o manica a vento).

- La **velocità**, che si esprime in metri al secondo (m/s) o in chilometri all'ora (km/h), viene misurata con gli **anemometri**.

anemometro

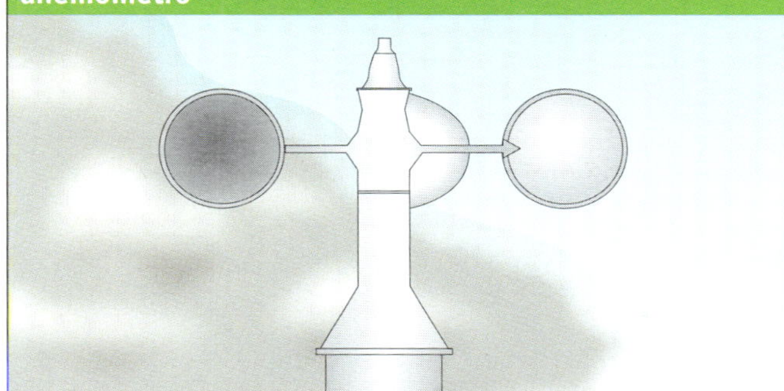

In base alla loro velocità e agli effetti che producono, i venti vengono classificati secondo la **scala di Beaufort** in 12 gradi.

Grado	Denominazione	Effetti
0	calma	il fumo sale verticalmente
1	bava di vento	il fumo si piega
2	brezza leggera	leggero movimento delle foglie
3	brezza tesa	foglie agitate
4	vento moderato	banderuole tese; si muovono i piccoli rami
5	vento teso	acque increspate; si muovono i rami maggiori
6	vento fresco	grossi rami agitati
7	vento forte	alberi agitati; difficoltà di camminare controvento
8	burrasca	rami infranti; grossi alberi moderatamente agitati
9	burrasca forte	oggetti e tegole asportati
10	burrasca fortissima	alberi sradicati o schiantati
11	fortunale-bufera	devastazioni gravi
12	uragano	devastazioni gravissime

Le nuvole

L'evaporazione dell'acqua, dovuta al riscaldamento del Sole, e la traspirazione delle piante determinano, come sai, l'**umidità atmosferica**, ovvero il vapore acqueo presente nell'aria.
Questo vapore, all'abbassarsi della temperatura, si condensa in minutissime goccioline di acqua che a noi appaiono come **nuvole** spesso simili a fiocchi di cotone, a volte piuttosto compatte, a volte stratificate, altre ancora dall'aspetto leggero e piumoso, o nero e minaccioso...

Sono i vari tipi di nuvole, osservane lo schema e alcune in particolare.

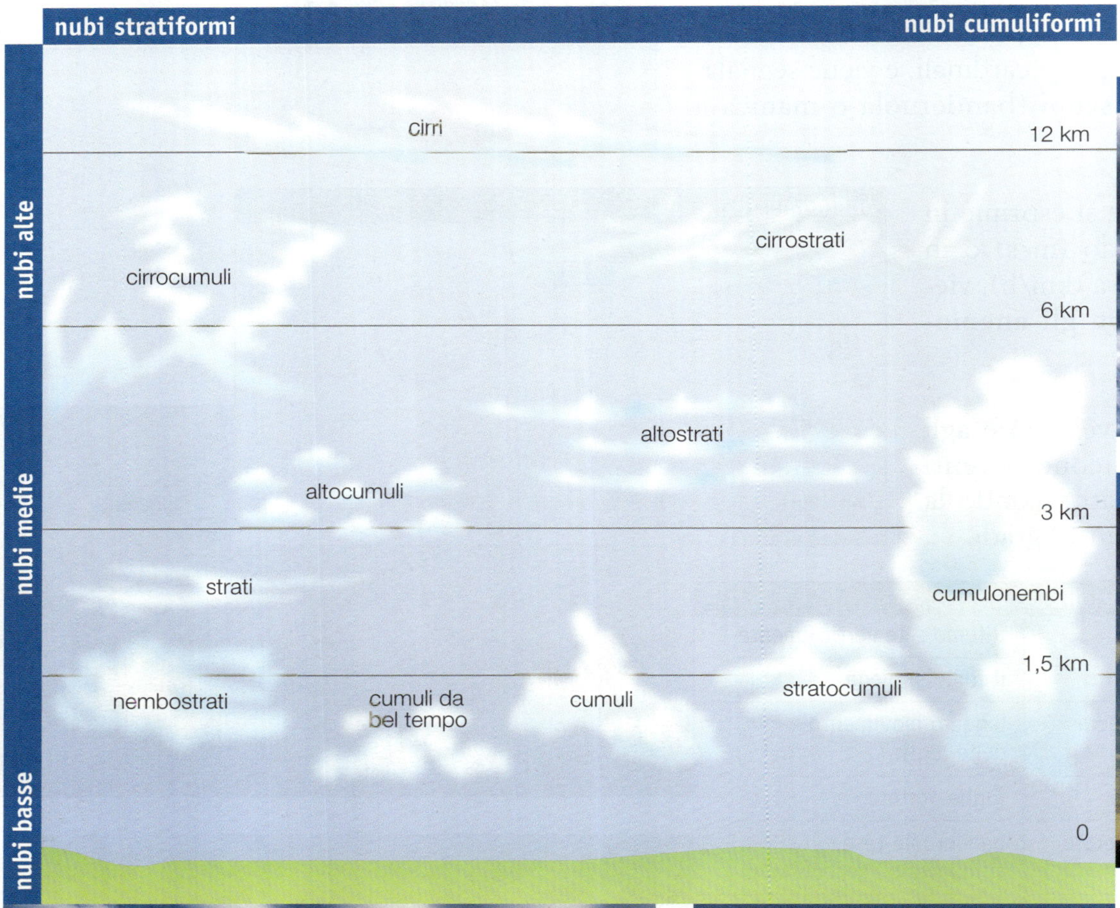

cirri

altostrati

stratocumuli

cumulonembo

Quando il nome della nuvola ha come prefisso o suffisso il termine **nembo**, si intende dire che è una nuvola che porta pioggia. Entriamo dentro un **cumulonembo**, una nube temporalesca, e osserviamola dal basso verso l'alto.

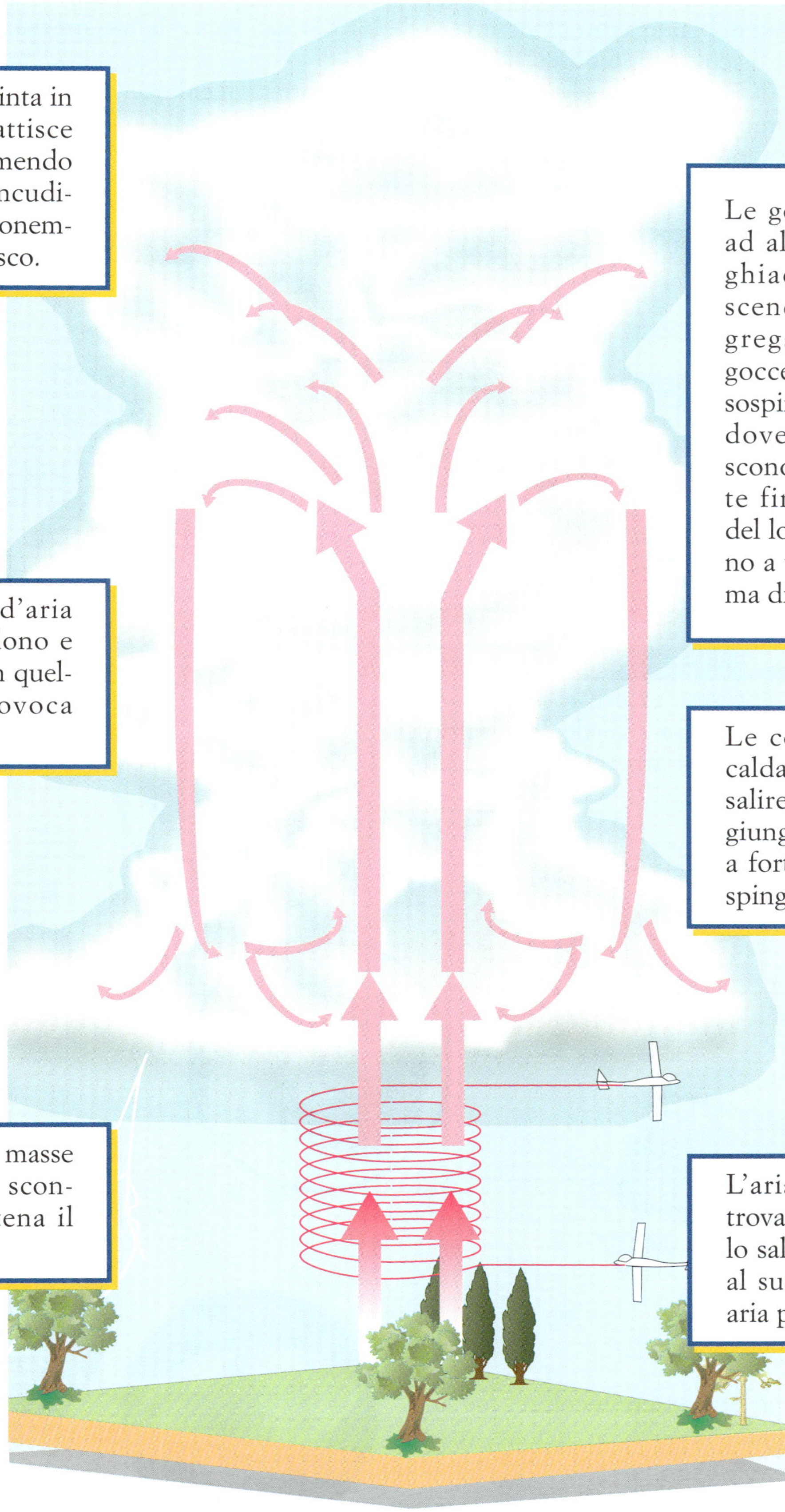

La nuvola, spinta in alto, si appiattisce in cima assumendo la forma di incudine, è il cumulonembo temporalesco.

Le gocce d'acqua, ad altezza elevata, ghiacciano, ridiscendono e si aggregano ad altre gocce. Vengono risospinte verso l'alto dove si ingrandiscono ulteriormente finché, a causa del loro peso, cadono a terra sotto forma di grandine.

Le correnti d'aria fredda scendono e l'incontro con quelle calde provoca turbolenza.

Le correnti d'aria calda continuano a salire e spesso raggiungono la nuvola a forte velocità e la spingono in alto.

A causa delle masse d'aria che si scontrano si scatena il temporale.

L'aria calda che si trova vicino al suolo sale verso l'alto e al suo posto arriva aria più fredda.

Minerali preziosi

Studiando i minerali abbiamo visto come una delle loro proprietà sia la **lucentezza**, una delle proprietà fisiche di **tipo ottico**.
Un'altra proprietà di tipo ottico è la più evidente delle proprietà, il **colore**.
In base al colore, i minerali si possono dividere in:
- **idiocromatici**, se si presentano sempre dello stesso colore;
- **allocromatici**, se possono presentarsi con colori diversi.

minerali idiocromatici

- il cinabro (rosso)
- la malachite (verde)
- la pirite (giallo-oro)

minerali allocromatici

- il corindone che può essere rosso (rubino), azzurro (acquamarina), verde (smeraldo), giallo (topazio), violetto (ametista) e blu (zaffiro)

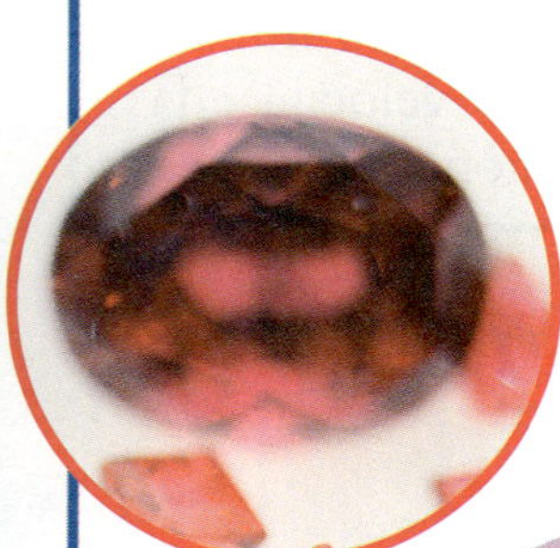

- il diamante che può essere incolore, ma anche giallo pallido, azzurro, arancione, rosso e bruno

Fin dai tempi più antichi alcuni minerali particolarmente belli per lucentezza o colore sono stati usati come oggetti di ornamento. Alcuni minerali, per la loro naturale e incomparabile bellezza, sono diventati "**pietre preziose**" o "**minerali nobili**".

Un minerale naturale è considerato una **pietra preziosa** se possiede almeno queste tre qualità: **bellezza**, **durezza** e **rarità**. Una pietra preziosa è bella se possiede **lucentezza**, **trasparenza**, **limpidezza** e **colore smagliante** o, se è incolore, se **risplende "come una stella"**.

Diamanti, le più pregiate fra le pietre preziose.

Pietre preziose favolose si trovano nei musei di tutto il mondo o incastonate nelle corone reali. Alcuni diamanti sono molto famosi, osserva.

Il **diamante Hope**, proveniente dall'India, di uno stupendo colore azzurro. Acquistato nel XIX secolo dal banchiere inglese Hope, dopo aver cambiato vari proprietari, si trova adesso al Museo di Washington.

Il **diamante dei Sultani** formato da una grossa gemma e contornata da altre più piccole. È conservato nel tesoro del Museo di Topkapi a Istanbul.

Il **diamante Cullinan**, o Stella d'Africa, fu donato al re Edoardo VII d'Inghilterra. Leggermente tendente all'azzurro, fu tagliato in nove diamanti che attualmente fanno parte del Tesoro della Corona d'Inghilterra. I primi due sono i più grossi diamanti esistenti al mondo.

La Luna, il nostro satellite

La **Luna** è l'unico satellite naturale della Terra, ha un diametro di 3476 km, un quarto circa di quello della Terra, e la sua distanza media dal nostro pianeta è di 384 000 km. Ha una forma quasi sferica, il suo suolo è desertico, formato da vaste pianure, dette **mari**, da enormi **crateri** e da **catene montuose**. È priva di acqua e di atmosfera e la sua superficie è caratterizzata da enormi sbalzi di temperatura: si passa dai –150 °C della parte non illuminata ai 130 °C di quella illuminata.

Come si è formata la Luna? Gli scienziati non ci offrono una risposta certa, ma avanzano tre ipotesi.

Ipotesi della cattura

La Luna, formatasi per aggregazione di particelle cosmiche lontano dalla Terra, vagava nello spazio ed è stata "catturata" dal campo gravitazionale del nostro pianeta.

Ipotesi dell'aggregazione

La Luna deriva dall'aggregazione di particelle cosmiche che circondavano la Terra durante le prime fasi di formazione del Sistema Solare.

Ipotesi del distacco

La Luna si è formata in seguito al distacco di una porzione di massa terrestre quando questa era ancora allo stato liquido.

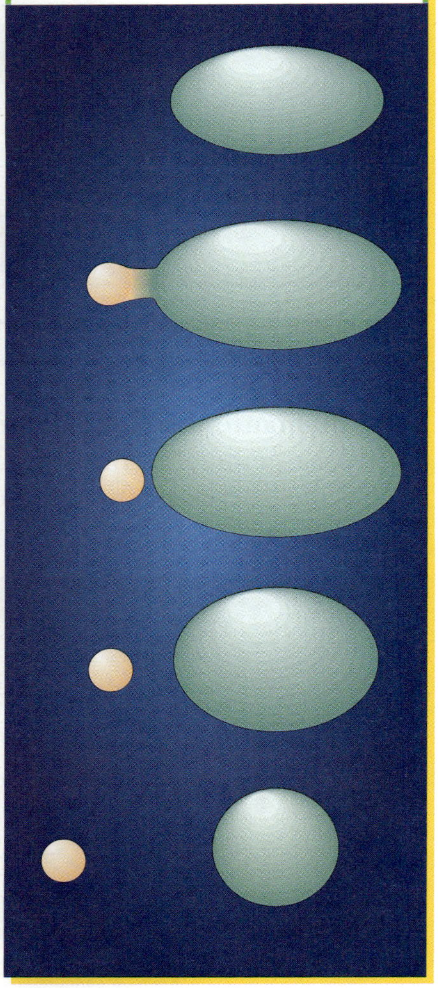

La Luna ruota su se stessa intorno al proprio asse, **moto di rotazione**, da ovest verso est, in 27 giorni 7 ore e 45 minuti.
Essa ruota anche intorno alla Terra, **moto di rivoluzione**, descrivendo un'orbita ellittica di cui la Terra occupa uno dei fuochi.
Il punto di minima distanza dalla Terra è detto **perigeo**, quello di massima distanza è detto **apogeo**. Il periodo di rivoluzione, uguale a quello di rotazione (27 giorni 7 ore e 45 minuti), è detto **mese sidereo** e rappresenta il tempo necessario perché la Luna ritorni nella stessa posizione rispetto alle stelle. Esiste anche il **mese lunare**,

di 29 giorni 12 ore e 44 minuti, che rappresenta il tempo necessario perché la Luna ritorni nella stessa posizione rispetto al Sole. Poiché il periodo di rotazione è uguale a quello di rivoluzione, la Luna mostra alla Terra sempre la stessa faccia, ma in maniera diversa nell'arco del mese lunare, in quanto cambiano le dimensioni della parte di Luna che il Sole illumina e che noi riusciamo quindi a vedere.
Gli aspetti differenti della Luna sono detti fasi lunari; le quattro **fasi lunari** durano circa una settimana ciascuna.

1) Novilunio o Luna nuova
La Luna si trova tra la Terra e il Sole ed è invisibile, perché ci mostra la faccia buia.

2) Primo quarto
Sole e Luna si trovano a 90° rispetto alla Terra; noi vediamo solo un quarto di Luna perché il Sole illumina soltanto una metà della faccia visibile.

3) Plenilunio o Luna piena
La Terra si trova tra il Sole e la Luna e quest'ultima ci mostra quindi completamente la faccia illuminata dal Sole.

4) Ultimo quarto
Sole e Luna si trovano nuovamente a 90° rispetto alla Terra, quindi possiamo vedere ancora solo un quarto di Luna.

Osservale.

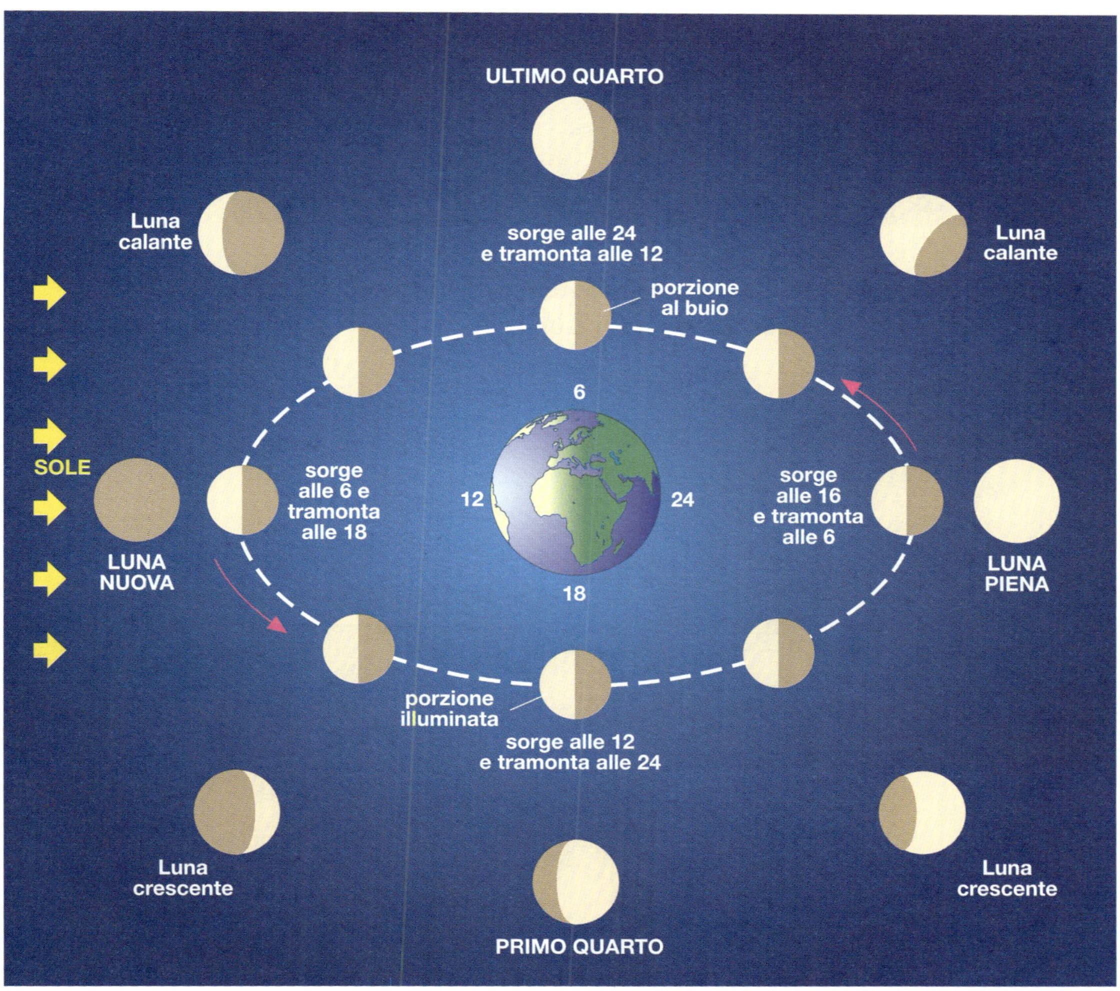

Che cosa è un'eclissi?

La Terra e la Luna, come abbiamo visto, non brillano di luce propria, ma sono visibili in quanto illuminate dal Sole e, come tutti i corpi opachi illuminati, proiettano la loro ombra dalla parte opposta a quella illuminata.
Ciò fa sì che tutte le volte che Terra, Luna e Sole sono perfettamente allineati, l'ombra della Terra copre parzialmente o completamente la Luna o l'ombra della Luna copre parzialmente o completamente il Sole.

Tutti i punti della Terra che si trovano nel cono d'ombra assisteranno quindi a un oscuramento parziale o totale della Luna, **eclissi di Luna**, o del Sole, **eclissi di Sole**.

- Si ha un'**eclissi di Luna** quando in fase di plenilunio la Terra viene a trovarsi perfettamente allineata tra il Sole e la Luna e oscura quest'ultima con la sua ombra. In base alla distanza Terra-Luna e alla lunghezza del cono d'ombra, la Luna può trovarsi completamente o solo parzialmente dentro il cono d'ombra della Terra.

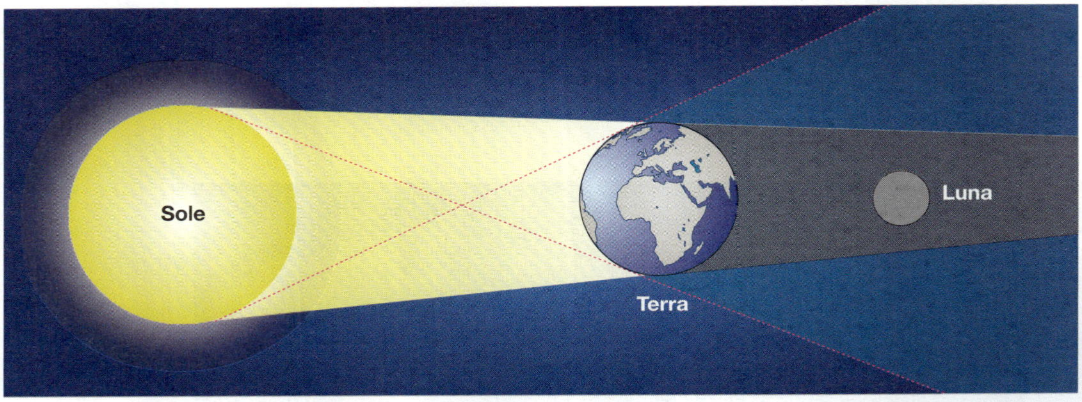

Nel primo caso l'oscuramento è totale e si ha un'**eclissi totale di Luna**, nel secondo caso l'oscuramento è parziale e si ha un'**eclissi parziale di Luna**.

eclissi lunare totale

eclissi lunare parziale

- Si ha un'**eclissi di Sole** quando in fase di novilunio la Luna viene a trovarsi perfettamente allineata tra la Terra e il Sole e oscura quest'ultimo con la sua ombra.

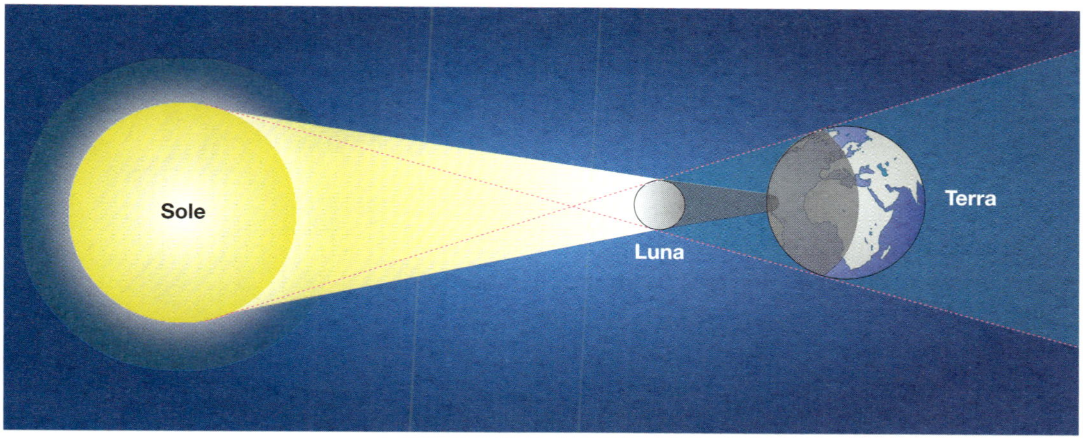

Sempre in base alla distanza Terra-Luna e alla lunghezza del cono d'ombra anche l'**eclissi di Sole** può essere **totale** o **parziale**.

eclissi solare totale

eclissi solare parziale

Una versione più rara dell'eclissi totale di Sole è l'**eclissi anulare**, che avviene quando la Luna si trova alla massima distanza dalla Terra (apogeo). In questo caso la Luna non riesce a coprire completamente il Sole di cui resta visibile un anello periferico.

eclissi anulare

Dormire e sognare

Un'attività fisiologica necessaria tanto quanto nutrirsi o respirare è il dormire.
Ma cos'è il sonno? Perché dormiamo?

Il **sonno** è uno stato di alterata coscienza regolato da un centro nervoso situato nel midollo allungato; durante tale stato l'organismo perde il rapporto con il mondo circostante e, riposando, recupera le energie fisiche e mentali spese durante le varie attività quotidiane.

Il sonno, come sai, è una delle norme igieniche indispensabili al nostro sistema nervoso; un'insufficienza di sonno anche modesta può causare diminuzione della memoria, della rapidità dei riflessi e della facoltà di attenzione; la mancanza di sonno può provocare gravi malesseri, allucinazioni e, se protratta nel tempo, persino la morte.

Le ore di sonno necessarie per un riposo ottimale variano da persona a persona in base all'età, al ritmo che ciascuno imprime alla propria giornata di lavoro e alle abitudini alimentari.

Che cosa succede mentre dormiamo?
Il sonno è costituito da quattro fasi che si alternano ciclicamente; ogni ciclo completo dura circa un'ora e mezza.

La prima fase, detta di **sonno leggero**, è seguita da quella di **sonno medio** e poi da quella di **sonno profondo**.
Il periodo più lungo di sonno profondo inizia circa 20 minuti dopo che ci siamo assopiti.
Durante le tre ore successive, molti periodi di sonno profondo si alternano a periodi di sonno leggero di durata crescente.
Durante queste tre fasi si ha una riduzione del battito cardiaco, della pressione arteriosa e della temperatura corporea.
A queste tre fasi segue una quarta fase durante la quale l'organismo sembra entrare in uno stato di agitazione che coinvolge l'attività cardiaca, gastrica, respiratoria e sensoriale; è la fase **REM**, dall'inglese *Rapid Eyes Movements*, che significa "movimenti rapidi degli occhi"; in questa fase, infatti, gli occhi si muovono incessantemente sotto le palpebre.

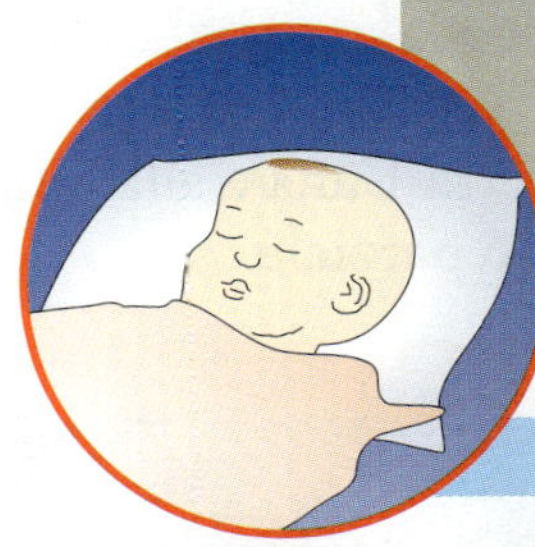

neonato 16 ore

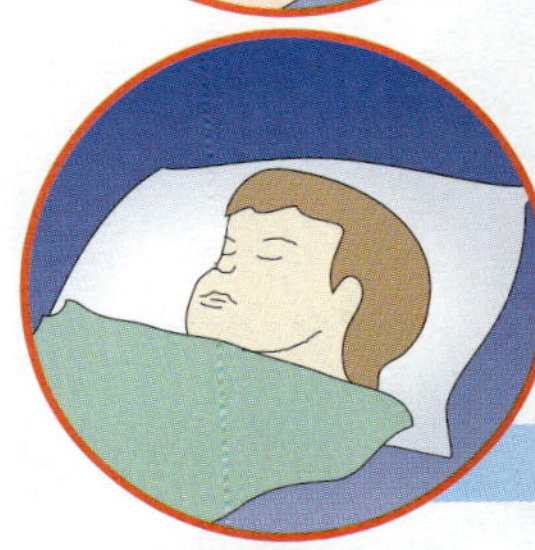

un anno 14 ore

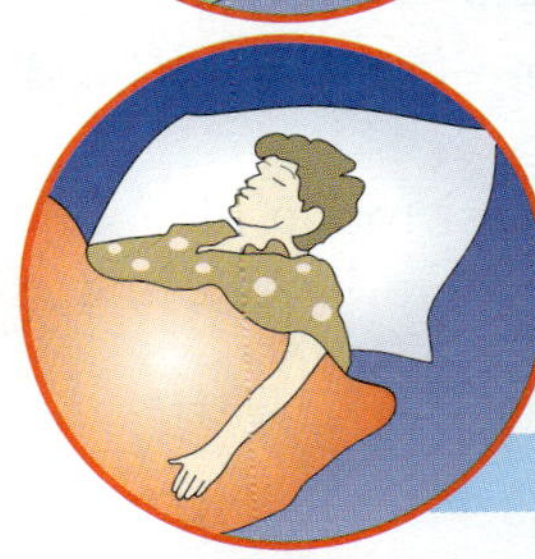

dieci anni 10 ore

adulto 8 ore

anziano 6 ore

È proprio durante la fase REM che **sogniamo**.
Poiché la durata dei sogni aumenta a mano a mano che la notte trascorre, vi sono buone possibilità che ci si possa svegliare al mattino nel bel mezzo di un sogno: in questo caso è assai probabile che si riesca a conservare un ricordo preciso di ciò che si è sognato.

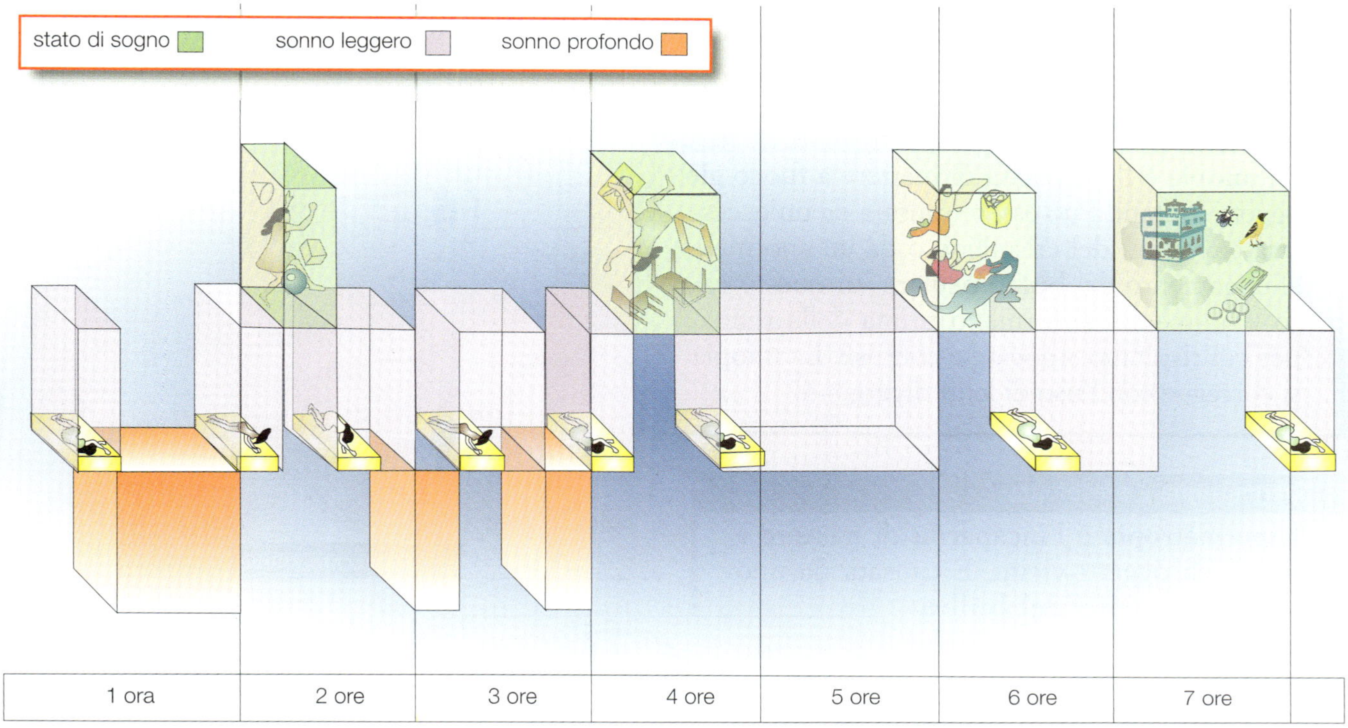

Il significato fisiologico dei sogni è ancora poco chiaro.
Si pensa che, attraverso il sogno, il cervello possa scaricare l'eccesso di informazioni che ha accumulato durante la veglia.
Ciò che è stato accertato, invece, è che un individuo tanto più sogna quanto più è giovane e intellettualmente attivo.

Che cosa sono le allucinazioni?

Le allucinazioni sono percezioni sensoriali che si verificano senza lo stimolo reale che le produce normalmente. In generale sono dovute all'uso di droghe, all'abuso di alcol, a malattie psichiche o a stress.
Quale meccanismo interno le provoca?
Secondo gli scienziati nascono da uno stimolo anormale di certe parti del cervello.
Nella normale visione, per esempio, la corteccia visiva si attiva quando arriva l'informazione, in caso di allucinazioni è la corteccia visiva che, senza alcuno stimolo, si attiva così bruscamente che l'individuo si convince di aver osservato realmente ciò che è stato visto solo dal cervello.

I difetti della vista

Un occhio perfetto, alla distanza di 20 cm, è in grado di vedere separati due punti posti a una distanza reciproca di 0,05 mm. Questa capacità è detta **acutezza visiva**. Essa può risultare ridotta per vari motivi, causando visioni non perfette, ovvero **difetti della vista**. Esaminiamo i più importanti.

miopia

La **miopia** è l'incapacità di mettere a fuoco gli oggetti lontani. Può essere causata da un'eccessiva curvatura del cristallino o da un anormale allungamento del bulbo oculare. In questo caso le immagini si formano prima della retina, per cui risultano sfuocate e confuse. La miopia si corregge con l'uso di lenti divergenti.

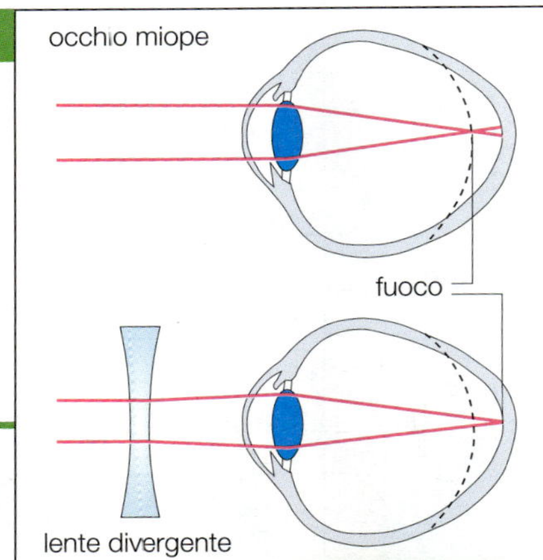

occhio miope

ipermetropia e presbiopia

L'**ipermetropia** è l'incapacità di mettere a fuoco gli oggetti vicini. È causata da uno schiacciamento del bulbo oculare. In questo caso l'immagine si forma dopo la retina e risulta sfuocata. L'ipermetropia si corregge con l'uso di lenti convergenti.

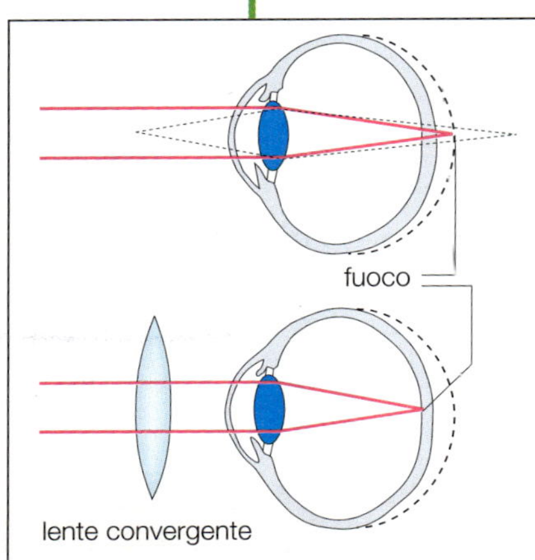

occhio ipermetrope

La **presbiopia** è l'incapacità di mettere a fuoco gli oggetti vicini per un difetto che subentra con l'età (dal greco *presbis*, "vecchio"). Con l'età infatti il cristallino perde il suo potere di accomodamento e non consente la messa a fuoco degli oggetti vicini, che risultano quindi confusi.

astigmatismo

L'**astigmatismo** è un difetto che deriva dalla curvatura anormale della cornea o del cristallino. Ciò causa una visione più o meno alterata sia degli oggetti vicini sia di quelli lontani, che appaiono sfuocati e sovrapposti. L'astigmatismo si corregge con lenti cilindriche o con la combinazione di lenti cilindriche e sferiche.

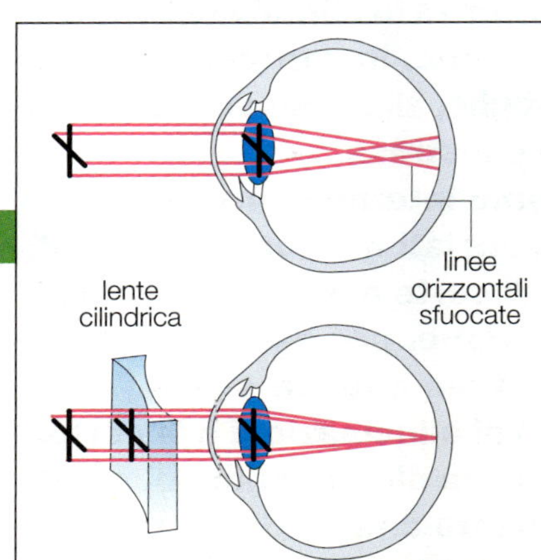

occhio astigmatico

strabismo

Lo **strabismo** è un difetto dovuto a una mancanza di sincronia dei muscoli oculari; ciò determina un alterato movimento dei globi oculari che non riescono a puntare contemporaneamente nella stessa direzione. Come conseguenza si ha la visione di due immagini distinte.

daltonismo

Il **daltonismo** è l'incapacità di distinguere i colori; questo difetto è ereditario e non può essere corretto. Se impedisce di distinguere tutti i colori, si parla di **acromatopsia**; se interessa solo alcuni colori (generalmente il rosso e il verde) si parla di **daltonismo vero**.

Se si è daltonici non si riescono a distinguere i numeri all'interno dei cerchi a fianco.

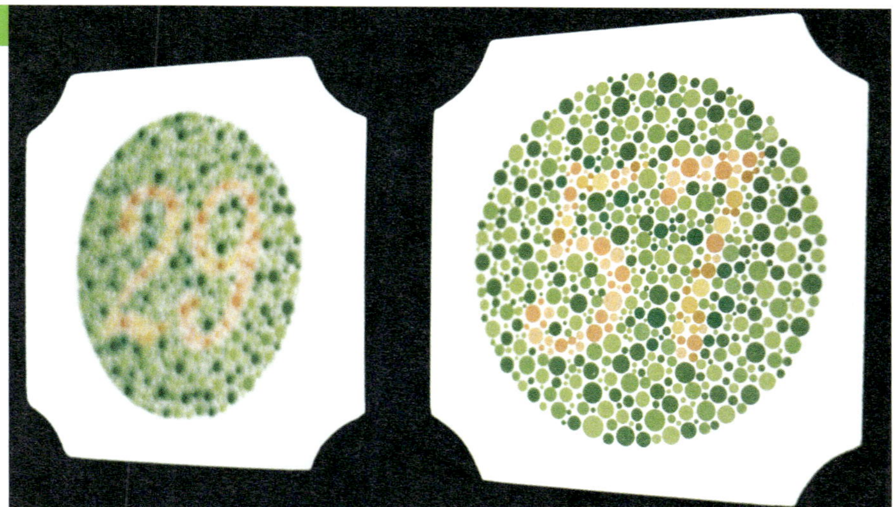

Che cosa è l'alfabeto Braille?

Possiamo parlare di alfabeto Braille come della "scrittura che si legge con il tatto". Inventato per i ciechi, come forse sai, è una particolare scrittura formata da punti in rilievo variamente disposti a seconda delle lettere che rappresentano.
Detto braille, dal nome del suo inventore Louis Braille, si legge proprio passando i polpastrelli delle dita sul foglio.

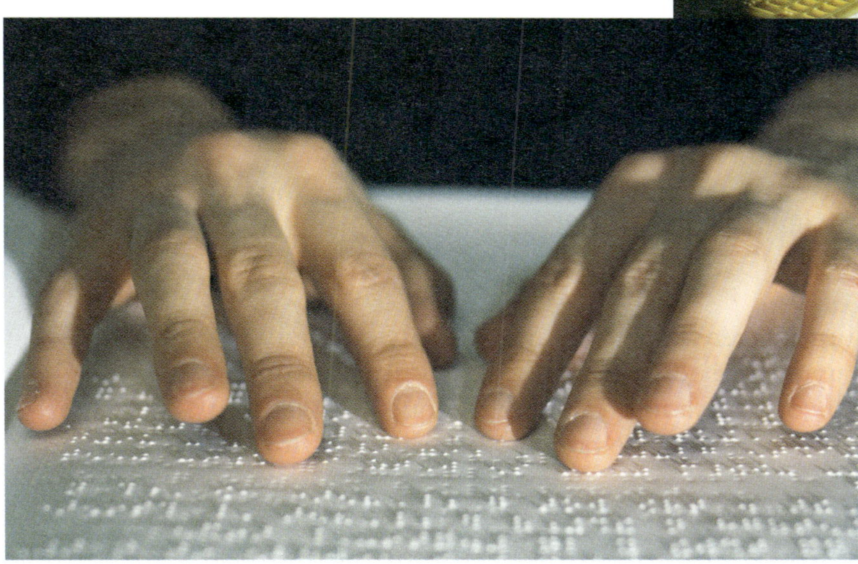

Lettere in Braille

Il colore della pelle

Una ragazza africana e una europea, un ragazzo boliviano e un indigeno australiano, ma ancora un eschimese, un indiano, un giapponese o un cinese ecc.

Se li osserviamo, notiamo un aspetto abbastanza diverso e, in particolare, ne possiamo notare il colore della pelle. Da che cosa dipende?

Il colore della pelle dipende da particolari cellule dello strato germinativo, i **melanociti**. Queste cellule, infatti, elaborano una sostanza scura, la **melanina**, che determina, a seconda della quantità in cui viene prodotta e della sua concentrazione, il colore più o meno scuro della pelle.
La pelle delle persone di razza bianca è povera di melanina, quella delle persone di razza gialla ne è un po' più ricca e la pelle delle persone di razza nera contiene quantità elevate di questo pigmento.

La melanina ha anche la funzione di proteggere la pelle dai raggi ultravioletti del Sole che potrebbero danneggiarla. Quando ci esponiamo al Sole, infatti, i melanociti, stimolati dai raggi ultravioletti, producono melanina, che assorbe queste radiazioni pericolose e conferisce alla pelle il caratteristico colore più scuro dell'abbronzatura.

Alcuni tipi di pelle, come quella dei soggetti con capelli rossi, contengono dei melanociti attivi e altri meno attivi che, a volte, causano la formazione di particolari macchioline, le **efelidi**.

La dominanza incompleta

Secondo la prima legge di Mendel, **legge della dominanza**, dagli incroci di individui omozigoti per una coppia di caratteri antagonisti, cioè uno dominante e l'altro recessivo, nascono quindi individui eterozigoti per quel carattere e in essi si manifesta il carattere dominante. Esistono però caratteri i cui alleli non sono né dominanti né recessivi ma **ugualmente dominanti**.
Che cosa succede in questo caso?

Consideriamo per esempio la "bella di notte", una pianta che per il colore dei suoi fiori non presenta caratteri antagonisti, ma caratteri ugualmente dominanti.

Se si incrociano due varietà di "bella di notte", una a fiori rossi e l'altra a fiori bianchi, nella prima generazione si otterranno tutti individui eterozigoti che presentano un carattere intermedio rispetto a quello dei genitori, cioè il carattere "fiori rosa".

In questo caso, poiché nessun carattere è dominante sull'altro, si parla di **dominanza incompleta**.

Se "impolliniamo" due individui della prima generazione, osserviamo la comparsa di piante a fiori rossi, rosa e bianchi, rispettivamente nel rapporto 1:2:1, che non è altro che il rapporto 3:1 della seconda legge di Mendel.

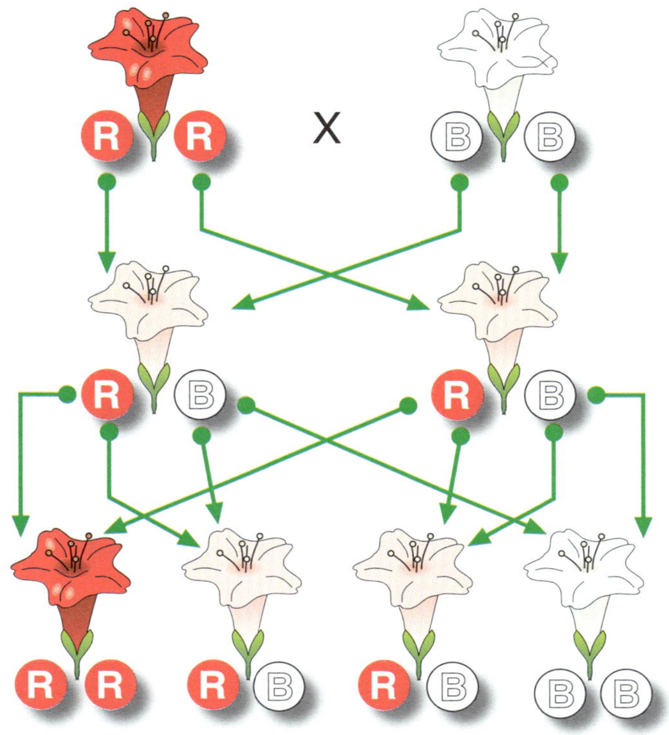

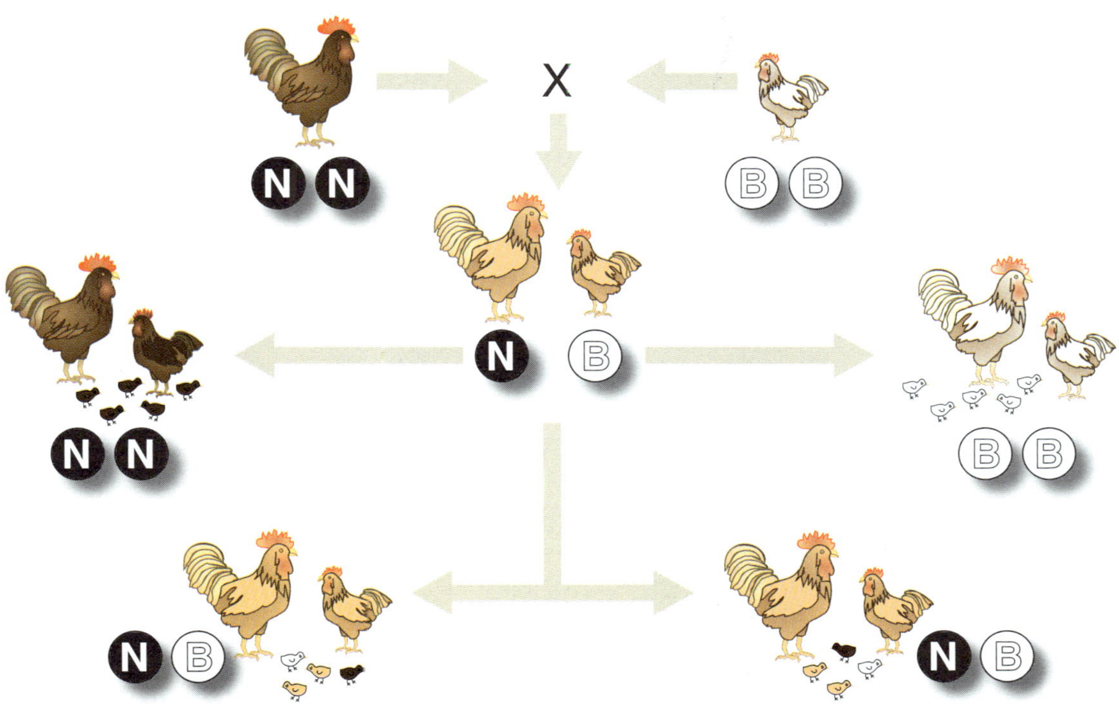

Un caso di dominanza incompleta si ha nel pollo andaluso per il colore delle penne.

Operatività

Un economico telefono

Le onde sonore si trasmettono nei vari mezzi mantenendo inalterata la loro frequenza; cambiano invece la loro intensità, che viene più o meno attenuata dal mezzo in cui il suono si propaga, e la loro velocità.
Sfruttando queste proprietà puoi costruire un telefono utilizzando, per esempio, uno spago, in cui il suono si propaga meglio che nell'aria.

Procurati due bicchieri di plastica (come quelli dello yogurt) e un pezzo di spago lungo circa 10 metri.
Fora i due bicchieri sul fondo, introduci in ogni foro un capo dello spago e fai due grossi nodi affinché lo spago non si sfili.

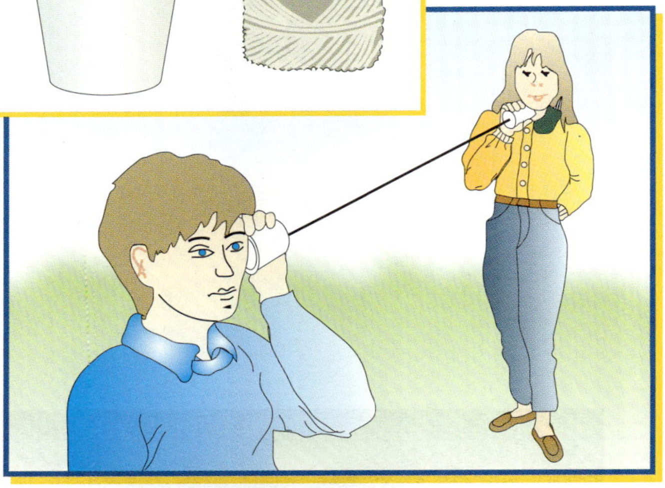

Esci all'aperto con un tuo amico e allontanati da lui finché lo spago non sia ben teso.

Fai parlare il tuo amico nel suo bicchiere a bassa voce e tu avvicina il tuo bicchiere all'orecchio: sentirai chiaramente ciò che il tuo amico dice a bassa voce a 10 metri di distanza.

Costruiamo uno stetoscopio

Sfruttando le stesse proprietà del suono utilizzate per costruire il telefono, puoi realizzare uno **stetoscopio**, lo strumento che i medici usano per "sentire" il cuore e i polmoni di una persona.

Procurati un pezzetto di tubo di plastica e un imbuto.

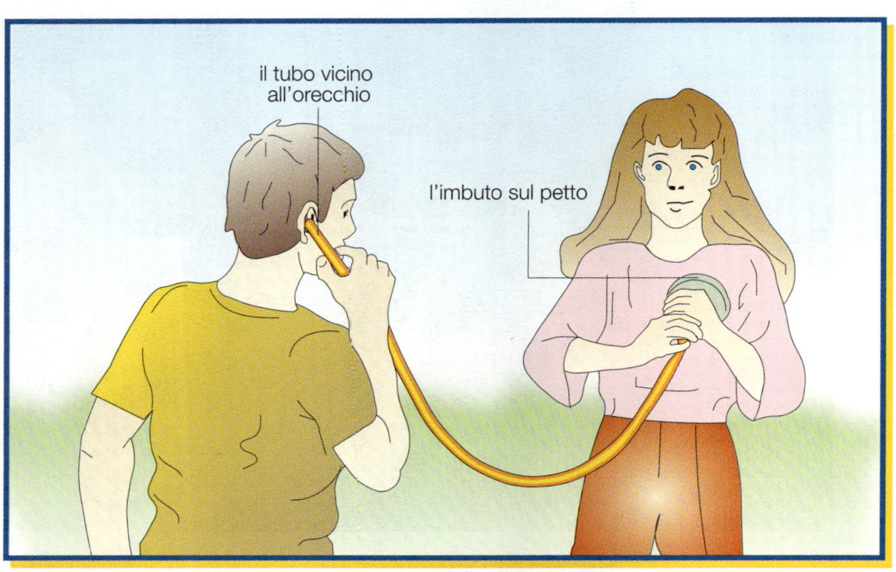

Collega con del nastro adesivo un'estremità del tubo all'imbuto e chiedi a un tuo amico di tenere l'imbuto ben appoggiato sul petto, in corrispondenza del cuore.

Avvicina l'altra estremità del tubo al tuo orecchio e ascolta: se l'ambiente è abbastanza silenzioso, sentirai i battiti del suo cuore.

Guardare senza essere visti

Per riuscire a vedere sopra la superficie dell'acqua senza dover riemergere, i sommergibili sono dotati del **periscopio**, uno strumento che sfrutta il fenomeno della riflessione della luce.

Anche tu puoi costruirne uno per osservare, per esempio, che cosa succede al di là di un muro senza essere visto.

Procurati due specchietti piani e uguali tra loro e un tubo di plastica o di cartone.

Pratica due incisioni nel tubo con un'inclinazione di 45° rispetto alla verticale del tubo.
Inserisci nelle incisioni i due specchietti con le parti riflettenti rivolte l'una verso l'altra e incollali per bene facendo attenzione che gli angoli siano esattamente di 45°: il periscopio è pronto per l'uso.

Per provarlo sistemati dietro un muro e guarda nello specchietto che sta in basso: vedrai esattamente quello che c'è al di là del muro, come se fosse all'altezza dei tuoi occhi.

Ciò è possibile perché i raggi di luce vengono riflessi di 45° dallo specchietto superiore, quindi proseguono lungo la verticale del tubo, incontrano il secondo specchietto e subiscono un'altra riflessione di 45° che li invia ai tuoi occhi.

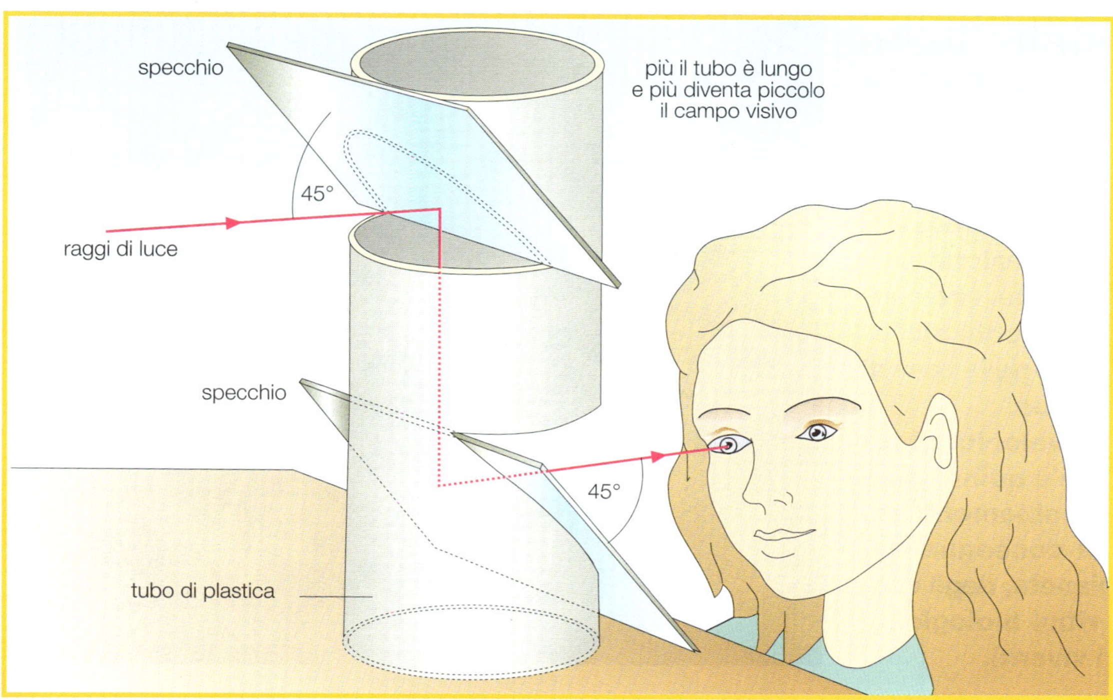

Costruiamo un telescopio

Per osservare oggetti posti a grande distanza si usa il **telescopio**, uno strumento che ingrandisce oggetti lontani sfruttando i fenomeni della riflessione e della rifrazione. Costruiamone uno, simile a quello che Newton realizzò nella metà del XVII secolo.

Procurati uno specchio concavo, un piccolo specchio piano, una lente di ingrandimento.

Metti lo specchio concavo davanti a una finestra e rivolgilo verso le stelle o la Luna.

Sistema lo specchietto piano in modo da vedere nel suo centro l'immagine riflessa dallo specchio concavo.

Guarda adesso con la lente di ingrandimento l'immagine riflessa nello specchietto e... ciò che stai "puntando" ti apparirà più grande e molto vicino.

Che cosa accadrebbe se non ci fosse la Luna?

Se non ci fosse la Luna verrebbe a mancare l'attrazione gravitazionale che essa esercita sulla Terra.

Le conseguenze sarebbero tante:

- **la scomparsa delle maree, dovute proprio all'attrazione gravitazionale della Luna, che causerebbe il cambiamento dell'ecosistema terrestre nella zona di confine terra-acqua;**
- **l'aumento della velocità di rotazione terrestre e quindi giorni più corti, cambiamenti atmosferici e, di conseguenza, del clima del pianeta, degli ecosistemi e dei ritmi biologici di tutti gli esseri viventi.**

Costruiamo un elettroscopio

Vogliamo verificare il funzionamento di un elettroscopio? Costruiamone uno usando materiali facili da reperire.

Procurati un pettine di plastica, un panno di lana, un barattolo vuoto con tappo di sughero, del filo di ferro e della carta stagnola.

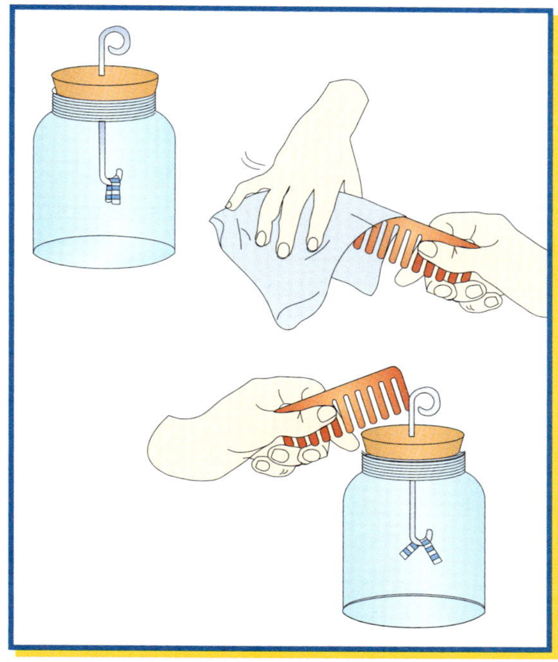

Infila il filo di ferro nel tappo di sughero, piegane un'estremità a gancio e l'altra, quella che fuoriesce dal tappo, ad anello.

Posa a cavallo del gancio una striscia di carta stagnola e chiudi il barattolo con il tappo: il tuo elettroscopio è pronto.

Strofina il pettine con il panno di lana in modo da elettrizzarlo e tocca con esso l'anello di filo di ferro del tuo elettroscopio: vedrai le due estremità della striscia di carta stagnola allontanarsi tra loro.

Il pettine ha infatti elettrizzato per contatto il filo di ferro e la striscia di carta stagnola, le estremità di questa, essendo elettrizzate dello stesso segno, si respingono.

Costruiamo una pila

Ecco come puoi costruire una semplice pila.

Procurati quattro limoni, quattro lamine di rame e quattro lamine di zinco forate a una estremità (si trovano nei negozi di ferramenta), una piccola lampadina (come quelle che metti sull'albero di Natale) e del filo elettrico.

Fai in ogni limone due tagli a circa 1 cm di distanza l'uno dall'altro e inserisci in uno dei due tagli di ciascun limone la lamina di rame e nell'altro quella di zinco, facendo in modo che le lamine non vengano a contatto.

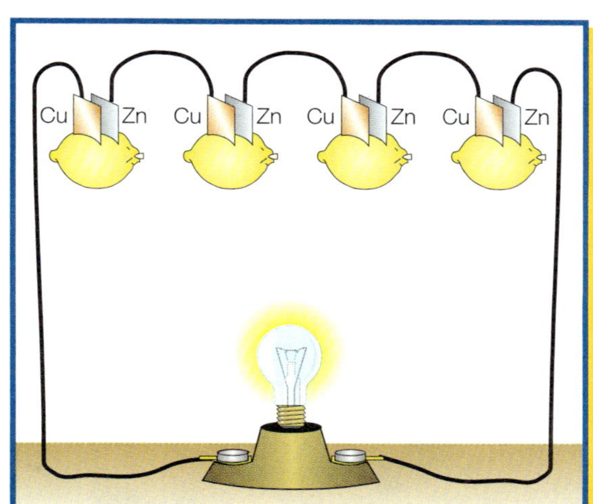

Collega le varie lamine con il filo elettrico come illustrato in figura e collega poi il filo fissato alla prima lamina di rame e quello fissato all'ultima lamina di zinco con la lampadina.

La tua pila è pronta: se la corrente che produce non è troppo debole, la lampadina si accenderà. Se la lampadina non si accende, prova a inserire altri limoni.

Costruiamo una meridiana

La meridiana, il primo orologio messo a punto dagli antichi Egizi, si basa sull'ombra proiettata dal Sole durante il suo moto apparente sulla volta celeste.
Prova a costruirne una.

Procurati un vaso di terracotta del diametro di circa 40 centimetri, un bastone di legno, un po' di plastilina e un pennarello.

Con la plastilina fissa solidamente il bastone di legno al centro del fondo del vaso e mettilo al Sole.

Con un orologio alla mano, segna sul bordo del vaso le posizioni dell'ombra del bastone alle 8, alle 10, alle 12 e così via.

La meridiana è pronta, se la lasci orientata sempre allo stesso modo, sarà il Sole a indicarti che ore sono.

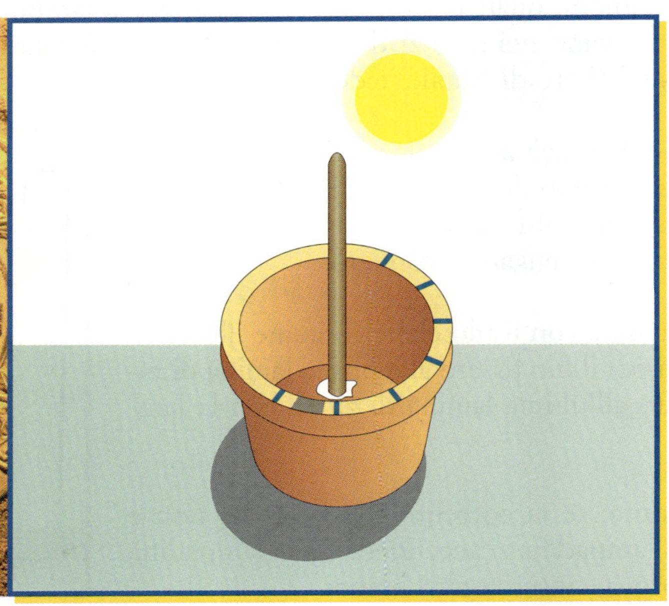

Un orologio per orientarti

Come sai, per orientarti puoi servirti di una bussola o puoi osservare il Sole che, a mezzogiorno, ti indica esattamente il sud.
Ma se non hai a disposizione una bussola e non è mezzogiorno esatto, come puoi fare?
Puoi orientarti con il tuo orologio e una cartina geografica del luogo in cui ti trovi: basta trasformare il tuo orologio in un orologio... bussola.

Procurati un orologio e una cartina della zona.

Prendi la cartina topografica della zona e posa sopra di essa l'orologio in modo che la lancetta delle ore punti nella direzione del Sole.

La linea che sta a metà (la bisettrice) tra la lancetta delle ore e il numero 12 del quadrante indica la direzione del sud.

Gira la cartina, senza spostare l'orologio, in modo che il sud della carta coincida con il sud vero e usala per orientarti.

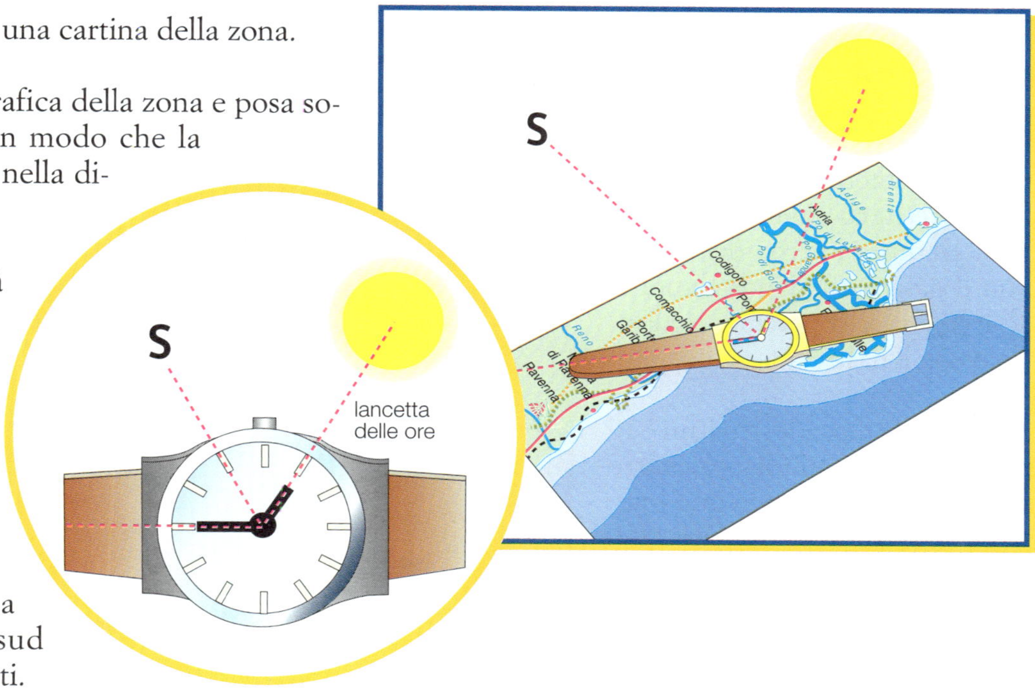

Qual è l'orologio più antico del mondo?

L'orologio meccanico più antico tutt'ora esistente è quello della cattedrale di Strasburgo. Costruito nel 1354, segnava le ore azionando un gallo meccanico che a ogni rintocco batteva le ali e cantava. Rimasto in funzione fino al 1789, fu poi rimosso e collocato nel museo di Strasburgo dove è ancora possibile osservarlo.
Il più antico, di nuovo funzionante dal 1956 nel luogo originale, è invece quello della cattedrale inglese di Salisbury (nella foto) realizzato nel 1386.
Non ha quadrante né lancette, ma batte le ore con una campana. L'attuale orologio non è del tutto originale perché nel 1929, viste le sue precarie condizioni, fu sottoposto a un pesante restauro.

Se vuoi osservare il Sole

Vuoi osservare il Sole? L'osservazione diretta, come sai, oltre a essere pericolosa per gli occhi, non ti rivelerebbe granché.
Puoi osservarlo meglio costruendoti questo semplice strumento.

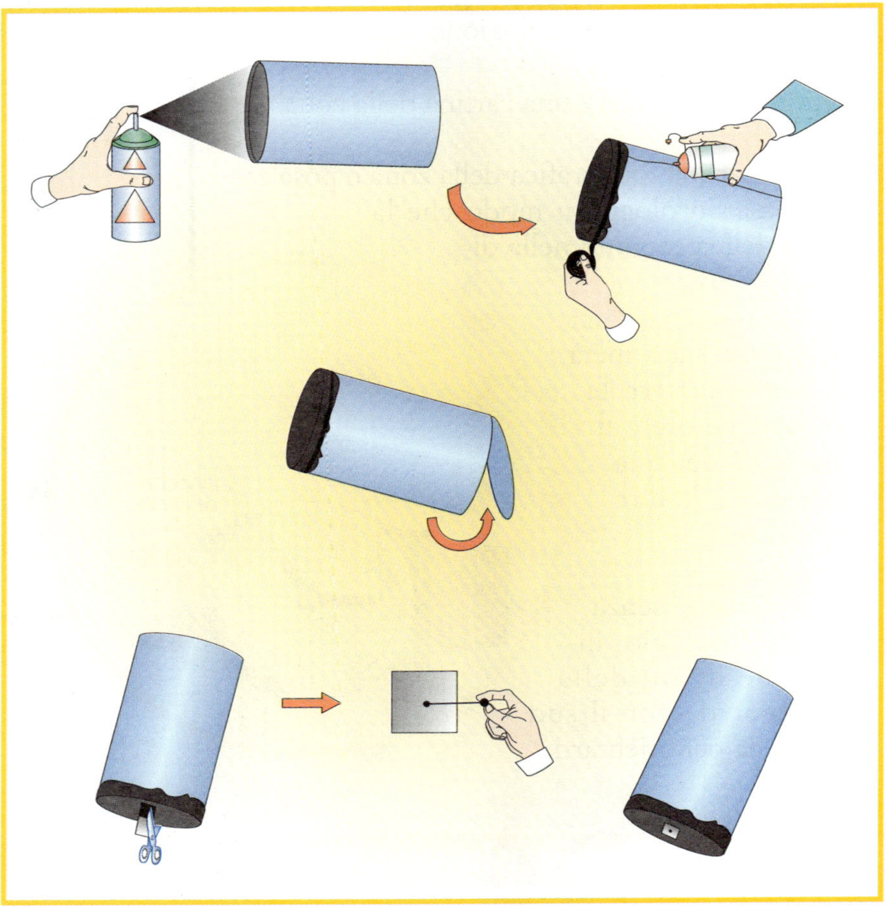

Procurati un fustino di detersivo, una bomboletta di spray nero opaco, del nastro adesivo, del cellophan nero pesante e un pezzo di latta.

Spruzza l'interno del fustino con lo spray nero opaco, rinforza ogni giuntura interna del fustino con il nastro adesivo e chiudi la scatola con il coperchio, sigillandolo con il nastro adesivo.

Taglia il fondo del fustino ed eliminalo; fai quindi nel centro del coperchio un buco quadrato di circa 5 centimetri di lato.

Ritaglia dal pezzo di latta un quadrato un po' più grande del foro che hai fatto sul coperchio e bucalo al centro con uno spillo.

Fissa poi questo quadrato di latta al centro del coperchio.

Il tuo strumento per osservare il Sole è pronto.
Orientalo verso il Sole, che deve essere l'unica fonte di luce in una camera perfettamente buia.
In questo modo è possibile proiettare l'immagine del Sole su un muro e osservarla; potrai notare perfino le macchie solari sulla sua superficie.

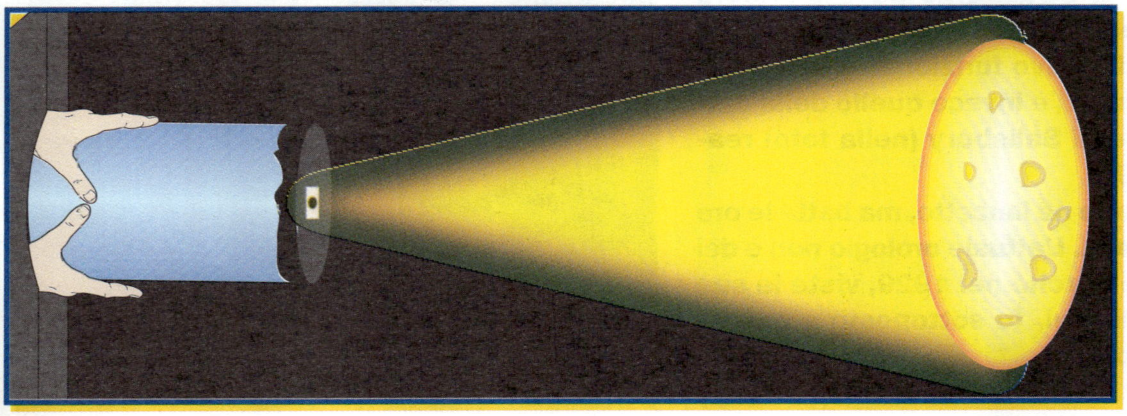

Il cannocchiale astronomico

Vuoi scrutare la volta celeste e osservare alcuni corpi celesti? Costruisci un cannocchiale astronomico.

Procurati due lenti convesse di diversa distanza focale, una di circa 5-6 cm e l'altra di circa 10-12 cm, due fogli di cartoncino nero e un supporto metallico, come quello illustrato, che ti servirà per appoggiare il cannocchiale.

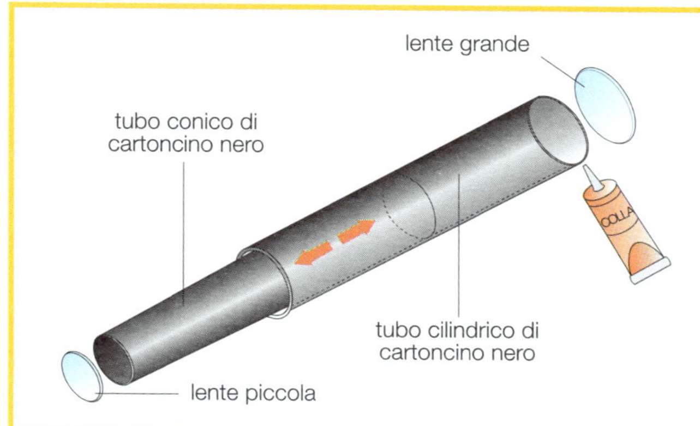

Con il cartoncino nero costruisci due tubi: un tubo deve avere il diametro uguale a quello della lente più grande; l'altro deve avere un'estremità di diametro poco inferiore a quello del primo tubo e l'altra estremità di diametro uguale a quello della lente più piccola. Incolla le due lenti alle estremità dei rispettivi tubi e infila il tubo piccolo all'interno di quello grande in modo che scorrano l'uno dentro l'altro.

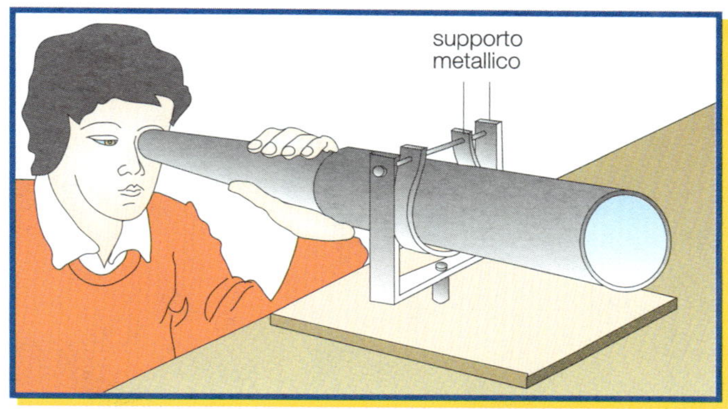

Accosta adesso l'occhio all'imboccatura del tubo più stretto e... osserva.

In una notte serena puoi cominciare osservando la Luna; non ti sarà difficile vederne bene la superficie e i mari.

Perché le lancette dell'orologio girano verso destra?

Il quadrante dell'orologio meccanico trae origine dal quadrante della meridiana, il primo strumento di misura del tempo.
La meridiana più semplice è formata da un paletto infisso su una superficie piana esposta al Sole con le ore rappresentate a raggiera. L'indicazione delle ore viene data dall'ombra proiettata dal paletto.
Nel nostro emisfero, dove fu ideata la meridiana nel IV millennio a.C., l'ombra si sposta da ovest verso est seguendo il moto apparente del Sole.
Questo movimento, da ovest a est, passò nelle lancette dell'orologio, introdotte verso la fine del XV secolo.
Per analogia con i primi orologi solari tale verso fu detto verso orario.

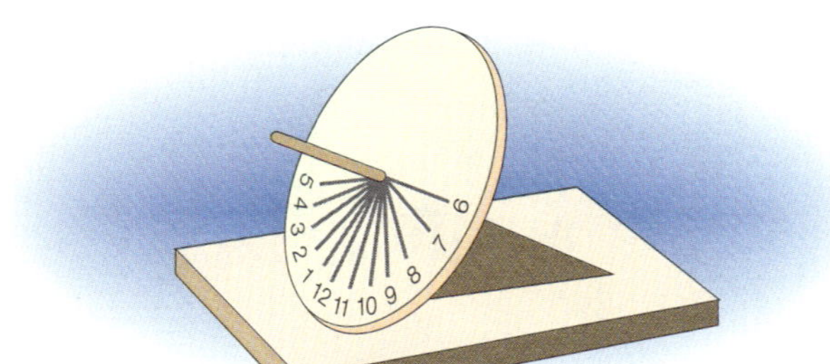

I grandi della scienza

Tolomeo e Copernico

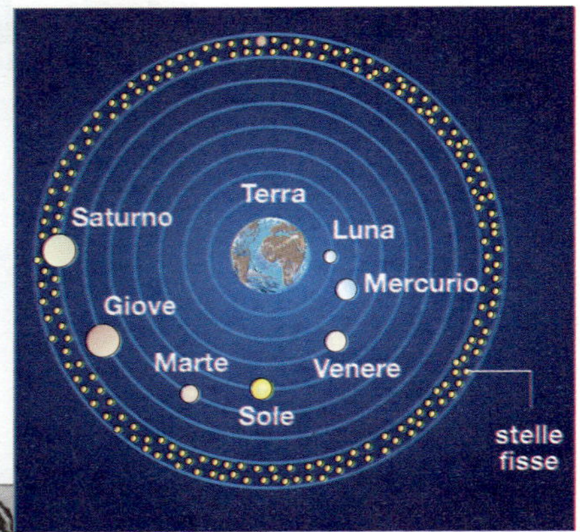

La necessità di spiegare i grandi eventi della natura quali il susseguirsi del giorno e della notte e delle quattro stagioni, porta a una delle scienze più antiche, l'**astronomia**. I primi veri "scienziati" furono i **Babilonesi** prima e i **Greci** dopo.
I Greci per primi realizzarono un modello del Sistema Solare in cui la Terra, piatta e immobile, era al centro dell'Universo e il Sole, la Luna e i pianeti le ruotavano intorno secondo orbite circolari. Alcuni filosofi immaginarono che la Terra fosse sferica e non piatta e qualcuno pensò addirittura che potesse essere in movimento anziché immobile, ma erano idee troppo avanzate per quei tempi e non ebbero molto seguito.

Un disegno di Raffaello Sanzio che ritrae l'astronomo Claudio Tolomeo.

Si affermò infatti il modello elaborato nel II secolo d.C. dall'astronomo **Claudio Tolomeo** di Alessandria d'Egitto che, riprendendo e modificando quello greco, propose la cosiddetta **teoria tolemaica** o **geocentrica** che dominò l'astronomia per tutto il Medioevo.

Secondo tale teoria il Sistema Solare è una grande sfera; la Terra, piatta e immobile, sta al centro di questa sfera e attorno a essa ruotano su una serie di sfere concentriche il Sole, la Luna e gli altri pianeti, il tutto circondato dall'ultima sfera, quella delle stelle fisse, che segna il confine dell'Universo.

Nel 1543, l'astronomo polacco **Niccolò Copernico** (1473-1543) contestò la teoria geocentrica e propose una nuova teoria, la **teoria copernicana** o **eliocentrica**, secondo la quale è la Terra che si muove intorno al Sole e non viceversa.

La teoria copernicana fu a lungo osteggiata; essa infatti non piaceva alle autorità del tempo, compresa la Chiesa cattolica che scomunicò Copernico.

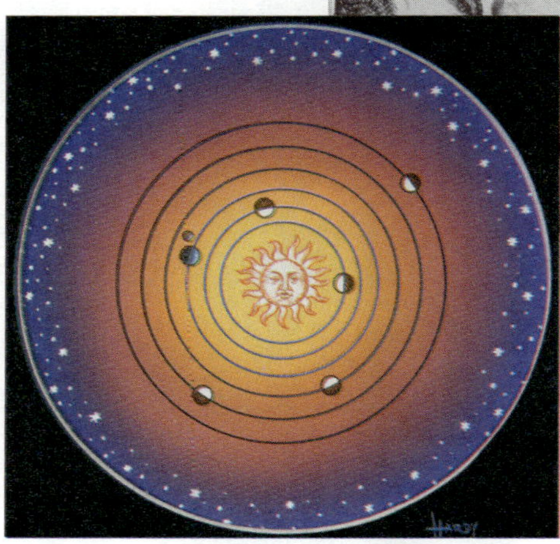

Rappresentazione della teoria eliocentrica secondo gli studi di Niccolò Copernico (ritratto in alto).

Si deve ai "padri dell'astronomia", **Galileo** (1564-1642) e **Newton** (1642-1727), l'affermazione della teoria eliocentrica. Con Galileo, infatti, si arrivò a conoscere la realtà sull'Universo. Egli, con il suo **cannocchiale astronomico**, portò prove decisive che convalidarono la teoria copernicana.
Successivamente Newton completò l'opera dei suoi predecessori e, con la scoperta della **forza di gravitazione universale**, spiegò scientificamente come sono i pianeti a ruotare intorno al Sole percorrendo orbite ben definite.

Alessandro Volta

Alla fine del Settecento affascinava i ricercatori un nuovo ramo della fisica: l'**elettrologia**. Pareva una cosa straordinaria che i corpi si potessero attirare l'un l'altro solo perché erano stati strofinati, generando quel "fluido" misterioso chiamato **elettricità**.

Erano esperienze che apparentemente rasentavano la magia; tuttavia i fisici compresero che lo studio di questi fenomeni avrebbe aperto le porte a conoscenze nuove e stimolanti.
Le esperienze sull'elettricità presentavano grandi difficoltà: si era in grado di generare elettricità solo strofinando fra loro due corpi, ma non si sapeva produrre in modo continuativo la separazione di cariche elettriche per farle poi fluire entro un conduttore.

Un fisico italiano, **Alessandro Volta**, approfondì lo studio dei fenomeni elettrici e riuscì a generare elettricità per mezzo di reazioni chimiche, schiudendo così nuovi orizzonti alla ricerca e permettendo di compiere esperienze nuove ed estremamente interessanti.

Ritratto a olio di Alessandro Volta.

Sotto, disegno illustrativo dell'invenzione di Volta: il prototipo (in basso) e la pila a colonna.

Alessandro Volta, il sesto dei sette figli del conte Filippo Volta e di Maria Maddalena dei conti Inzaghi, nacque a Como il 18 febbraio 1745 e morì nel 1827.
A soli 18 anni, in una lettera al fisico G.C. Nollet (1700-70), esprimeva la convinzione che i fenomeni elettrici fossero descrivibili con le stesse leggi che regolano le forze attrattive di tipo gravitazionale già definite da Newton.
Questa intuizione lo spinse a portare avanti esperimenti e studi che lo avrebbero reso famoso in tutta Europa, divenne membro della Royal Society e poi professore all'Università di Pavia.
Nel 1800, l'invenzione della **pila**, chiamata prima **organo elettrico artificiale** e poi più semplicemente **elettromotore**, lo portò definitivamente alla celebrità; Napoleone lo nominò senatore del regno d'Italia e poi conte palatino.

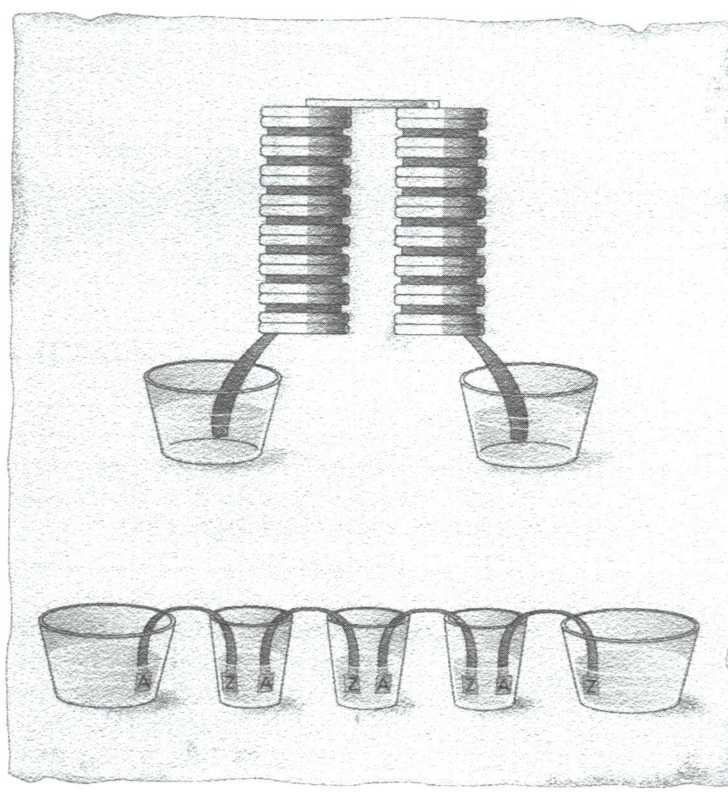

Il prototipo della pila era costituito da tazze semipiene di acqua salata collegate da lamine di metalli diversi, ma fu presto sostituito dal modello "napoleonico" a colonna: coppie di dischi di rame e zinco, separate da dischi di cartone o panno imbevuti di acqua salata o acidula, erano "impilati" l'uno sull'altro alternativamente.

Poche invenzioni furono immediatamente apprezzate per il loro valore come la pila per generare la corrente elettrica; essa diede il via all'era dell'elettricità.

Lamarck e Darwin

L'enorme varietà di specie sulla Terra ha affascinato tutti e, nel corso dei secoli, tanti naturalisti, filosofi e scienziati hanno cercato in vari modi di spiegarne l'origine.

Jean-Baptiste de Lamarck

Il primo tentativo di spiegare quest'enorme varietà di specie con una "**teoria evolutiva**" si deve al naturalista francese **Jean-Baptiste de Lamarck** (1744-1829).

Convinto dell'evoluzione delle specie, egli scriveva: "*Le diverse forme viventi sono il risultato di vari tipi di adattamento degli organismi all'ambiente*" e spiegava l'origine delle varie specie con un'evoluzione basata su due principi: l'uso e il "non uso" degli organi e l'ereditarietà dei caratteri acquisiti.

- **L'uso e il "non uso" degli organi:** l'ambiente causa l'acquisizione di certi caratteri determinando "una spinta interna" che porta l'individuo a realizzare un graduale perfezionamento mediante l'uso continuo e frequente di un organo che, in questo modo, si potenzia sempre più, oppure mediante il "non uso" di un organo che, di conseguenza, si atrofizza e scompare.

- **L'ereditarietà dei caratteri acquisiti:** i caratteri che l'individuo acquisisce con l'uso e il "non uso" degli organi vengono trasmessi ai discendenti provocando così il cambiamento evolutivo nelle generazioni successive.

Questi principi però non spiegano affatto la teoria evoluzionistica. Come può una "spinta interna", una specie di forza della volontà dell'individuo, causare variazioni di forma? E come può lo sviluppo o l'atrofizzazione di un organo, causato dal suo uso o "non uso", essere trasmesso ai discendenti?
È come pensare che una cucciolata di doberman, ai cui genitori è stata tagliata la coda, nascano senza coda o che il figlio di un culturista, dai muscoli sviluppati con l'esercizio fisico, sarà necessariamente un uomo dai muscoli sviluppati come quelli del padre.

Charles Darwin

Con Lamarck la teoria evoluzionistica resta un'ipotesi suggestiva ma non comprovata e dimostrabile.

È il naturalista inglese **Charles Darwin** (1809-1882), che spiega per primo in modo esatto l'evoluzione delle specie.
Egli, come sai, parla per la prima volta di **selezione naturale** ed **evoluzione delle specie**, due meccanismi che portano all'origine delle varie specie.

Osserva le teorie di Lamarck e Darwin a confronto.

Secondo Lamarck

all'inizio le giraffe avevano il collo corto e non riuscivano a mangiare le foglie sui rami

lo sforzo fatto per raggiungere i rami ha portato all'allungamento del collo

l'attuale collo delle giraffe è il risultato del continuo allungamento

Secondo Darwin

all'inizio le giraffe avevano il collo di varia lunghezza

la lotta per l'esistenza e la selezione naturale hanno fatto sì che sopravvivessero solo le giraffe dal collo più lungo perché riuscivano a mangiare anche le foglie dei rami alti

solamente le giraffe dal "collo lungo" sono riuscite a sopravvivere durante la competizione

Gregor Johann Mendel

È l'opera di un naturalista, l'abate cecoslovacco **Gregor Johann Mendel** (1822-84), che segna l'inizio della genetica.
Gregor Johann Mendel, che viveva nel monastero di Brunn (l'attuale Brno nella Repubblica Ceca), aveva studiato scienze dell'agricoltura e in seguito aveva frequentato anche corsi di fisica, chimica, matematica e botanica.
Insegnava scienze naturali e fisiche nell'università locale e si dedicava, durante il tempo libero, a eseguire esperimenti botanici nell'orto dell'abbazia.
Il suo lavoro, una lunga ricerca sperimentale, iniziò nel 1850 e durò ben 15 anni!

Il naturalista Gregor Johann Mendel, considerato il padre della genetica.

Mendel esaminò oltre 10 000 piante, ed è proprio il numero così elevato delle sue osservazioni uno dei motivi del successo delle sue ricerche.
Mendel, infatti, fu il primo scienziato a impostare i suoi studi sulle basi scientifiche della statistica. Nel 1865, al termine del suo lungo lavoro, egli ne rese pubblici i risultati in uno scritto: *Saggio sull'ibridazione delle piante*.

Nessuno però comprese l'importanza delle sue affermazioni, e il prezioso lavoro di Mendel rimase ignorato per circa 30 anni.

Mendel morì nel 1884 senza che la sua importante opera avesse ricevuto alcun riconoscimento scientifico. Solo nel XX secolo i risultati delle sue ricerche furono riconsiderati da vari biologi e convalidati dalla scoperta del DNA: Mendel ottenne finalmente il giusto riconoscimento e da allora è considerato il **padre della genetica**.

Perché i muli sono sterili?

I muli, come sai, sono l'incrocio di due specie diverse, una cavalla e un asino, quindi sono ibridi e sterili. Come mai?

Il corredo genetico dell'asino è formato da 62 cromosomi, quello della cavalla da 64 cromosomi. Il risultato dell'accoppiamento, il mulo, essendo un ibrido, ha un corredo genetico formato da 63 cromosomi, uno strano misto di quelli dei genitori. Se due muli si accoppiano non riescono a dar vita a un embrione perché i cromosomi, essendo dispari 63, non riescono a dividersi in coppie omologhe.

Albert Einstein

Albert Einstein, fisico tedesco nato in Germania a Ulm nel 1879 da genitori ebrei, è senz'altro il maggior fisico della nostra epoca.
Dall'età di un anno visse a Monaco, fu per alcuni anni a Milano e poi, nel 1896, a Zurigo. Divenuto cittadino svizzero, trovò un impiego all'ufficio brevetti di Berna. Qui concluse i suoi studi universitari nel 1905, anno in cui pubblicava tre scritti di fondamentale importanza. In essi, il giovane Einstein esponeva i principi della teoria della relatività, il moto browniano, respinto dai fisici dell'epoca, e la prova della natura corpuscolare della luce.
Nel 1914, tornato in Germania, fu nominato direttore del Kaiser Wilhem Institut di Berlino e fu **Premio Nobel per la fisica** nel 1921 proprio per l'interpretazione della natura della luce.

I contributi di Einstein alla fisica sono innumerevoli, è stato uno degli ultimi scienziati capaci di occuparsi di una gamma vastissima di argomenti.

Il fisico Albert Einstein

La sua fama mondiale è data però dalla **teoria della relatività**, una teoria che avrebbe rivoluzionato la scienza del XX secolo e il modo di percepire lo spazio e il tempo.

Rifugiatosi in America durante il periodo delle persecuzioni ebraiche di Hitler, vi si stabilì definitivamente e continuò a lavorarvi per tutto il resto della sua vita.

Padre dell'era atomica, egli ne gettò le basi con la sua celebre formula $\mathbf{E = m\,c^2}$ che, affermando che massa ed energia sono tra loro legate, esprimeva la possibilità di ottenere energia a spese della massa.

Il fungo atomico prodotto dall'esplosione di una bomba da 225 kilotoni.

Per Einstein la massa era quindi un concentrato di energia e da una quantità piccolissima di materia si poteva produrre un'enorme quantità di energia.

Divenne così, suo malgrado, il padre della bomba atomica alla cui costruzione si rifiutò sempre di collaborare. Venuto però a conoscenza dei lavori di Fermi e spaventato dal pericolo nazista, scrisse una lettera al presidente Roosevelt perché ne approvasse la costruzione.

Quando le due bombe atomiche furono sganciate su Nagasaki e Hiroshima, causando la morte immediata di centinaia di migliaia di persone, Albert Einstein fu, assieme al matematico inglese Bertrand Russel, il primo firmatario del **manifesto pacifista per la messa al bando delle armi nucleari**.

Morì a Princeton nel 1955.

Konrad Lorenz

Konrad Lorenz nacque a Vienna nel 1903 e fin da ragazzo dimostrò una grande passione per gli animali che osservava nel loro ambiente naturale.

Per assecondare i desideri della famiglia si laureò prima in medicina e successivamente, sempre più incantato dal mondo animale, conseguì una seconda laurea in zoologia.
Ciò gli permise di usufruire di una vasta competenza e, proseguendo in quelli che divennero veri e propri studi sugli animali, diventò assieme a due grandi scienziati, **Karl von Frisch** e **Nikolaas Timbergen**, il vero padre dell'etologia.

Lorenz infatti effettuò numerose indagini comparative sul comportamento di molti animali fornendo proprio gli elementi costitutivi per la fondazione di questa nuova scienza definita come una "sociologia generale degli esseri viventi".

Per più di 40 anni studiò, con amorosa pazienza e acutezza di osservazione, il comportamento degli animali di cui si circondò sempre, non solo nei laboratori universitari, ma anche nella sua vita privata.

Passò la sua vita a Seewiesen, nell'Alta Baviera, in mezzo a una specie di paradiso terrestre dove animali numerosissimi e tra loro difficilmente compatibili, si muovevano liberi con lui, il saggio che riuscì a stabilire con i suoi "ospiti" una relazione di reciproco rispetto.

Konrad Lorenz ritratto dalla fotografa Nina Leen nella sua tenuta in Baviera.

Lorenz dimostrò che il comportamento è un prodotto dell'evoluzione relativa all'adattamento e per l'importanza delle sue scoperte nel 1973, assieme a Frisch e Timbergen, ricevette il **Premio Nobel per la fisiologia e la medicina**.

Rita Levi Montalcini

Rita Levi Montalcini e (in basso) Renato Dulbecco.

Rita Levi Montalcini è nata a Torino il 22 aprile del 1909 da Adamo Levi, un ingegnere elettronico, e Adele Montalcini, pittrice. Laureata in medicina, all'Università di Torino, nel 1936, iniziò subito la sua carriera di ricercatrice, dedicandosi in particolare allo studio del sistema nervoso.
Durante il periodo fascista, tutta la famiglia Levi attraversò periodi di grande difficoltà per la promulgazione delle leggi razziali da parte del regime. Preclusa ogni carriera accademica e professionale, nel 1938 Rita Levi Montalcini interruppe la sua attività in Italia, recandosi all'estero. Solo nel 1945, con la liberazione dell'Italia dall'occupazione nazista, Rita Levi Montalcini ritorna a Torino e riprende il suo lavoro di ricercatrice scientifica.
Nel 1947 viene invitata negli Stati Uniti per continuare le sue ricerche e viene nominata docente all'Università di St. Louis.
In seguito torna in Italia e a Roma crea un'équipe di ricerca. Attualmente ricopre la carica di **direttore dell'Istituto di Biologia Cellulare del C.N.R.**

Nel 1986 ha ricevuto il **Premio Nobel per la medicina** per le ricerche sul fattore di crescita delle cellule del sistema nervoso periferico e la scoperta dell'**NFG**, **Nervous Growth Factor**, fattore di crescita dei nervi.

Renato Dulbecco

Renato Dulbecco, nato a Catanzaro nel 1914, si è laureato in medicina a Torino. Ricercatore in ambito fisiologico, nel 1947 si è trasferito negli Stati Uniti. Ha proseguito qui le ricerche svolte in Italia in campo genetico lavorando al Salk Institute di La Jolla, in California, di cui è stato presidente. Si è dedicato allo studio particolareggiato dei virus che lui sospettava avessero un ruolo attivo nella cancerogenesi e, per la scoperta dei virus oncologici, nel 1975 Dulbecco ha ricevuto il **Premio Nobel per la medicina**.

Attualmente lo scienziato italiano lavora in Italia ed è a capo del **Progetto genoma**, un progetto che, con la mappatura dei geni umani, dovrebbe permettere di fare il punto sulla conoscenza di tutte le manifestazioni patologiche che hanno origine da modificazioni della struttura o della funzionalità del DNA umano.

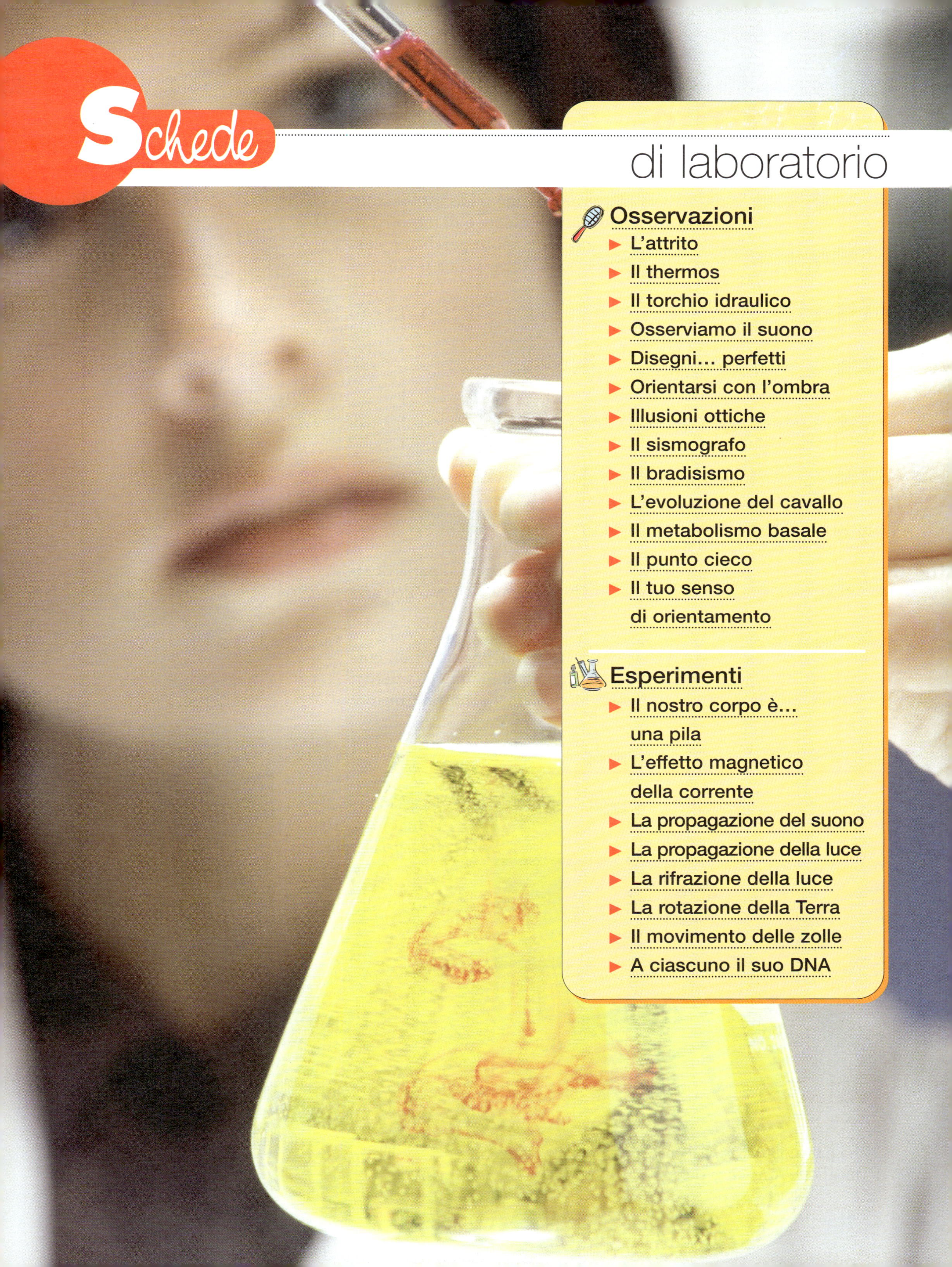

Schede di laboratorio

Osservazioni

Esperimenti

L'attrito

Ricordi il principio di inerzia? In assenza di una qualsiasi forza un corpo **tende a non modificare il suo stato di quiete o di moto**.
Certo è un po' difficile osservare l'inerzia del moto perché un corpo in movimento, su cui non agisce alcuna forza, prima o poi… si ferma lo stesso.
Ma su di esso non agisce proprio alcuna forza? Osserva.

Un qualsiasi corpo si muove sempre a contatto di un altro: striscia o rotola su una superficie, si libra nell'aria, scivola o nuota nell'acqua.

Quando un corpo si muove a contatto di un altro si genera la **forza di attrito**, o semplicemente **attrito**, una forza frenante che si oppone al movimento del corpo. Se il corpo striscia o scivola su una superficie si parla di **attrito radente**, se rotola si parla di **attrito volvente**, nel caso dell'aria o dell'acqua si parla di **resistenza del mezzo**.

L'attrito è quindi una forza che si oppone al movimento di un corpo e di cui quindi bisogna eliminare o almeno diminuire gli effetti.
Lubrificanti, cuscinetti a sfera, forme particolari… sono tutti metodi per ridurre l'attrito.
Osserva.

La minima superficie di contatto delle sottili lame dei pattini riduce l'attrito.

I cuscinetti a sfera riducono l'attrito fra parti metalliche.

La particolare forma affusolata di un'auto vince meglio la resistenza dell'aria.

E se l'attrito non ci fosse?
Osserva e rifletti.

Riusciresti a camminare su una superficie perfettamente liscia senza continuare a cadere come se stessi su una lastra di ghiaccio?

Potrebbe uno scalatore compiere la sua impresa senza l'attrito delle scarpe sulla roccia?

Funzionerebbe un paracadute senza la resistenza dell'aria?

Riuscirebbe l'atleta a scattare senza l'attrito fra i suoi piedi e la superficie d'appoggio?

Riusciremmo a frenare un veicolo senza l'attrito fra le ruote e l'asfalto e senza l'attrito dei freni?

Il thermos

Come sai, il calore si propaga passando da un corpo più caldo a uno più freddo, o dalle zone più calde a quelle più fredde di uno stesso corpo, finché non viene raggiunto l'**equilibrio termico**.
Conseguenza del raggiungimento dell'equilibrio termico, che può avvenire per conduzione, convezione o irraggiamento, è il raffreddarsi del corpo caldo e il riscaldarsi del corpo freddo che alla fine risultano avere la stessa temperatura.

E il **thermos**, il contenitore che mantiene fredde o calde le bevande per lungo tempo, come si oppone alla propagazione del calore?

Questo strumento utilizza particolari accorgimenti che impediscono la trasmissione del calore. Per scoprire questi accorgimenti osserviamo un thermos.

Le pareti interne del thermos sono costituite da due strati di vetro argentati, fra i quali viene fatto il vuoto.
La trasmissione del calore per irraggiamento è impedita dalle superfici argentate che riflettono le radiazioni termiche senza assorbirle.

La convezione non si attiva a causa del vuoto tra le due pareti. Infine la conduzione può aver luogo solo nei punti di contatto tra le pareti, ma queste sono realizzate in polistirolo espanso che è un isolante.

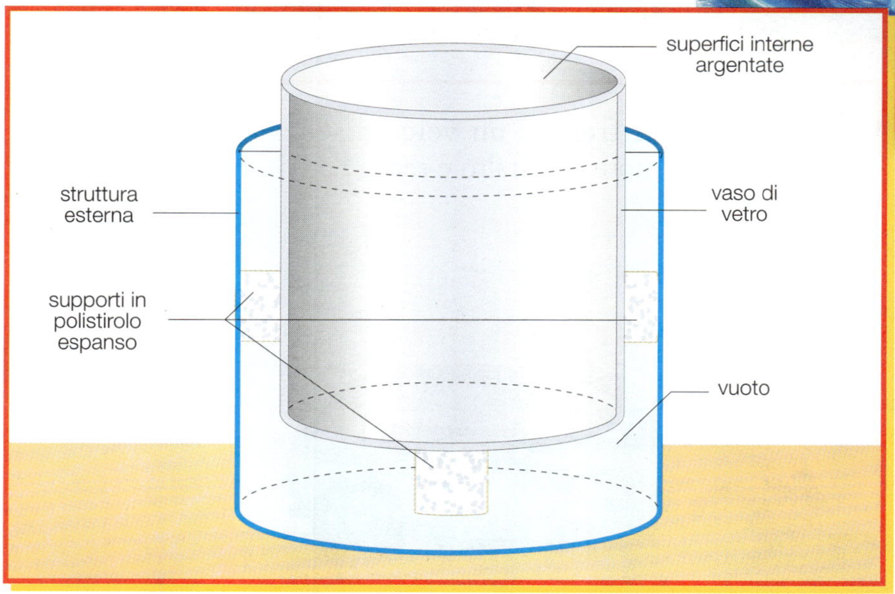

Il torchio idraulico

Parlando dei liquidi, abbiamo verificato il **principio di Pascal** che, come ricorderai, afferma che la pressione idrostatica si distribuisce in tutti i punti del liquido e agisce con la stessa intensità su tutta la superficie con la quale è a contatto.

Su questo principio si basa il **torchio idraulico** che serve per amplificare una forza.
Infatti, il fatto che la pressione si distribuisca sull'intera massa di un liquido ed eserciti la stessa pressione su tutti i punti di una superficie, può essere sfruttato per amplificare una forza. Osserva.
La forza applicata spinge in basso il pistone più piccolo producendo una pressione che si trasmette in tutto il liquido. Questa pressione si esercita su ogni centimetro quadrato di superficie del pistone più grande, sulla sua superficie, essendo maggiore, si eserciterà quindi una forza che risulta maggiore di quella applicata sul pistone piccolo.

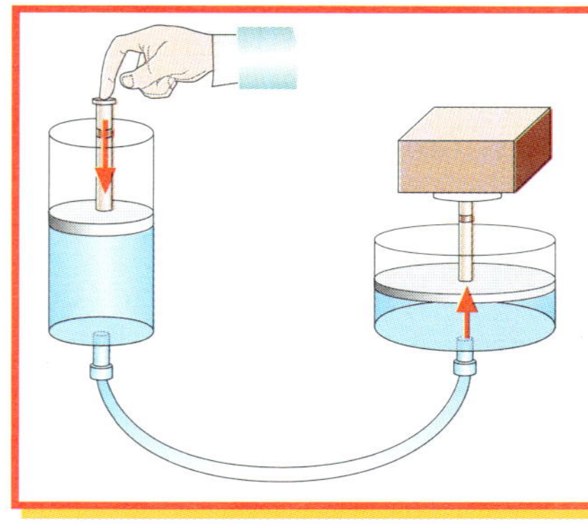

Un'applicazione del torchio idraulico è l'**elevatore idraulico**, utilizzato nelle officine meccaniche per sollevare le automobili.
Come puoi osservare, la superficie del pistone su cui poggia l'auto è molto più ampia di quella del pistone su cui agisce la forza e quindi, secondo il principio del torchio idraulico, la forza applicata sulla superficie più grande, che sostiene l'auto, risulterà maggiore di quella applicata sulla superficie minore.

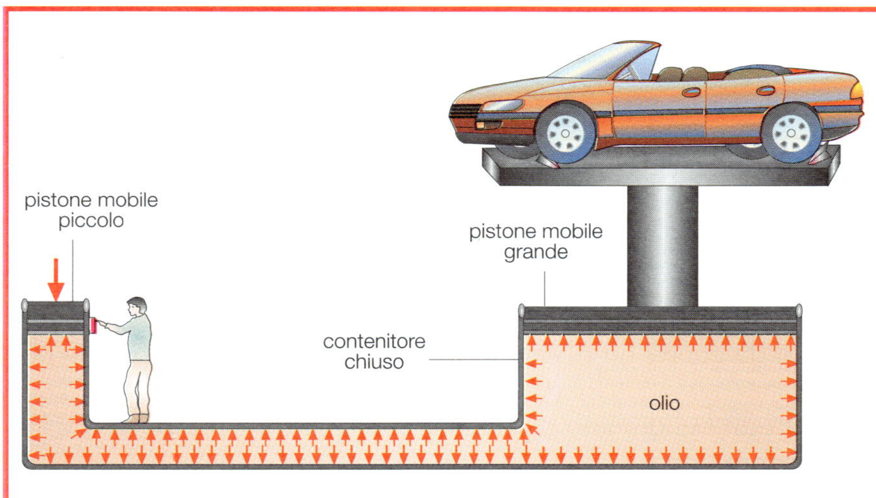

Basati ancora sul principio del torchio idraulico, sono i freni idraulici. Con una piccola pressione esercitata sul pedale dei freni si riesce a frenare un'auto in corsa.

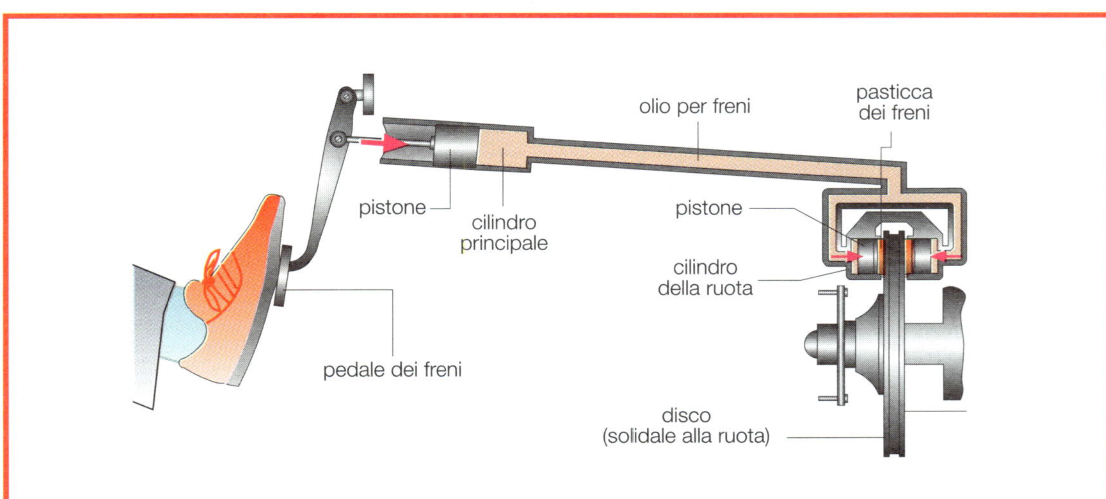

Osserviamo il suono

Abbiamo detto che il suono è prodotto dalle vibrazioni di un corpo e si propaga attraverso le sostanze sotto forma di onde sferiche dette **onde sonore**. Vogliamo osservare queste onde sonore?

Prendi un sottile foglio di plastica e ricopri con esso una ciotola, stirandolo ben bene e fissandolo con un elastico.

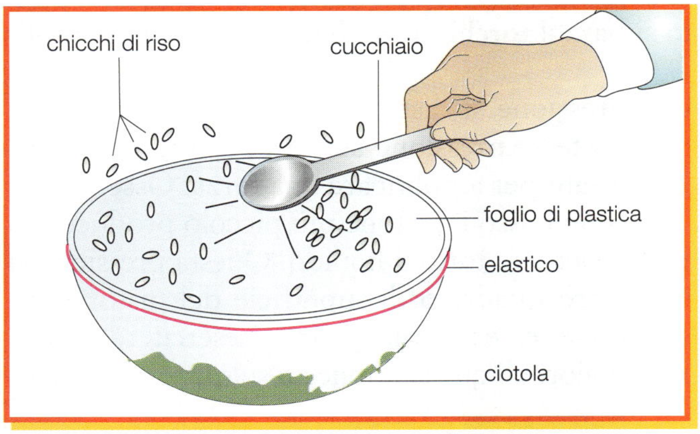

Cospargi il foglio di plastica con del riso e poi batti sulla plastica con un cucchiaio.

Le onde sonore prodotte faranno saltare i chicchi di riso.

Disegni... perfetti

I fenomeni ottici, quali la riflessione, la diffusione e la dispersione, ci permettono di sfruttare la luce per realizzare simpatiche esperienze.
Osserva come, sfruttando il fenomeno della riflessione della luce su una lastra di vetro, puoi diventare un perfetto disegnatore in grado di riprodurre qualsiasi disegno.

Procurati un bel disegno da ricopiare, una lastra di vetro 20 x 25 cm circa (il vetro di un portafoto), un foglio da disegno, una matita e una lampada da tavolo.

Metti uno di fianco all'altro il disegno da copiare e il foglio da disegno e fissali al tavolo con del nastro adesivo. Illumina con la lampada il disegno, poni la lastra di vetro in posizione verticale tra il disegno e il foglio bianco e tienila ferma con la mano.

Guarda adesso attraverso il vetro dal lato del disegno e sposta la lastra finchè vedrai l'immagine del disegno sul foglio bianco. Traccia i contorni dell'immagine, otterrai un disegno perfettamente uguale all'originale.

Se vuoi ingrandire o rimpicciolire il disegno tieni la lastra di vetro non perfettamente perpendicolare ma spostata verso destra o verso sinistra purché sempre tra il disegno e il foglio.

Orientarsi con l'ombra

Come orientarsi in mancanza di una bussola e quando il Sole è alto in cielo e non sappiamo da che parte è sorto o dove andrà a tramontare? Un metodo semplice per trovare i quattro punti cardinali consiste nello sfruttare l'ombra prodotta dal Sole, sapendo che nel nostro emisfero il Sole raggiunge l'altezza massima quando è in direzione sud. Osserva come è possibile.

Infiggi un paletto nel terreno e segna i punti in cui arriva la punta estrema della sua ombra nell'arco della giornata.

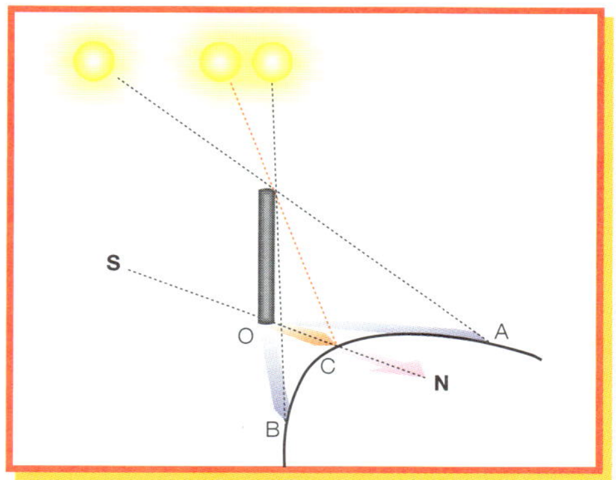

Poiché la lunghezza dell'ombra ha il valore minimo quando il Sole raggiunge l'altezza massima, si avrà l'ombra più corta, ossia **OC**, a mezzogiorno; dato che a quell'ora il Sole si trova in posizione sud, la punta dell'ombra sarà orientata esattamente in direzione nord.

Una volta individuata la direzione nord, dalla parte opposta si troverà il sud e perpendicolarmente alla direzione nord-sud avremo la direzione est-ovest; ma qual è esattamente l'est e quale l'ovest?

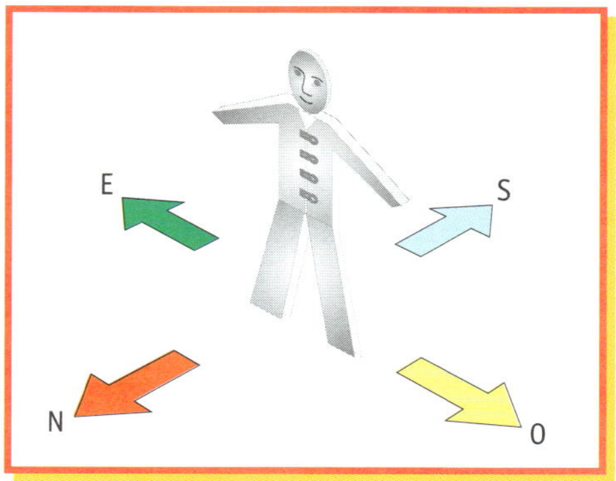

Mettiti con le spalle rivolte verso sud e allarga le braccia: avrai l'est nella direzione del tuo braccio destro e l'ovest nella direzione del tuo braccio sinistro.

Che cosa è l'orbita geostazionaria?

L'orbita geostazionaria è un'orbita equatoriale a circa 36 000 km dalla Terra, caratterizzata dal fatto che per percorrerla un satellite impiega esattamente lo stesso tempo del moto di rotazione della Terra e di conseguenza appare fisso nello spazio rispetto a un qualsiasi punto della Terra.
Viene usata infatti dai satelliti per telecomunicazioni, che fanno da ponti radio per assicurare collegamenti fissi e stabili fra i diversi continenti, e da alcuni satelliti meteorologici (Meteosat) che devono tenere sotto controllo sempre uno stesso territorio della Terra.

Illusioni ottiche

Come sai, la visione di ciò che ci circonda è data dalla luce riflessa dagli oggetti che entra nei nostri occhi attraverso la pupilla e, dopo aver attraversato il cristallino, una vera e propria lente, forma sulla retina un'immagine capovolta e rimpicciolita. Questa immagine viene inviata dai nervi ottici al cervello che ce ne permette la visione.

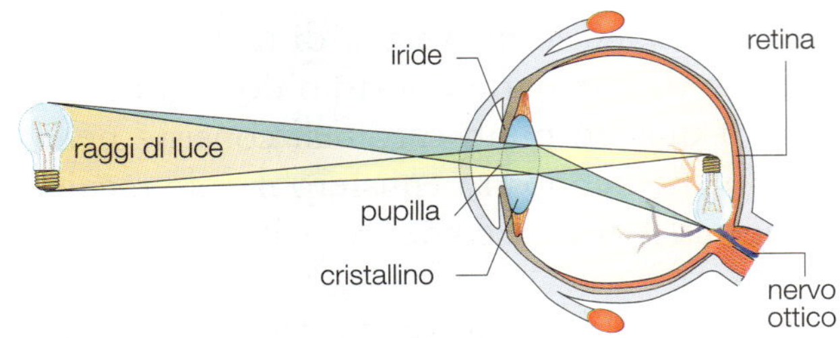

A volte però tutto questo meccanismo ci mostra una strana realtà: oggetti fermi che si muovono, altri che non ci sono ma che noi vediamo, altri ancora che invece spariscono. Si tratta delle cosiddette **illusioni ottiche**, tipo il miraggio o la fata morgana. Osserviamone qualcun'altra.

Le ombre che non ci sono

Osserva il disegno, ci sono 16 quadratini neri su uno sfondo bianco. Ma tu cosa vedi? A ogni incrocio un quadratino grigio che in effetti… non c'è!

Le tre dimensioni in un foglio

Osserva bene i due cubi perfettamente simmetrici. Colloca un cartoncino verticalmente fra le due figure e appoggia il tuo viso al cartoncino, in modo che l'occhio destro guardi solo il cubo a destra e l'occhio sinistro solo il cubo a sinistra. Fissa con calma i due cubi per qualche secondo. Che cosa succede? Vedrai un solo cubo ma in visione tridimensionale: ne "scoprirai" infatti anche la profondità.

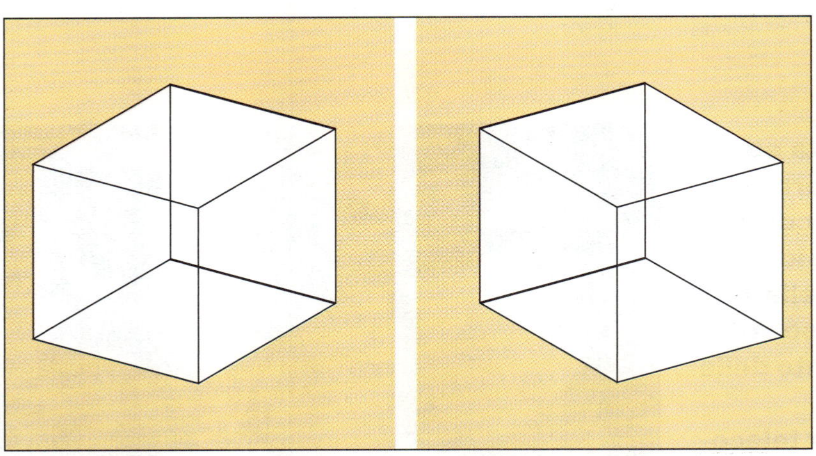

La figura ingannevole

Che cosa vedi osservando Che cosa vedi osservando la figura qui sotto? Un bel vaso rosso o due profili umani uno di fronte all'altro?

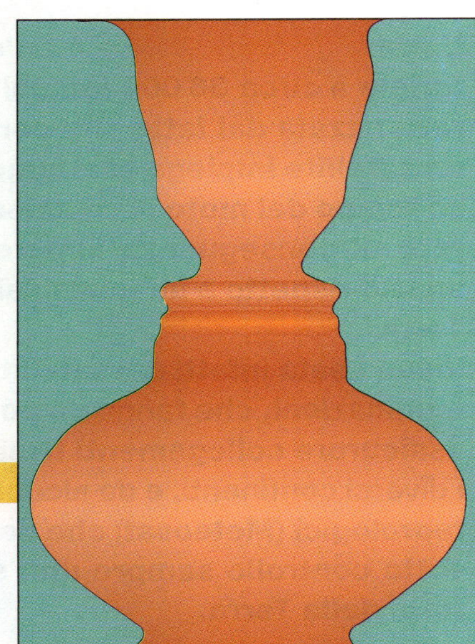

Il triangolo che non c'è

Se osservi la figura, vedi sicuramente un triangolo bianco che si stacca nettamente dal foglio. Ma dov'è il triangolo? Non c'è, anche stavolta il tuo cervello è in inganno.

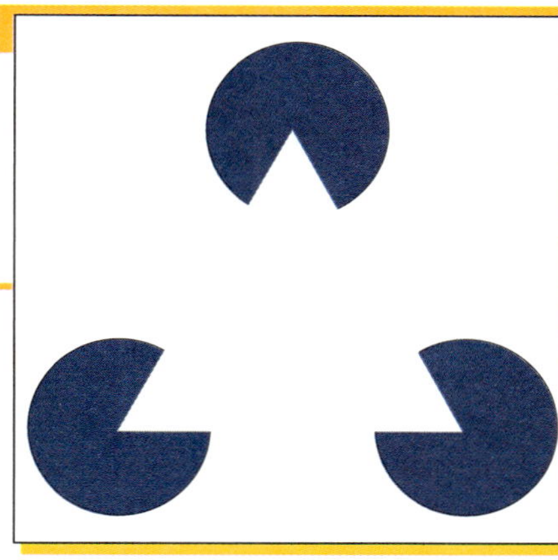

Qual è la parte più scura?

Quale estremità della striscia rossa vedi più scura? Attento il colore della striscia è perfettamente uniforme, cambia lo sfondo!

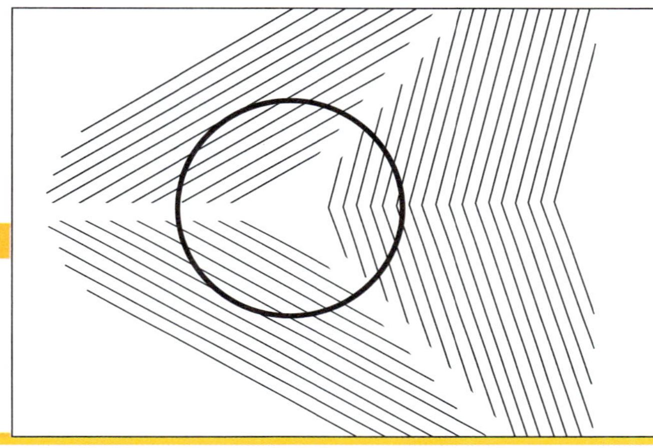

Uno strano cerchio

Osserva la figura, che cosa vedi esattamente? Un cerchio disegnato proprio male? No, attento il cerchio è perfettamente rotondo, sono le linee sullo sfondo che confondono i tuoi occhi.

Il fantasma del castello

Tieni la figura riprodotta qui sotto davanti a te a circa 30 cm dai tuoi occhi. Guarda intensamente il fantasma nero per almeno 30 secondi e subito dopo sposta lo sguardo sul portone del castello e conta fino a 10. Cosa vedi? Un fantasma bianco che si muove davanti a te! Il nero del fantasma e il bianco del portone ingannano il tuo occhio e fanno sì che nella retina persista un fantasma bianco.

Il sismografo

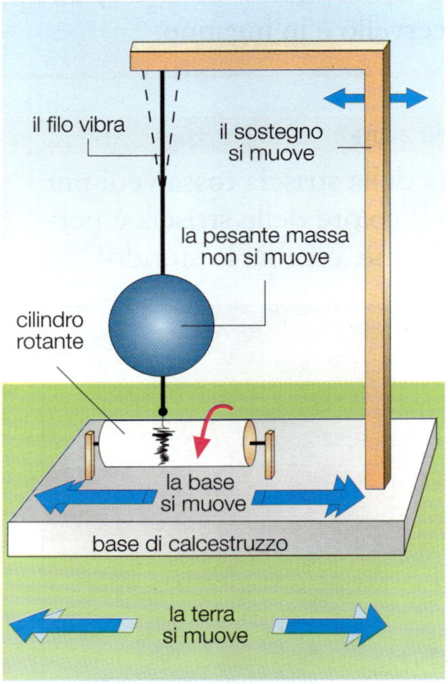

Un terremoto, come abbiamo visto, è il risultato delle compressioni e degli stiramenti a cui sono sottoposte le masse rocciose.

Finché resistono esse si deformano accumulando energia potenziale di natura elastica, quando viene superato il **carico di rottura**, esse si spezzano, liberano energia meccanica sotto forma di oscillazioni, le onde sismiche, provocando un **terremoto**.

La registrazione delle onde sismiche viene effettuata con uno strumento, il **sismografo**.

Un sismografo è costituito essenzialmente da una massa sospesa, per mezzo di una molla o di un pendolo, a un supporto fissato al suolo. Alla massa è fissato un pennino che scrive su un cilindro di carta che ruota con un movimento regolare e preciso.

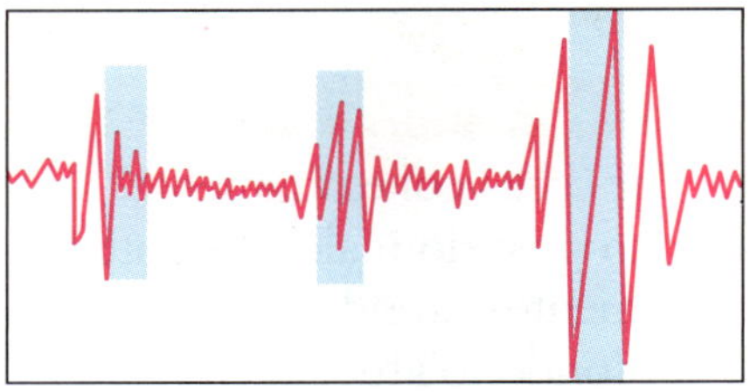

Quando si verifica un terremoto, le vibrazioni del terreno si trasferiscono al cilindro di carta, mentre la massa sospesa, per inerzia, tende a restare ferma. Così il pennino registra le oscillazioni del suolo sulla carta descrivendo un tracciato detto **sismogramma**.

Osserviamo il funzionamento di un sismografo nel caso di **scosse sussultorie**, scosse che hanno un andamento verticale, e di **scosse ondulatorie**, scosse che hanno un andamento orizzontale.

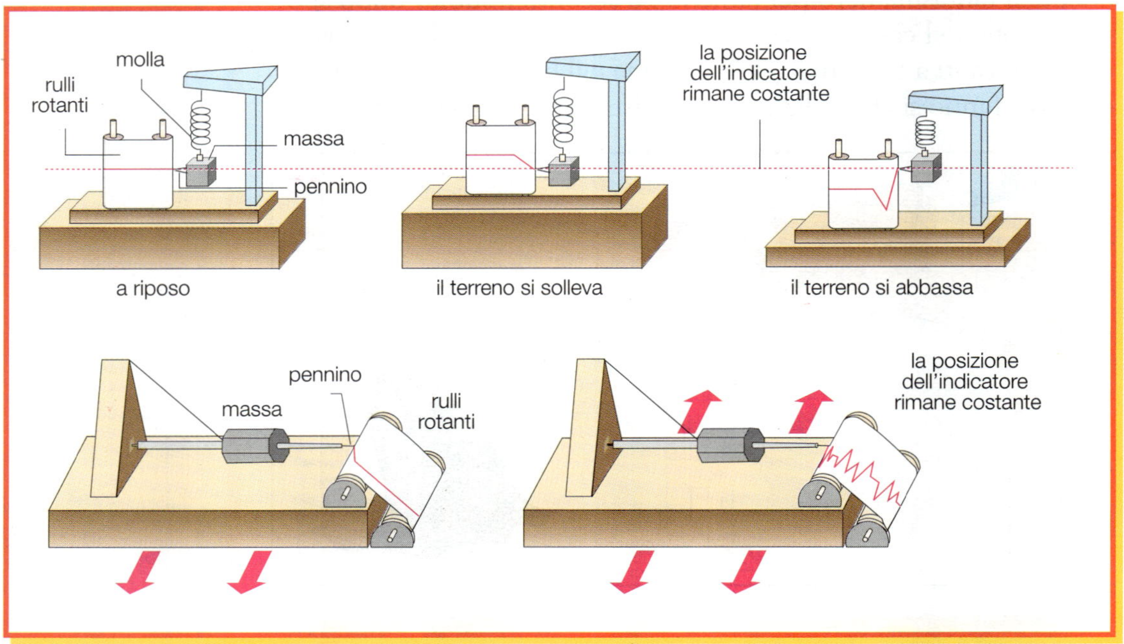

Il bradisismo

I **bradisismi**, o **movimenti epirogenetici**, sono una manifestazione della costante trasformazione della crosta terrestre. Essi consistono in un continuo e periodico innalzamento e abbassamento del terreno e avvengono in maniera lentissima e impercettibile, il loro effetto è visibile in tempi abbastanza lunghi e soprattutto lungo le coste, dove il mare rappresenta un livello di riferimento ben preciso.
Osserviamo alcuni esempi di questo fenomeno.

Un esempio di bradisismo lo troviamo a Pozzuoli, in Campania, dove il **Serapeo**, un antico tempio dedicato al dio egiziano Serapide, costruito sulla terra emersa, ormai si trova con il pavimento sott'acqua. Le sue colonne risultano erose da organismi marini, segno che è rimasto per un lungo periodo di tempo completamente sommerso.
Il fenomeno si pensa abbia avuto origine circa 1000 anni fa e l'ultimo episodio di sollevamento risale al 1984.

La **grotta del Bue Marino**, che si trova in provincia di Nuoro, si è formata sopra il livello del mare, ma successivamente ha subìto un abbassamento e il mare è penetrato al suo interno. Oggi è completamente invasa dalle acque.

La famosa **grotta Azzurra di Capri** è stata scavata nella roccia dall'azione delle acque piovane e del vento. In seguito l'isola di Capri si è abbassata e la grotta, che all'origine era sopra il livello del mare, è venuta a contatto con il mare.
Fino a qualche secolo fa si poteva visitare la grotta stando in piedi sulla barca, oggi invece è necessario chinarsi: ciò significa che l'abbassamento dell'isola continua.

L'evoluzione del cavallo

Grazie al ritrovamento di fossili è stato possibile ricostruire la storia evolutiva di alcune specie. Un esempio è la ricostruzione del percorso evolutivo che ha portato all'attuale cavallo, appartenente alla famiglia degli **equidi**.
Osserviamo tale percorso.

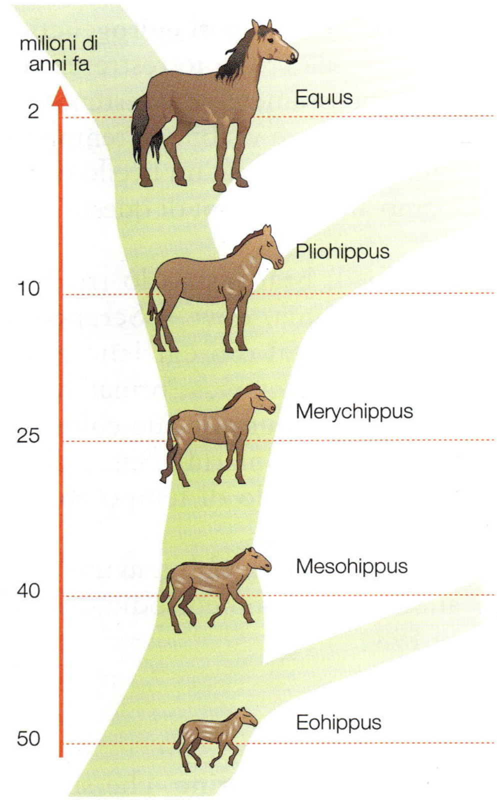

Il progenitore più antico di questa specie è un animale vissuto circa 50 milioni di anni fa nelle foreste del Nord America, l'**Eohippus** (dal greco *eo*, "primitivo", e *hippos*, "cavallo").
Dalla ricostruzione fossile risulta che era un animale poco più grande di un gatto con una dentatura ancora primitiva e che si nutriva soprattutto di foglie e germogli che strappava dalle fronde degli alberi. Le sue zampe, adatte a muoversi sul terreno umido e soffice del sottobosco, poggiavano con quattro dita.

Il raffreddarsi del clima trasformò lentamente la foresta in un'ampia prateria dal terreno compatto e ricoperto da erbe particolarmente dure. In questo ambiente la sopravvivenza dell'*Eohippus* fu subordinata alla sua capacità di sottrarsi ai predatori con rapide fughe.
Ciò favorì la selezione di animali con zampe a tre dita, una delle quali presentava un primitivo zoccolo adatto a correre nelle praterie. Queste sono le caratteristiche del **Mesohippus**, un animale con le dimensioni di un grosso cane e con una dentatura più specializzata ma ancora adatta a nutrirsi di foglie.

La prateria divenne un'immensa steppa erbosa dal suolo compatto, scomparve il *Mesohippus* che si evolse, circa 25 milioni di anni fa, nel **Merychippus**, dai caratteri un po' più vicini all'attuale cavallo.
La dentatura si fece più robusta, adatta a nutrirsi di erba dura, e le zampe, ancora con tre dita, mostravano chiaramente la formazione di un robusto zoccolo nel dito centrale.

Dal *Merychippus* si originarono diverse forme evolutive, alcune delle quali si estinsero, mentre una, il **Pliohippus**, che aveva ormai soltanto un dito per ogni zampa, portò agli **equidi**.

Nell'era neozoica, circa 2 milioni di anni fa, in America meridionale si impose il genere **Equus**, che diede origine agli attuali cavalli selvatici, il cui piede termina con un unico lungo e robusto dito, protetto da uno zoccolo particolarmente resistente.
La sua struttura divenne adatta alla corsa su terreni duri e compatti e la sua dentatura si specializzò ulteriormente diventando adatta a tagliare e macinare vegetali duri e resistenti come gli steli e le foglie delle graminacee.

Il cavallo di Przewalski, l'ultimo cavallo selvatico oggi esistente.

Il metabolismo basale

Quando dormi, il tuo organismo è in perfetto riposo. Ma nel senso che non sta lavorando per niente? No.
Come sai, il tuo organismo non smette di lavorare, ma continua infatti con la respirazione, il battito del cuore, la circolazione del sangue, la digestione. Anche durante il sonno consumiamo quindi energia.

L'energia necessaria a svolgere queste funzioni vitali di base, senza le quali non sopravviveremmo, viene chiamata **metabolismo basale**.
Il metabolismo basale varia da persona a persona, a seconda dell'età, della superficie corporea e del sesso.

Quando poi durante il giorno svolgi tutte le tue attività, cammini, giochi, leggi, parli, studi ecc., consumi altra energia che si aggiunge a quella del tuo metabolismo basale. La somma del metabolismo basale e dell'energia che serve per tutte le attività quotidiane costituisce il **fabbisogno energetico**.

Fabbisogno energetico =

Il fabbisogno energetico varia da persona a persona innanzitutto in relazione al diverso metabolismo basale e poi perché, come sai, l'energia per le nostre attività dipende, appunto, dall'attività svolta.

Quanta energia consumi per le tue attività?
Leggi la tabella che ti dà i valori per le più comuni attività di un ragazzo, o ragazza, della tua età.

Attività	Kcal per ora
dormire	50
pensare	70
leggere	90
scrivere	120
camminare	220
giocare	350
correre	500
nuotare	580

Il punto cieco

Nel punto in cui il nervo ottico si inserisce nel bulbo oculare, sulla retina, esiste un punto, il **punto cieco**, privo di cellule visive; esso è pertanto insensibile alla luce e in quel punto, di conseguenza, non viene percepita alcuna immagine.
Nel campo visivo di ciascuno di noi esiste quindi una zona, pur molto piccola, di cecità, che noi però non avvertiamo.
Come mai?
Innanzitutto perché abbiamo due occhi e quindi ciò che non vede uno vede l'altro; in secondo luogo perché muoviamo gli occhi continuamente, e quindi l'istante di cecità è estremamente piccolo. Se però fissiamo un oggetto con un occhio solo potremo constatare il fenomeno. Osserva.

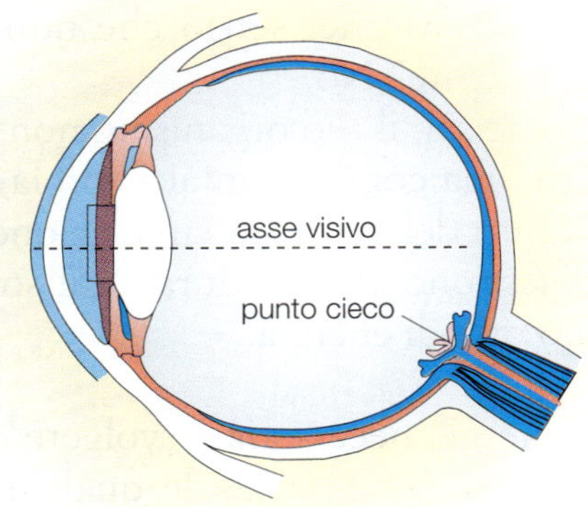

Su un foglio di carta sono raffigurate una mela e un'arancia, larghe un centimetro e alla distanza di circa 9 cm l'una dall'altra.
Solleva il foglio di carta e guarda le due figure tenendo le braccia tese in avanti. Chiudi l'occhio sinistro e guarda la mela con l'occhio destro; noterai che nel frattempo riesci a vedere ancora l'arancia.
Ora, guardando sempre la mela, avvicina lentamente il foglio al viso.
A un certo punto, quando il foglio è a circa 20 cm dai tuoi occhi, l'arancia sparirà; si tratta del momento in cui la sua immagine cade esattamente nel punto cieco dell'occhio.
Puoi riprovare il tutto chiudendo l'occhio destro e guardando la mela con l'occhio sinistro. Alla stessa distanza anche in questo caso vedrai sparire la mela.

Lo sbadiglio ha effetto "sonnifero"?

No, anzi è il contrario.
Lo sbadiglio è un riflesso del nostro organismo per resistere alla fatica.
Sbadigliando, infatti, si inghiotte una notevole quantità d'aria in un solo colpo e ciò implica un apporto improvviso e consistente di ossigeno nel samgue, cosa che stimola l'attività delle nostre cellule.
Lo sbadiglio diventa quindi il modo di procurarci del "carburante" e produrre energia.

Il tuo senso di orientamento

Il senso di orientamento degli uccelli migratori, dei piccioni viaggiatori o delle api è leggendario, ma quasi tutti gli animali superiori hanno un buon senso di orientamento, che è determinato da una sorta di "sensore magnetico" presente nel cervello di questi animali.
Le ultime ricerche scientifiche condotte su animali hanno accertato la presenza di un gruppo di cellule nervose nel cervello che si attivano nel momento in cui l'animale punta in una certa direzione assumendo una certa posizione rispetto al luogo in cui si trova.

E nell'uomo esistono queste particolari cellule?
Se esistessero ci basterebbe assumere una posizione ben precisa, puntare con lo sguardo verso una direzione e riuscire a orientarci con estrema facilità anche a occhi chiusi.
In attesa di precise risposte dalla scienza, vuoi constatare se hai un buon senso dell'orientamento?
Mettiti alla prova con questo semplice test.

Procurati una sedia girevole, una bussola e un foulard pesante.
Siediti sulla sedia e fatti bendare: non devi vedere assolutamente nulla, neppure eventuali luci e ombre.
Con l'aiuto della bussola, fatti orientare da un'altra persona verso nord, solleva i piedi e fai girare la sedia su se stessa abbastanza velocemente.
Quando la sedia avrà finito di girare, cerca di tornare nella posizione iniziale.
Se ci riesci con facilità, hai un buon senso dell'orientamento e il merito, molto probabilmente, è dei neuroni direzionali presenti forse anche nel nostro cervello.

Il nostro corpo è... una pila

Sai che il nostro corpo è una grande pila? Esso capace di produrre corrente elettrica, possiamo rendercene conto con un semplice esperimento.

- Procurati una piastra di alluminio e una di rame grandi almeno quanto la tua mano, un tester (un microamperometro in grado di misurare una corrente di circa 100 microampere), due morsetti e due fili elettrici. Collega le piastre metalliche all'amperometro mediante i morsetti e osserva: l'amperometro non segnala alcun passaggio di corrente. Metti adesso una mano sulla piastra di alluminio e l'altra sulla piastra di rame.

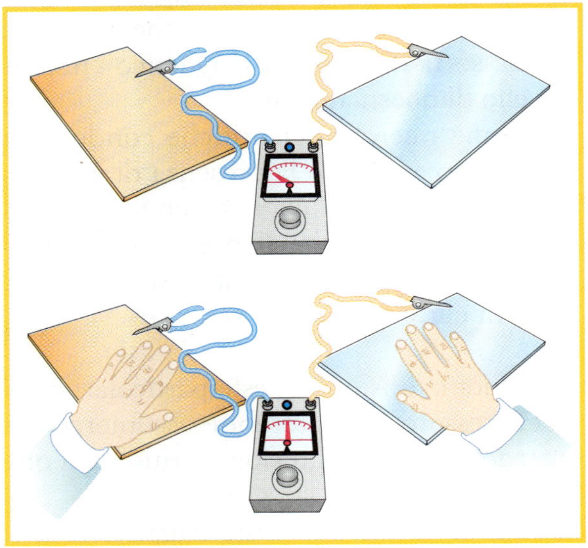

Che cosa osservi?
L'amperometro segnala un passaggio di corrente elettrica.

Che cosa ne deduci?
Il nostro corpo, con le due piastre, costituisce una pila.

L'effetto magnetico della corrente

Fu il fisico danese **Christian Oersted**, come ricorderai, a scoprire che il passaggio di corrente elettrica in un circuito crea un campo magnetico. Verifichiamolo rifacendo l'esperienza di Oersted.

- Procurati un sostegno come quello in figura, del filo elettrico, una bussola, una pila e del nastro adesivo. Avvolgi il filo in modo da formare alcune spire abbastanza grandi da poterci inserire la bussola, fermale con il nastro adesivo e collega un'estremità del filo elettrico a un polo della pila (figura 1). Colloca la bussola tra le spire e disponila in modo tale che l'ago abbia la stessa direzione delle spire (figura 2). Chiudi il circuito collegando l'estremità libera del filo elettrico all'altro polo della pila (figura 3).

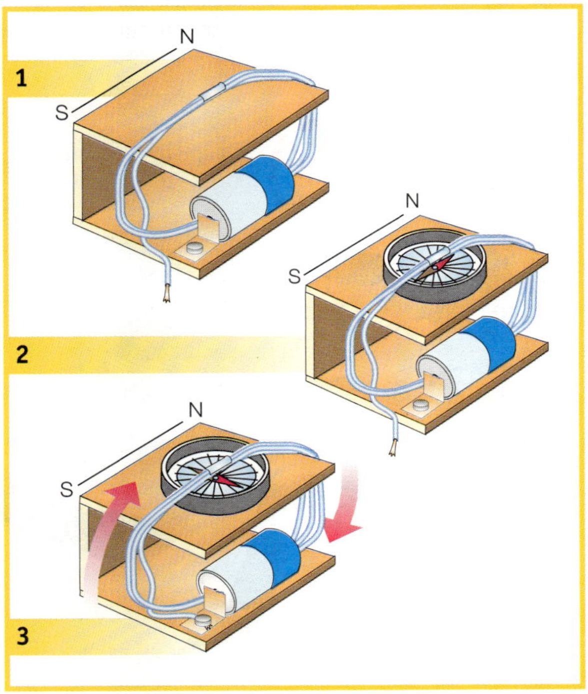

Che cosa osservi?
L'ago della bussola devia.

Che cosa ne deduci?
Il passaggio della corrente elettrica causa la formazione di un campo magnetico, che è responsabile della deviazione dell'ago della bussola.

La propagazione del suono

La sostanza attraverso la quale un suono si propaga attenua e smorza il suono stesso. Tale effetto, come sai, è diverso nelle varie sostanze. Verifichiamolo con un esperimento.

- Procurati due sassi, una piccola vasca colma d'acqua, un'asta di ferro.
  Fai battere a un compagno i due sassi tenuti sott'acqua e ascolta.
  Dopo immergi nell'acqua un'estremità dell'asta di ferro e avvicina l'altra estremità all'orecchio.
  Quindi fai battere ancora nello stesso modo i due sassi sott'acqua e ascolta.

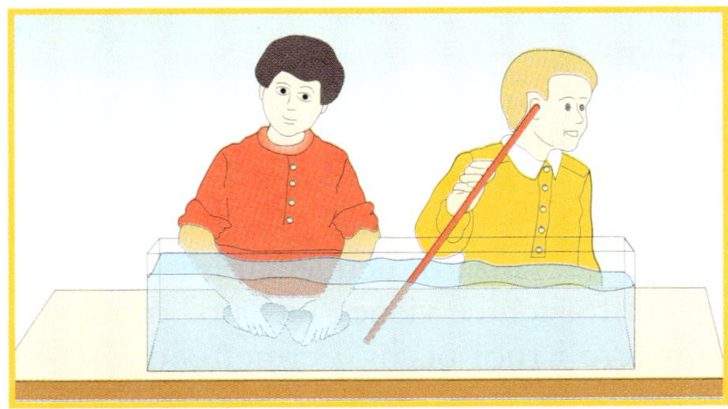

Che cosa osservi?
Se ascolti il rumore prodotto dai sassi che si propaga prima attraverso un liquido (l'acqua) e poi attraverso l'aria, lo senti distintamente.
Ascoltando lo stesso rumore che si propaga prima attraverso il liquido e poi attraverso un solido (l'asta di ferro), lo senti meglio che nel primo caso.

Che cosa ne deduci?
Il suono si è propagato meglio attraverso il solido.

La propagazione della luce

Come sai, la luce si propaga anche nel vuoto, in tutte le direzioni e sempre in linea retta. Proviamolo con un esperimento.

- Procurati tre cartoncini, tre supporti e una candela.
  Pratica in ogni cartoncino un foro del diametro di 1 cm; accendi la candela e mettila dietro ai cartoncini. Sistema i cartoncini prima in modo che la fiamma e i tre fori siano allineati, poi in modo che i fori non risultino più allineati. Guarda attraverso l'ultimo foro in entrambi i casi.

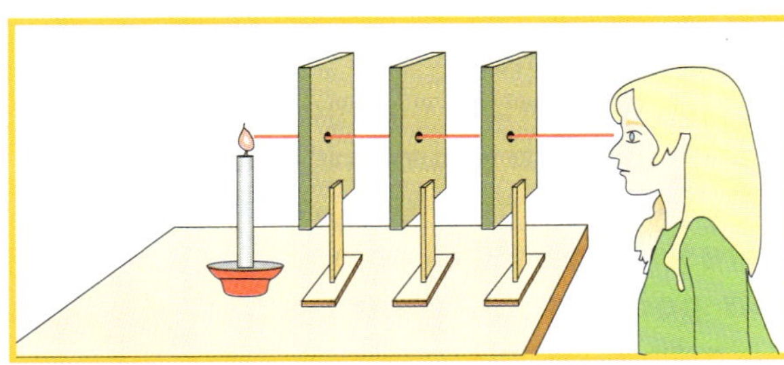

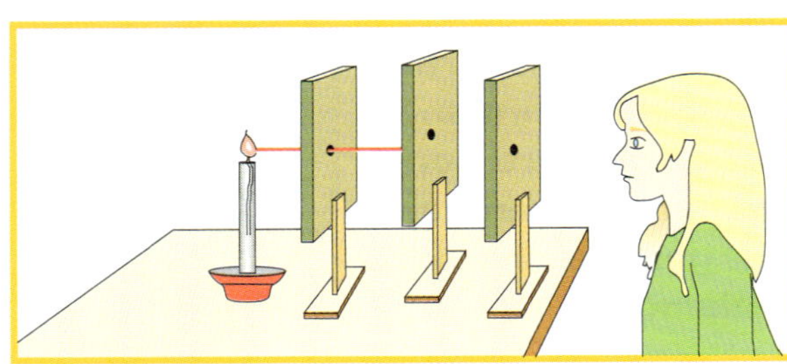

Che cosa osservi?
Quando i fori e la candela sono allineati, la luce della fiamma arriva ai tuoi occhi, quando non sono allineati, non la vedi.

Che cosa ne deduci?
La luce si propaga in linea retta.

La rifrazione della luce

I raggi luminosi, passando da un corpo trasparente, l'aria, a un altro pure trasparente, l'acqua, subiscono il fenomeno della rifrazione, ovvero una deviazione lungo la superficie di separazione. Verifichiamolo con un esperimento.

- Procurati un recipiente non trasparente e una moneta. Metti il recipiente su un tavolo e sistema la moneta sul fondo. Disponiti adesso in modo che guardando nel recipiente tu non veda più la moneta. Resta fermo in questa posizione e fai riempire d'acqua il recipiente da un'altra persona.

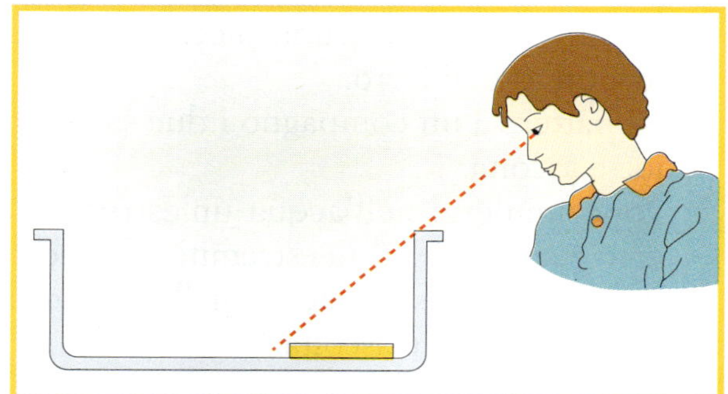

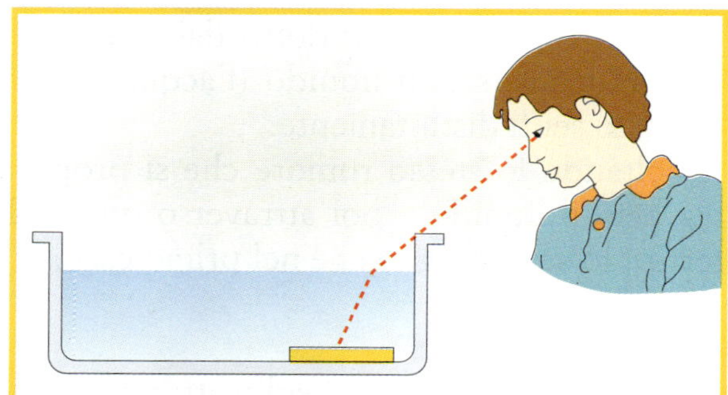

Che cosa osservi?
Pur rimanendo nella stessa posizione di prima, non appena il recipiente si riempie di acqua, tu riesci a vedere la moneta.

Che cosa ne deduci?
In assenza di acqua il raggio luminoso proveniente dalla moneta viaggia in linea retta e non colpisce i tuoi occhi. In presenza di acqua subisce invece il fenomeno della rifrazione e viene "piegato" in modo tale da raggiungere i tuoi occhi, permettendoti la visione della moneta.

Perhé si formano le perle nelle ostriche?

Le perle si devono a un piccolo disturbo naturale. Quando un corpo estraneo entra nel mantello dell'ostrica provoca irritazione e per isolare il corpo estraneo l'ostrica secerne una sostanza cristallina liscia e dura, la madreperla, con cui avvolge il corpo estraneo.
La madreperla è composta da microscopici cristalli disposti simmetricamente, attraverso i quali la luce viene riflessa e rifratta, creando giochi di colore.
In pochi anni, strato su strato, il corpo estraneo viene completamente ricoperto e gli strati formano uno spessore consistente e generano la gemma che chiamiamo perla.

La rotazione della Terra

Abbiamo visto che la Terra compie un moto di rotazione intorno al proprio asse in senso antiorario.
Proviamolo con questo esperimento.

- Procurati una bottiglia di plastica vuota con il tappo, due pezzi di filo di nylon di cui uno abbastanza lungo, della sabbia fine e ben asciutta, del nastro adesivo largo, un pennarello e un grande foglio di cartone.
  Taglia il fondo della bottiglia di plastica e fai due buchi, uno opposto all'altro, a circa 2 cm dal bordo.
  Infila le due estremità del filo più corto nei buchi e fissale con dei nodi; lega un'estremità del filo lungo al primo filo in modo che tenga la bottiglia in equilibrio, fai un buco non troppo piccolo nel tappo e chiudi la bottiglia.
  Con il nastro adesivo fissa l'estremità libera del filo lungo al soffitto di casa accertandoti che regga bene. Riempi la bottiglia di sabbia fine e lasciala pendere; sotto la bottiglia distendi il foglio di cartone e quindi dai una lieve spinta alla bottiglia in modo che cominci a oscillare.
  Controlla molto bene le tracce lasciate dalla sabbia che fuoriesce dal buco del tappo e con il pennarello segna sul cartone i punti che indicano le tracce di sabbia, iniziando dal punto da cui parte la prima traccia.

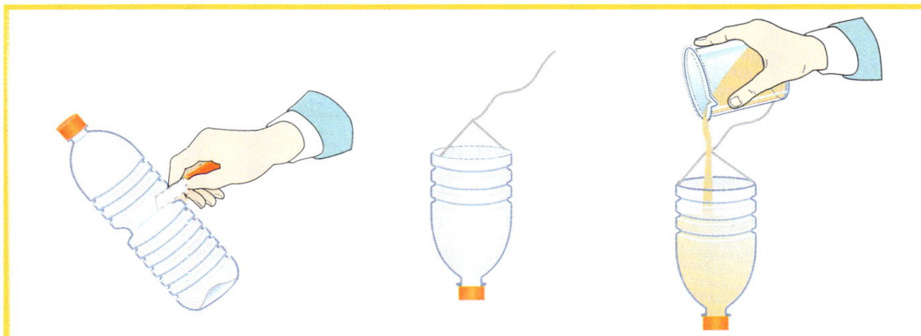

Che cosa osservi?
La bottiglia oscilla e dal tappo fuoriesce la sabbia che lascia delle tracce sul cartone. Ti accorgerai che sul cartone ci sono più tracce che descrivono un arco di circonferenza.

Che cosa ne deduci?
Il cartone è appoggiato sulla superficie terrestre e le tracce lasciate su di esso dalla sabbia che esce dalla bottiglia descrivono un arco in quanto il foglio, evidentemente, segue il movimento rotatorio della Terra.

Il movimento delle zolle

Secondo la teoria della **tettonica a zolle**, l'attuale configurazione della crosta terrestre è dovuta al movimento delle **zolle** in cui la crosta è suddivisa. Queste zolle, infatti, a causa delle correnti convettive dell'astenosfera, vengono continuamente spostate e trasportano, a loro volta, i continenti che su di esse "galleggiano".
Vogliamo renderci conto praticamente di come ciò possa accadere?
Eseguiamo questo esperimento.

- Procurati una cassetta di legno, tre rulli (bastoncini rotondi), dell'acqua e della farina. Pratica nei due lati più lunghi della cassetta tre fori per lato perfettamente allineati e di diametro lievemente maggiore di quello dei tre rulli. Inserisci i tre rulli nei fori e controlla che possano muoversi liberamente (figura a).
  Prepara un impasto di acqua e farina abbastanza morbido, versalo nella cassetta in modo da ricoprire completamente i rulli e lascialo riposare finché non si forma una crosta leggermente indurita (figura b).
  A questo punto inizia a muovere lentamente i primi due rulli (1 e 2) in senso rotatorio opposto, il primo verso sinistra e il secondo verso destra, e osserva che cosa succede (figura c); successivamente ruota i rulli 2 e 3 ancora in senso opposto, il secondo verso destra e il terzo verso sinistra, e osserva ancora bene (figura d).

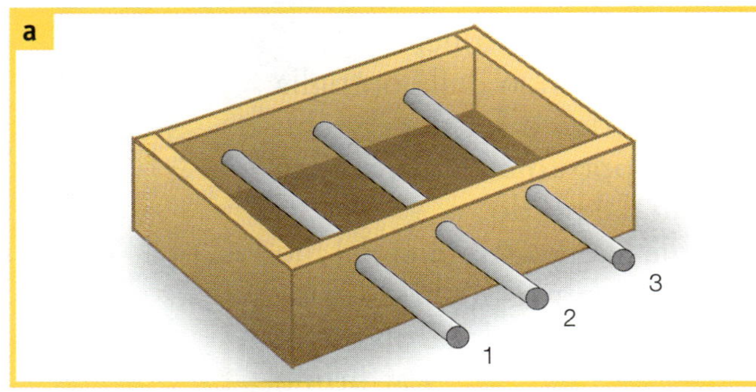

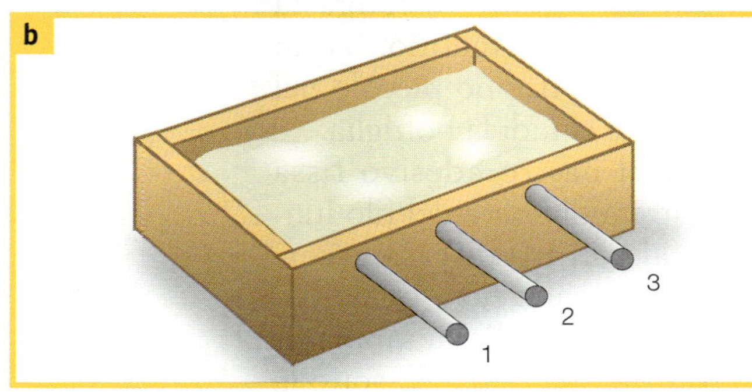

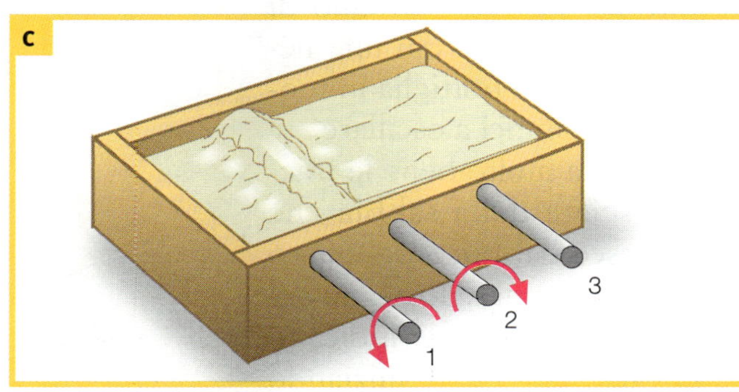

Che cosa osservi?
Nel primo caso la crosta dell'impasto si divide in due parti che si allontanano tra di loro, una verso sinistra e l'altra verso destra, e nella zona in mezzo inizia a risalire dal basso l'impasto interno non ancora indurito. Nel secondo caso la crosta dell'impasto tende a corrugarsi, accavallandosi e innalzandosi.

Che cosa ne deduci?
I rulli, che simulano le correnti convettive, hanno causato lo spaccamento della crosta e la formazione di un rilievo. Un meccanismo analogo provocò milioni di anni fa la spaccatura della Pangea, e ancora oggi determina l'espansione dei fondali oceanici lungo le dorsali, l'allontanamento dei continenti e i fenomeni di orogenesi.

A ciascuno il suo DNA

In natura esiste un gran numero di specie differenti e, all'interno di ogni specie, ogni individuo è assolutamente unico e si differenzia da tutti gli altri per il suo DNA.
Infatti, secondo il numero di nucleotidi e la sequenza delle loro basi si possono formare, come sai, innumerevoli molecole di DNA, tutte diverse tra loro che compongono il **patrimonio genetico** di ciascun essere vivente.
Vogliamo provare che non esistono due DNA uguali?

Per verificarlo con assoluta certezza dovremmo fare centinaia e centinaia di esperimenti come quello qui proposto, ma noi, volendo solo accertare un'affermazione scientifica, possiamo accontentarci anche di poche prove.

Ogni nucleotide che forma il DNA, come sai, è caratterizzato dalla base azotata di cui è composto. Con le istruzioni che seguono prova a costruire un modello di DNA e, separatamente fallo provare ad altri tre o quattro compagni.

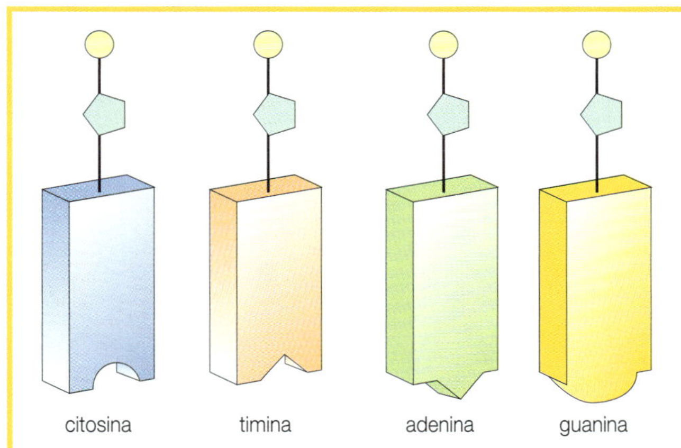

Procurati del cartoncino, un paio di forbici e dei pennarelli di quattro colori diversi.

Disegna le quattro basi azotate come nella figura a fianco, ritaglia le basi e colora ogni base di un colore diverso.

Riproduci adesso almeno dieci volte ogni base e, con le 40 (4 x 10) basi che hai ottenuto, componi un possibile DNA (la figura te ne suggerisce una parte). Ricordati di unire sempre adenina con timina e guanina con citosina.

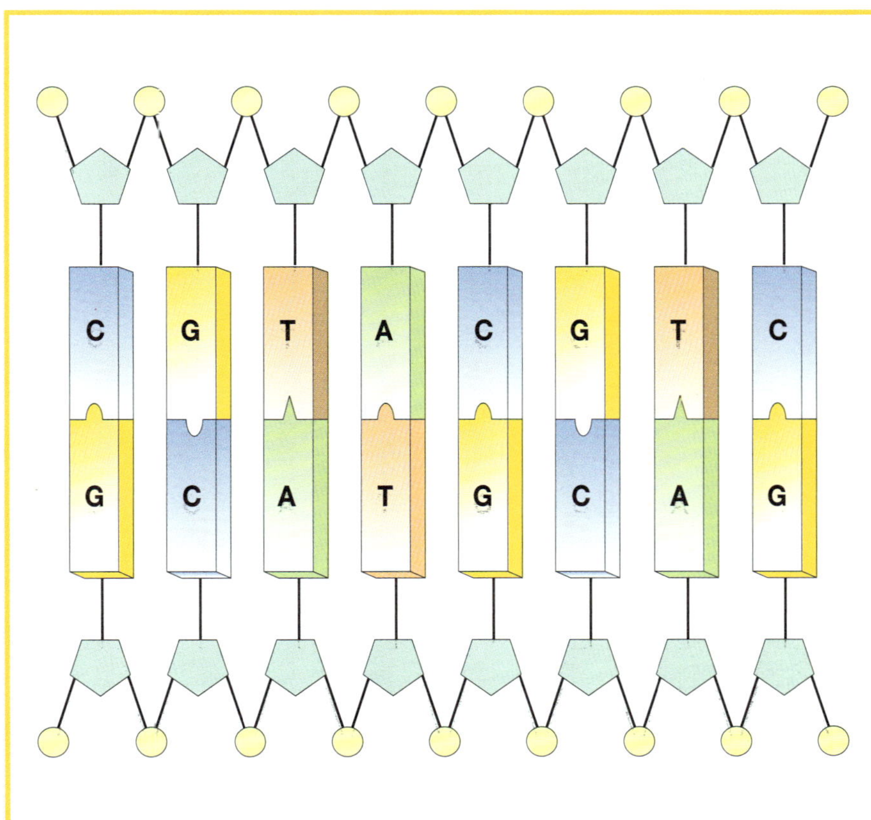

Quando sarà pronto il tuo modello di DNA e quello dei tuoi compagni, confrontateli.

Che cosa osservi?
Difficilmente ne troverai due uguali.

Che cosa ne deduci?
È difficile trovare due DNA uguali, così come è difficile sul nostro pianeta trovare due persone uguali! I nostri cromosomi ci rendono unici e differenti gli uni dagli altri.

Per il tuo portfolio

Che cos'è il portfolio di scienze?

Quest'anno ciascuno di voi organizzerà il suo **portfolio**.
Che cos'è? A che cosa serve?
Leggi e capirai.

Tutto ciò che farai in classe e a casa (prove, verifiche, esercitazioni, indagini, ricerche, lavori al computer...) verrà conservato attentamente in classe. Successivamente, con il tuo insegnante, sceglierai fra tutti questi lavori quelli che riterrai più opportuni a documentare il tuo percorso scolastico e li sistemerai in ordine e accuratamente in un raccoglitore che non è altro che il tuo "**portfolio**".

Il portfolio è quindi la raccolta di una parte del materiale prodotto durante ciascun anno scolastico, che servirà in qualsiasi momento a dimostrare il tuo lavoro, i tuoi sforzi, i tuoi progressi e il raggiungimento o meno degli obiettivi.

Ogni lavoro che penserai di inserire nel portfolio verrà poi accompagnato da una scheda – penserà l'insegnante a fornirtela – che conterrà le tue riflessioni su quel lavoro (se è stato facile o difficile, se l'hai trovato piacevole, noioso, interessante, se ti ha reso consapevole del raggiungimento degli obiettivi o, viceversa, del fatto che dovevi impegnarti di più...).

Il portfolio ti accompagnerà in tutto il tuo percorso scolastico e attesterà come sai essere e sai stare con gli altri, ciò che sai e sai fare, ciò che sei in grado di affrontare, ma anche le strategie che sai mettere in atto, i progressi compiuti...

E servirà soprattutto a renderti capace di autovalutarti, di organizzare, analizzare e criticare il tuo lavoro e di farti riflettere su come impari.

Per aiutarti ad organizzare al meglio il tuo portfolio, nelle pagine che seguono troverai:
- schede di orientamento per riflettere sul tuo immediato futuro;
- schede per accompagnare i lavori che inserirai nel portfolio con:
  - le tue indicazioni sul materiale raccolto (se è stata una tua iniziativa o se ti è stato suggerito dall'insegnante, se lo hai fatto individualmente o in gruppo ...);
  - le tue riflessioni (se è stato facile o difficile, se l'hai trovato piacevole, noioso, interessante ...);
  - le tue considerazioni e quelle del tuo insegnante.

scheda 1 Le mie attitudini

Nome .... Cognome ....
Scuola ....
Classe .... Data ....

Tipologia
Attività individuale a casa e/o in classe

Obiettivi
Eseguire un'attività di ricerca

Stai per finire il tuo percorso di studi della scuola secondaria di primo grado e ti appresti a scegliere il futuro dei tuoi studi. Elementi significativi per questa scelta sono le attitudini, cioè quelle particolari predisposizioni verso determinate attività, e l'idea che hai del lavoro che ti piacerebbe svolgere.

- **Quali sono le tue attitudini?**

Per rispondere bene e avere dalle risposte un valido aiuto per le tue scelte, è bene affidarti a delle persone competenti in grado di valutare bene i risultati.
Quello che adesso puoi fare è un test di autovalutazione per incominciare a capire quali sono i tuoi interessi e in quali attività puoi ottenere, a tuo avviso, i risultati migliori.

- **Per ciascuna delle attività proposte, segna le voci che rispecchiano il tuo pensiero.**

	Mi piace	Non mi piace	Mi è indifferente
– Leggere libri	■	■	■
– Risolvere problemi	■	■	■
– Guardare documentari scientifici	■	■	■
– Guardare documentari artistici	■	■	■
– Guardare documentari storici	■	■	■
– Fare giochi di società	■	■	■
– Collezionare	■	■	■
– Costruire	■	■	■
– Fare esperimenti	■	■	■
– Ascoltare	■	■	■
– Giocare	■	■	■
– Cucinare	■	■	■
– Stare con bambini piccoli	■	■	■
– Svolgere attività sportive	■	■	■
– Disegnare	■	■	■
– Suonare	■	■	■
– Fotografare	■	■	■
– Lavorare al computer	■	■	■

scheda 2 Le mie idee sul lavoro

Nome .... Cognome ....
Scuola ....
Classe .... Data ....

Tipologia
Attività individuale a casa e/o in classe

Obiettivi
Eseguire un'attività di ricerca

1. In base alle risposte date nella scheda precedente, segna la voce o le voci che rispecchiano il tuo parere.

- Prediligo le attività di studio ☐
- Preferisco le attività operative ☐
- Mi piace eseguire istruzioni ☐
- Mi interessano le attività artistiche ☐
- Preferisco attività sportive ☐

2. Chiedi il parere dei tuoi genitori e dei tuoi insegnanti.

- I miei genitori dicono che ....
....
- I miei insegnanti, complessivamente, dicono che ....
....

3. Che idea hai del lavoro? Per ciascuna delle seguenti voci, segna quelle che rispecchiano il tuo pensiero.

- È preferibile un lavoro senza troppe responsabilità ☐
- È opportuno un lavoro nell'ambiente in cui si vive ☐
- Sono interessanti i lavori di ricerca ☐
- Meglio lavori sempre diversi che ripetitivi ☐
- È importante svolgere sempre il lavoro che si è imparato ☐
- È importante il guadagno ☐
- È importante quanto è soddisfacente ☐
- Meglio un lavoro che offre l'opportunità di andare all'estero ☐
- Sono preferibili lavori creativi ☐

4. Per ciascuna delle seguenti voci, segna quelle che rispecchiano il tuo pensiero.

Nel lavoro che vorresti svolgere pensi sia opportuno:

- conoscere più lingue straniere ☐
- avere esperienze di lavoro all'estero ☐
- conoscere nuove tecnologie ☐
- saper lavorare in gruppo ☐
- essere autonomi ☐

5. Secondo le risposte date, quale o quali di queste voci pensi siano quelle che riflettono l'idea che hai del lavoro che vorresti fare?

- Rappresenta il soddisfacimento delle aspirazioni ☐
- Soddisfa una necessità a cui è opportuno adeguarsi ☐
- Deve essere capace di stimolare iniziative ed esperienze diverse ☐
- È una cosa personale e non di gruppo ☐
- A questa età è ancora difficile avere idee chiare ☐

scheda 3 Tiro le somme

Nome .... Cognome ....

Scuola ....

Classe .... Data ....

Tipologia
Attività individuale a casa e/o in classe

Obiettivi
Eseguire un'attività di ricerca

1. **Quali sono, al momento e complessivamente, i tuoi risultati scolastici? Descrivili su un tuo foglio e commentali da tutti i punti di vista che credi opportuno.**

2. **Completa adesso la seguente tabella.**

Mi piacciono le seguenti attività extrascolastiche	Mi interessano le seguenti aree (segna la voce o le voci opportune)		Ottengo buoni risultati nelle seguenti discipline
....	Umanistica ☐	Tecnica ☐	....
....	Sociale ☐	Artistica ☐	....
....	Scientifica ☐	Musicale ☐	....
....	Matematica ☐	Motoria ☐	....

3. **Traccia, su un tuo foglio, un tuo profilo scritto che riporti quanto emerso:**
sulle tue attitudini, sull'idea che hai del lavoro, sui tuoi interessi scolastici ed extrascolastici ...

4. **Osserva il grafico che riporta le scelte, nell'anno scolastico 2005-2006, degli studenti che ti hanno preceduto e commentalo su un tuo foglio.**

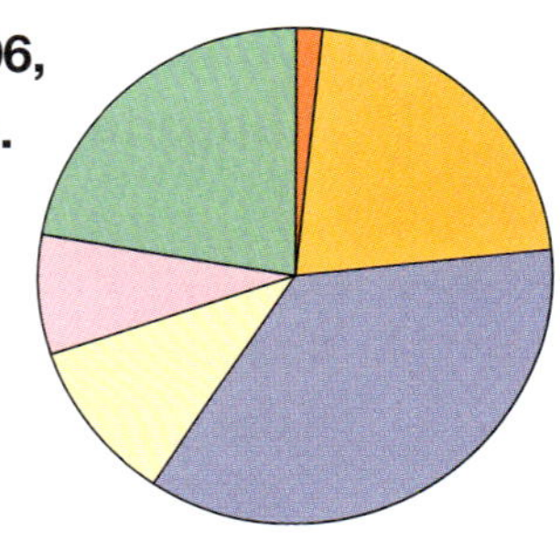

- Licei artistici: 1,60%
- Istituti professionali: 21,23%
- Istituti tecnici: 35,03%
- Licei classici: 10,45%
- Istituti e scuole magistrali: 7,63%
- Licei scientifici: 21,78%

5. **Per finire, ecco l'ordinamento della scuola previsto, attualmente, dalla riforma.**

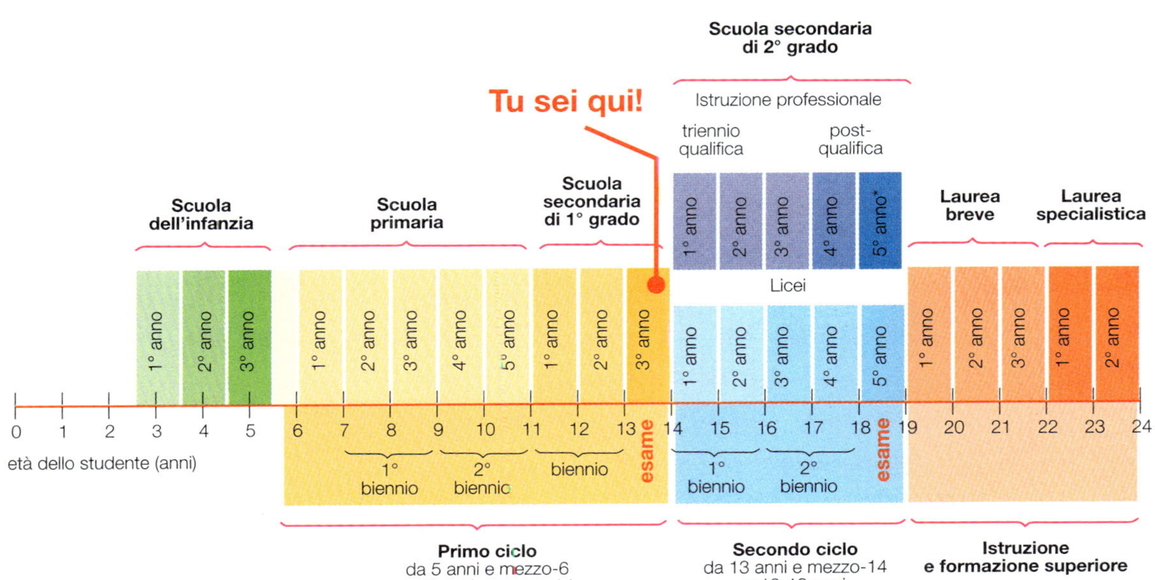

* per accedere all'università

scheda 4 La mia alimentazione

Nome .... Cognome ....
Scuola ....
Classe .... Data ....

Tipologia
Attività individuale a casa e/o in classe

Obiettivi
Eseguire un'attività di ricerca

- **Che cosa hai imparato sulla nutrizione? Completa.**

1. I principi nutritivi sono:
   - ....
   - ....
   - ....
   - ....
   - ....
   - ....

2. Gli alimenti si suddividono in:
   – Alimenti .... particolarmente ricchi di ....
   Vi appartengono: ....
   ....
   – Alimenti .... particolarmente ricchi di ....
   Vi appartengono: ....
   ....
   – Alimenti .... particolarmente ricchi di ....
   Vi appartengono: ....
   ....

3. Il fabbisogno alimentare di un individuo è costituito:
   – dal fabbisogno ....
   – dal fabbisogno ....
   – dal fabbisogno ....

4. Che cosa si intende per "corretta dieta alimentare"?
   ....
   ....
   ....

5. Quali sono le regole fondamentali di una corretta dieta alimentare?
   – ....
   ....
   ....
   – ....
   ....
   ....
   – ....
   ....
   ....

6. La tua nutrizione si può definire corretta?
Analizzala seguendo la traccia proposta.

7. Considera innanzitutto il tuo fabbisogno alimentare.
– Fabbisogno proteico ....
– Fabbisogno energetico ....
– Fabbisogno bioregolatore ....

8. Esamina la tua colazione e calcolane l'apporto energetico.
– È composta generalmente da: ....
....
– Il suo apporto energetico è ....

9. Esamina il tuo pranzo e calcolane l'apporto energetico.
– È composta generalmente da: ....
....
– Il suo apporto energetico è ....

10. Esamina la tua merenda e calcolane l'apporto energetico.
– È composta generalmente da: ....
....
– Il suo apporto energetico è ....

11. Esamina la tua cena e calcolane l'apporto energetico.
– È composta generalmente da: ....
....
– Il suo apporto energetico è ....

12. Prova a rappresentare con un grafico i risultati che hai ottenuto.

13. Alla luce dei risultati, puoi definire corretta la tua alimentazione? ....
- Se sì, perché? ....
....
- Se no, perché? ....
....
- In entrambi i casi, pensi che sarebbero comunque opportuni dei cambiamenti? ....
- Se sì, quali? ....
....

scheda 5 Una raccolta di rocce

Nome .... Cognome ....
Scuola ....
Classe .... Data ....

Tipologia
Attività individuale o di gruppo a casa e in classe

Obiettivi
Eseguire un'attività di ricerca

1. **È sicuramente piacevole iniziare una raccolta di rocce che puoi trovare facilmente ovunque.**
Una scampagnata, una gita scolastica, le tue vacanze ecc. possono essere l'occasione per portare a casa qualche campione.
Prova seguendo le indicazioni proposte.

2. **Procurati il materiale necessario:**
   - un martello
   - dei chiodi appuntiti
   - qualche piccolo sacchetto di plastica
   - alcuni cartellini
   - una lente di ingrandimento
   - una scatola divisa in scomparti
   - una matita

3. **Parti alla ricerca.**
   - Stacca il pezzo di roccia che ti interessa aiutandoti con il martello.
   - Annota il luogo e la data di raccolta.
   - Conserva il campione e il relativo cartellino in un sacchetto.

   Procedi così per tutti i campioni che riesci a raccogliere.

4. **A casa o a scuola, passa al riconoscimento dei campioni raccolti.**
   - Osserva il campione con la lente di ingrandimento.
   - Presta particolare attenzione alla frattura fresca, quella che hai ottenuto tu staccandola con il martello.
   - Annota se individui cristalli, se vi trovi fossili; la grana, il colore, la compattezza, la durezza ecc.
   - Classifica il campione sulla base di quanto hai osservato.
   - Annota tutto nel cartellino assieme alla data e al luogo di raccolta.
   - Riponi il campione in uno degli scomparti della scatola.

   Procedi così per tutti i campioni raccolti.

5. Per classificare i tuoi campioni, può essere utile seguire il seguente diagramma di flusso.

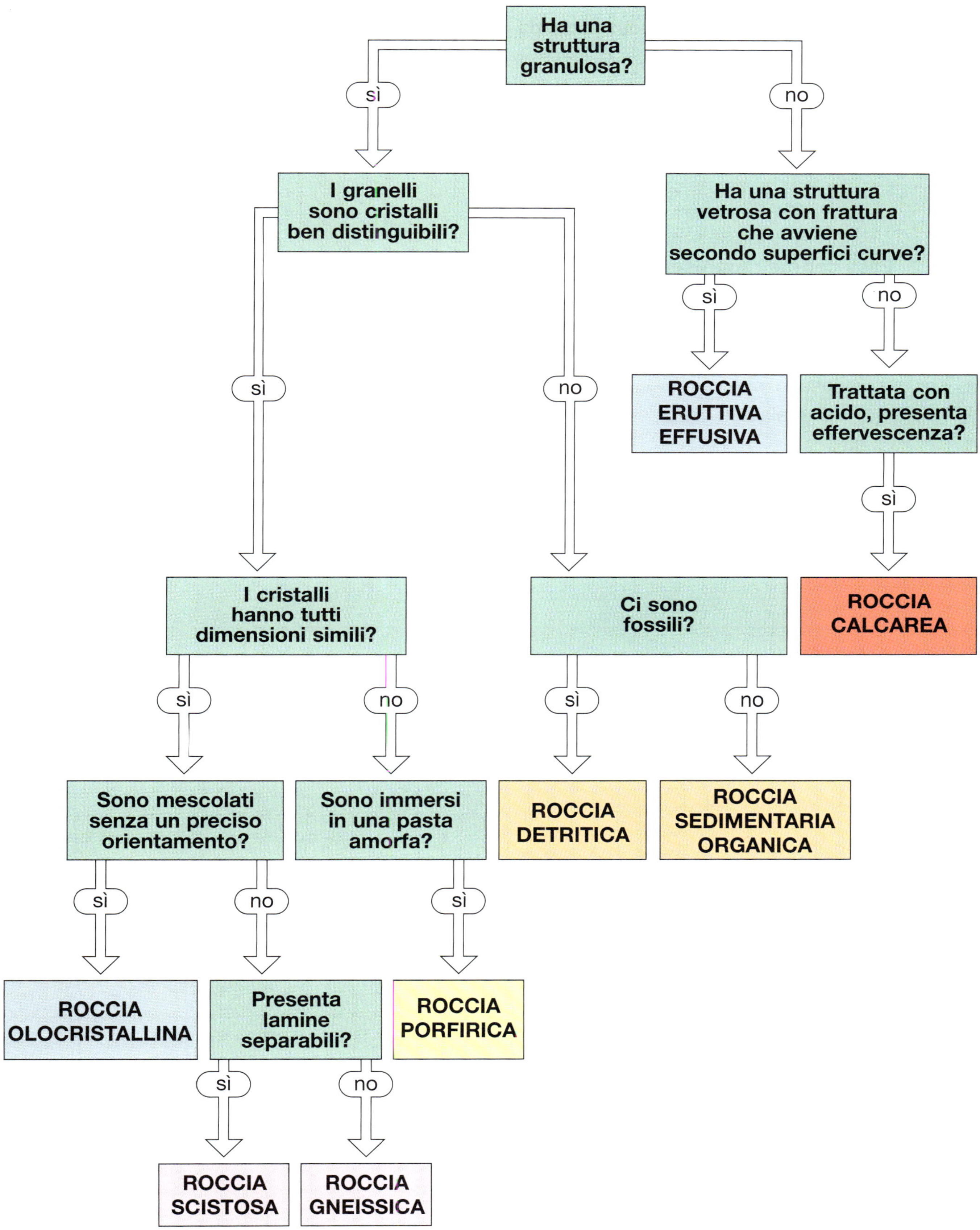

scheda 6 Scheda di verifica N°..... UDA ....*

Nome .... Cognome ....
Scuola ....
Classe .... Data ....

1. **Inserisco nel portfolio questa scheda di verifica nella quale il mio insegnante ha dato la seguente valutazione:**
   ....
   ....
   ....
   ....
   ....

2. **Essa per me rappresenta:**
   - ☐ un lavoro che dimostra i risultati raggiunti in ....
   - ☐ un lavoro che dimostra il mio recupero in ....
   - ☐ un lavoro che è stato apprezzato
     - ☐ dal mio insegnante
     - ☐ dalla mia famiglia
   - ☐ altro ....

3. **Nello svolgimento della scheda N°....... (segna ciò che riflette il tuo pensiero):**
   - ☐ ho incontrato le seguenti difficoltà:
     ....
     ....
     ....
     ....
     ....
     - ☐ che ormai ho superato
     - ☐ che non ho ancora superato.
   - ☐ Non ho incontrato difficoltà.

4. **Aggiungo che (cancella la voce che non interessa):**
   – per me è stata facile/difficile
   perché ....
   ....
   – mi aspettavo/non mi aspettavo la valutazione data dal mio insegnante perché:
   ....
   ....
   ....
   ....
   ....

* Titolo

N.B. Fotocopia questa scheda e compilala per ogni scheda di verifica che inserisci nel portfolio.

scheda 7 Lavoro di ....* N° .....

Nome .... Cognome ....

Scuola ....

Classe .... Data ....

1. Ho scelto questo lavoro di ....* :

☐ di mia volontà

☐ su invito dell'insegnante

☐ su consiglio dei miei genitori

☐ altro ....

2. ho lavorato:

☐ da solo

☐ a casa ☐ in classe ☐ a casa e in classe

☐ in gruppo

☐ a casa ☐ in classe ☐ a casa e in classe

3. Se hai lavorato in gruppo ...

– il gruppo era formato da:

....

....

....

– mi son trovato meglio, in particolare con:

....

☐ ci siamo affidati dei compiti ben precisi

e io avevo il compito di ....

☐ non avevamo compiti ben precisi

4. Durante il lavoro:

☐ ho/abbiamo trovato difficoltà

☐ non ho/abbiamo trovato difficoltà

☐ mi/ci ha aiutato ....

☐ mi/ci sono/siamo divertito/i

☐ mi/ci sono/siamo annoiato/i

4. Svolgendo questo lavoro:

– ho imparato ....

....

– sono rimasto soddisfatto perché ....

....

– sono rimasto deluso perché ....

....

* Ricerca - Attività di laboratorio - Resoconto visita - Intervista a - Altro (specificare)

N.B. Fotocopia questa scheda e compilala per ogni scheda di verifica che inserisci nel portfolio.

scheda 8 Scheda N°..... di "completo la mappa"

Nome .... Cognome ....

Scuola ....

Classe .... Data ....

1. Presento questa scheda:

☐ di mia volontà
☐ su invito dell'insegnante
☐ su consiglio dei miei genitori
☐ altro ....

2. L'ho completato da solo:

☐ a casa
☐ in classe
☐ a casa e in classe

3. Durante il lavoro di completamento della scheda:

☐ ho trovato difficoltà
☐ ho superato le difficoltà incontrate:
  ☐ rivedendo l'argomento nel libro
  ☐ chiedendo aiuto a ....
  ☐ guardando la mappa del libro
  ☐ altro ....
☐ non ho trovato difficoltà

4. Controllando alla fine il lavoro fatto, ho constatato che:

☐ non ho commesso errori
☐ ho commesso molti errori
☐ ho commesso pochi errori

• Il mio lavoro per questa scheda è da ritenersi quindi:

☐ conferma della mia preparazione sull'argomento
☐ conferma della necessità di rivedere alcune parti dell'argomento
☐ conferma della necessità di rivedere tutto l'argomento
☐ altro ....

• Aggiungo che:

il mio insegnante di scienze
– ha espresso il seguente parere ....
....
....
– ha fatto le seguenti osservazioni ....
....
....

N.B. Fotocopia questa scheda e compilala per ogni scheda di verifica che inserisci nel portfolio.